첫 번째 이야기
신화

두 번째 이야기
『역경』『서경』『시경』『예기』『춘추』

세 번째 이야기
공자와 맹자

네 번째 이야기
노자와 장자

다섯 번째 이야기
기이한 소설들

여섯 번째 이야기
이백과 두보의 시

일곱 번째 이야기
두목

여덟 번째 이야기
『삼국지』『서유기』『수호전』『금병매』

아홉 번째 이야기
『홍루몽』

열 번째 이야기
민중의 노래

열한 번째 이야기
소리문학과 극문학

열두 번째 이야기
중국현대문학의 선구자 후스와 천뚜시우

열세 번째 이야기
삥신, 꾸어모루어, 그리고 쉬즈모

열네 번째 이야기
루쉰과 띵링의 현실주의 문학

열다섯 번째 이야기
따이왕수와 아이칭의 현대주의 시

열여섯 번째 이야기
장아이링의 소설

열일곱 번째 이야기
마오쩌뚱의 신문예운동

열여덟 번째 이야기
문화혁명 문학

열아홉 번째 이야기
베이따오와 수팅의 시

스무 번째 이야기
왕수어와 위화, 그리고 웨이후이와 지우단의 소설

중국문학 이야기

지은이 박 종 숙

中 國 文 學 이 야 기

신아사

중국문학 이야기

지은이 박종숙

들어가는 말

중국문학을 이야기하는 일은 재미있지만 어렵다. 수 천 년에 걸쳐온 이야기들이기에 신기하고 재미있지만, 또 오랜 세월 동안 전해 내려온 이야기이기 때문에 이해하기 어려운 것이다. 하지만 나를 알기 위해서는 내 가족을 알아야 하고 내 가족을 알기 위해서는 한국을 알아야 하고 한국을 알려면 중국을 알아야 하듯이, 중국을 알려면 중국문학을 알지 않으면 안 된다.

그런데 중국문학을 이야기할 때 조심해야 할 점이 있다. 그 하나는 중국문학이 중국의 문학만이 아니라 한국의 문학, 몽골의 문학, 만주의 문학이기도 하다는 점이다. 이는 고대 및 중·근대 중국문학의 주체가 한족漢族만이 아니라 한국인의 선조인 동이족東夷族과 호족胡族, 그리고 몽골의 선조인 흉노족, 및 만주족이기도 했다는 뜻이다. 물론 현대 중국은 한족을 중심으로 조선족·몽고족·만주족 등 56개의 민족으로 구성된 나라이다. 그런데 중국의 역사가들은 고대로부터 중·근대에 이르기까지 수 천 년 간 언제나 한족이 중심이 되어 조선족·몽고족·만주족 등 오랑캐 민족을 다 흡수했다고 주장한다.

하지만 그건 지나친 억측이다. 고고학적으로 뒷받침이 된 중국 최초의 나라인 은나라는 고조선과 마찬가지로 지배민족이 동이족이었다.

이에 대해서는 여러 가지 증거가 있다. 산동성의 무씨사당에서 발견된 단군신화 벽화가 이를 뒷받침하는 증거 중 하나이다. 뿐만 아니라 한나라 이후 남북조 시대에는 고구려・백제 등 호족이 한족에게 결정적인 영향을 끼쳤다. 또한 원나라에 이르면 몽고족이 송나라의 한족을 지배했고, 근대에는 만주족의 청나라가 명나라의 한족을 물리치고 중원을 차지했다. 이렇게 볼 때 고대와 중・근대의 중국문학은 고대의 한국문학과 중세의 몽고문학, 및 근대의 만주문학과 상당부분의 공통점을 갖는다. 그 때문에 고대와 중・근대의 중국문학은 중국문학만이 아니라 한국문학・몽고문학・만주문학이기도 한 것이다.

다음으로 주의해야 할 점은 고대의 문학은 문학만이 아니라 학문이었다는 사실이다. 글로 씌어진 것은 다 문학이니 그럴 수밖에 없었을 것이다. 고대 그리스에서 과학자가 철학자이자 문학가였던 것처럼 고대 중국에서도 과학자가 철학자이자 사학자이고 문학가였다. 예를 들어 사서삼경四書三經 같은 경전은 문학서이자 철학서이고, 역사서이자 정치서이다. 그래서 어떤 사람들은 중국문학사에서 사서삼경이나 『노자老子』『장자莊子』를 보면 "에게? 이건 정치・철학・역사책이잖아?" 하며 의문을 가지기도 한다.

그렇지만 옛날에는 지금처럼 필기도구가 많지 않고 교육의 기회도 많지 않았기 때문에 글을 읽고 쓰는 사람도 매우 드물었다. 그래서 고대의 문학은 오늘날처럼 시・소설・산문・희곡, 및 평론 등만이 아니라 문학・철학・역사를 비롯하여 인문・사회・과학을 망라한 학문이었던 것이다. 물론 현대소설이나 희곡도 제대로 잘 이해하려면 역사 · 철학뿐 아니라 의학 · 천문학 · 식품학 · 기계학 등의 지식이 요구된다는 점에서 현대의 문학도 문학만은 아니다. 그러나 고대의 문학에 있어서는 내용은 물론 형식과 문체까지도 문학만이 아닌 정치학 · 사학 · 철학 · 과학이 총망라된 학문이었다.

마지막으로 한자에 대해서 꼭 해둘 말이 있다. 잘 알다시피 한자는 한漢나라의 문자라는 뜻이다. 그런데 한나라는 중국의 고대 국가의 이름이기 때문에, 사람들은 한자를 중국 문자라고 한다. 하지만 한자는 한나라 때 창제된 문자가 아니다. 기록에 따르면 한자는 황제黃帝 때 창힐이라는 사람이 새의 발자국을 본떠서 창제했다고 한다. 그러니 한자는 분명 한나라 이전에 만들어진 문자인 것이다. 실제로 발견된 한자도 한나라 이전의 진秦나라보다 더 오래전인 기원전 3천년 또는 3천 5백년 무렵의 글자들이다. 기원전 3천년 쯤 은나라 때 만들어 쓴 갑골甲骨문자와 기원전 3천5백년쯤에 사용된 정공丁公문자가 그 예이다.

하남성 안양현에서 발견된 갑골문

갑골문자는 하남성 지역에서 발견된 것으로, 거북의 등껍질과 소의 허벅지에 새겨진 글자이다. 또 정공문자는 산동성 쪽에서 발견된 것으로, 주로 양의 뼈에 새겨진 글자를 말한다. 이 두 글자말고도 현재 운남성 여강 지역에 살고 있는 소수민족인 납서納西족은 조상 대대로 써온 자기들의 고문자를 문기둥과 제단에 써 놓고 있다. 이밖에도 여러 지방에서 여러 가지 다른 형태의 문자들이 만들어져 사용되었다. 노끈 모양의 글자, 올챙이 형의 글자. 꽃 모양 글자, 용 모양 글자 등등.

물론 진나라 시황 때 이 같이 다양한 고문자를 통일해서, 오늘날 도장에서 보는 것 같은 문자(전서체)를 만들었다. 그리고 그것을 한나라 때 또 한번 통합하고 정리해서 가로 획의 끝이 살짝 올라가는 문자인 예서체 한자를 만들었다. 이처럼 다양한 고문자를 한나라 때 얼만큼 통일했기 때문에 한나라의 문자라고 부른 것이다. 그런 의미에서 한자라는 말은 일면 합당한 표현이기는 하다.

하지만 우리가 지금 알고 있는 한자는 분명 한나라의 문자가 아니다. 위진남북조 시대를 거치면서 이민족들, 그러니까 고구려 · 백제 등 호족의 영향으로 모양도 행서체와 초서체, 및 해서체로 발전된 것이다. 한자의 형태뿐 아니라 단어와 문법도 한나라 이후 원나라 · 청나라 등 이민족의 영향으로 날로 다르게 변천해 왔다. 요컨대, 한자를 만든 나라와 민족도 여러 갈래요, 한자의 형태와 단어 및 문법도 나라와 민족에 따라 다르게 발전해온 것이다. 그래서 오늘날 한국과 중국에서 쓰는 한자도 다른 게 많다. 예를 들어 告訴는 한국에서 고소로 읽고 뜻은 법정에 고소하다이다. 하지만 중국에서는 까오수로 읽고 뜻은 알려주다이다. 結束의 경우도 한국에서는 결속으로 읽고 묶다라는 뜻이지만,

중국에서는 지에수라고 읽고 끝나다라는 뜻이다.

이렇게 말하면 똑똑한 독자들 중에는 다음과 같이 반론을 제기할 것이다. 즉 만약 한국인의 선조인 동이족도 한자를 만들고 고구려·백제족이 이를 발전시켰다면 왜 굳이 세종대왕이 한글을 창제했을까? 이야말로 한글이 한국 문자이고 한자는 중국 문자라는 반증 아닌가? 이는 그럴듯한 반론이지만 사실은 그렇지 않다. 물론 분명 조선시대 초기에 세종대왕이 집현전 학자들과 더불어 한글을 창제했다. 또 원나라 때 몽고족도 몽고글자를 창제했고, 청나라의 만주족도 만주글자를 창제해서 사용했다. 그런데 이 같은 글자 창제는 한자가 이들 조선족·몽고족·만주족의 선조들이 만들고 발전시킨 문자가 아니어서가 아니라 어려운 한자를 쉽게 보급하고 보조하기 위해 새롭게 개발한 것이다. 한마디로 한자를 표기하고 민중이 쉽게 사용할 수 있는 문자를 만들어 한자의 문제점을 보완한 것이다.

알다시피 한자는 표의문자表意文字이고 한글을 비롯하여 몽고문자와 만주문자는 다 표음문자表音文字이다. 그런데 표음문자는 글자 수가 이·삼십 자에 불과하기 때문에 민중이 배우고 익히고 사용하기 쉽다. 또한 이 문자들을 한자의 발음기호로도 쓸 수 있다. 실제로 고려시대 때 이미 한자의 부수를 간략하게 줄여 만든 구결口訣이란 글자로 한자의 발음기호와 토씨로 사용했다. 이로서 볼 때, 한글의 등장은 조선 선비들에게도 가뭄에 맞는 단비였을 것이다. 요컨대, 한글과 몽고문자, 및 만주문자는 동북아시아의 선조들이 공동으로 만들고 발전시켜 온 한자를 더 잘 보급하고 보조하기 위해서 개발한 것이지, 조선족·몽고족·만주족이 한자와 전혀 관계없는 민족들이었기 때문에 각각 다른 표음문자를 만든 것이 절대로 아니다.

사실 중국인의 선조도 어려운 표의문자인 한자를 보조하기 위해 일찍부터 표음문자를 창제해왔다. 이는 일찍이 당나라 때 여황제 무측천武則天(측천무후)이 글자를 창제했다는 기록이 있고, 또 돈황 석굴에서도 해독할 수 없는 문자들이 부분적으로 발견된 것으로 보아 충분히 가능한 일이다. 실제로 돈황에서 나온 「비파보」 등 많은 곡들이 고려 때의 구결과 일본의 가다까나와 매우 흡사한 표음부호로 씌어져 있다. 물론 이 표음부호들이 문자가 아니라 악보의 음표라고 하는 설이 일본 학자에 의해 주장되었고, 많은 학자들이 이를 정설로 받아들이고 있다. 하지만 여기에 대해서는 의문의 여지가 있다. 이에 비해 중국 대륙을 지배한 몽고족이 표음문자를 만들어 한자의 발음기호와 민중의 문자로 사용한 것은 의문의 여지가 없다. 뿐만 아니라 근대에는 만주족이 표음문자인 만주글자를 만들어 한자의 발음기호나 한문의 언해본으로 사용했다. 실제로 청나라의 수많은 비석과 문헌에 한자와 함께 만주글자가 기록되어 한자의 이해를 도왔음은 잘 알고 있을 것이다.

만주족의 청나라가 망한 후, 한족의 중화민국에서도 1913년경 만주글자를 대신해 주음부호注音符號를 만들어 한자의 발음기호로 사용했다. 주음부호는 구결과 가다까나 같이 한자의 부수를 간략하게 해서 이·삼십 개의 글자를 만든 것으로, 지금도 대만에서 발음기호로 사용하고 있다. 한편 중화인민공화국은 1958년경부터 알파벳, 즉 로마자를 한자의 발음기호로 사용하고 있다. 사실 중공 수립 이전인 1930년경 루쉰魯迅 같은 문인들이 로마자를 아예 중국글자로 삼자고 주장했었다. 로마자는 스물여섯 개의 글자만 알면 쓸 수 있는 표음문자이기에, 이를 중국 글자로 쓰면 민중이 쉽게 배우고 쓸 수 있다고 본 것이다. 실제로 한자권 나라로 볼 수 있는 베트남에서는 알파벳을 기본으로 하는 표음문자를 만들어서 쓰고 있다. 하지만 알파벳을 문자로 삼자는 루쉰의 제안은 당시 받아들여지지 않았다. 그로부터 약 20년 후에 중국 정부에 의해 발음기호로 받아들여지긴 했지만 말이다.

중국 공산당이 알파벳을 중국어의 발음기호로 받아들인 이유는 대략 다음과 같아 보인다. 즉 1913년 한자의 부수를 가지고 한자의 발음기호로 만든 주음부호注音符號를 쓰자니, 대만의 국민당 정부가 이를 공식 발음기호로 쓰고 있었기에 이를 그대로 따라 쓰기는 불쾌했을 것이다. 비록 지금은 중국 내 소수민족으로 전락한 몽고족이나 만주족의 표음문자가 있지만 그것들 중 어느 한 문자를 선택해서 현대 중국의 대표 표음문자로 사용할 수도 없었을 것이다. 그렇다고 따로 표음문자를 만들자니 그것도 엄두가 나지 않는 일이었을 게다. 그래서 아쉬운 대로 알파벳을 한자의 발음기호로 삼고, 한자를 더욱 간략하게 만든 간체 한자를 채택해서 초등·중등학교에서 가르치고 있는 것이다. 그 때문에 중국의 문맹률은 아직도 매우 높다.

중국문학 이야기

지은이 박종숙

차 례

들어가는 말

첫 번째 이야기
신화 • 13

두 번째 이야기
『역경』『서경』『시경』『예기』『춘추』 • 29

세 번째 이야기
공자孔子와 맹자孟子 • 49

네 번째 이야기
노자老子와 장자莊子 • 59

다섯 번째 이야기
기이한 소설들 • 73

여섯 번째 이야기
이백李白과 두보杜甫의 시 • 85

일곱 번째 이야기
두목杜牧 • 97

여덟 번째 이야기
『삼국지三國志』『서유기西遊記』
『수호전水滸傳』『금병매金瓶梅』 • 107

아홉 번째 이야기
『홍루몽紅樓夢』 • 121

열 번째 이야기
민중의 노래 • 129

열 한 번 째 이야기
소리문학과 극문학 • 147

열두 번째 이야기
중국현대문학의 선구자 후스胡適와 천뚜시우陳獨秀 • 165

열세 번째 이야기
삥신冰心, 꾸어모루어郭沫若, 그리고 쉬즈모徐志摩 • 179

열네 번째 이야기
루쉰魯迅과 띵링丁玲의 현실주의 문학 • 195

열다섯 번째 이야기
따이왕수戴望舒와 아이칭艾靑의 현대주의 시 • 209

열여섯 번째 이야기
장아이링張愛玲의 소설 • 221

열일곱 번째 이야기
마오쩌뚱毛澤東의 신문예운동 • 231

열여덟 번째 이야기
문화혁명文化革命 문학 • 249

열아홉 번째 이야기
베이따오北島와 수팅舒婷의 시 • 263

스무 번째 이야기
왕수어王朔와 위화余華, 그리고
웨이후이衛慧와 지우단九丹의 소설 • 275

나오는 말 • 297

참고문헌 • 303

찾아보기 • 308

첫번째 이야기

신화

신화는 신들의 이야기이고, 중국문학 이야기는 바로 이 신화에서부터 비롯된다. 중국에도 그리스로마신화처럼 천지창조신화와 인류창조신화 등 많은 신화가 있다. 흔히 중국의 역사가들은 인류의 역사가 시작되는 하夏나라 이전의 시대를 신들의 시대라고 하는데, 하나라 이전뿐 아니라 이후에도 신들은 인간들과 더불어 존재했다. 즉 다음 장에서 다룰 경전 이야기 가운데 『서경』은 요임금과 순임금이라는 인간이자 신인 존재들의 행적을 담고 있다. 또한 정통 고대 역사서로 공인된 사마천의 『사기』에 요堯임금과 순舜임금 이전의 황제黃帝 이야기가 있다. 그런가 하면 한나라 무제武帝는 하늘에서 내려온 서왕모西王母와 만나서 이야기를 나눈다. 이처럼 상고대 동아시아 민족에게 있어서 신과 인간의 구분은 다소 애매하다.

신들과 인간의 구분만 애매한 게 아니라 신들과 인간, 및 인간과 동물의 구분도 애매한 경우가 많다. 즉 신들은 사람의 얼굴에 동물 몸의 형상을 취하거나, 그 반대로 사람의 몸에 동물의 얼굴 모습을 하고 있다. 예를 들어 신농씨는 사람 몸에 소의 머리 형상이고, 복희씨는 얼굴은 사람인데 몸은 뱀이다. 서왕모 또한 사람 얼굴에 범의 이빨과 꼬리를 가진 형상이다. 이처럼 신들은 인간과 동물과 한 마음과 한 몸으로 어우러져 있다.

신들을 부르는 호칭에도 여러 가지가 있다. 천황 · 지황 · 인황의 황皇이 있고 황제黃帝의 제帝가 있고, 복희씨 · 여왜씨 · 치우씨 등의 씨氏가 있다. 서왕모 · 예 · 전욱 · 마고처럼 아무런 호칭이 붙지 않는 신도 있다. 그런가 하면 같은 신을 여러 이름으로 부르면서 때로는 씨로 부르고 또 때로는 제로 부르기도 한다. 이를테면 황제黃帝를 헌원씨, 전욱을 고양씨, 제곡을 고신씨로 부르는 것이다. 그런가 하면 직능에 따라 바람신인 치우씨는 풍신, 물의 신인 공공씨는 수신, 해의 신인 제준은 태양신으로도 부른다. 아무튼 『산해경』『초사』 등에 기록된 이들 신들은 곤륜산·옥산·일월산·영산·도삭산 등의 산과 바다 및 하늘·해·달·별 등지에서 살면서 온갖 일들을 주관했다.

그럼 지금부터 천지를 창조하고 인류를 창조한 신들과 그 밖의 자연신들 순으로 신들의 이야기를 시작한다. 먼저 천지를 창조한 첫 번째 신으로 반고盤古를 소개한다. 태초 이전의 우주는 혼돈 그 자체였다. 마치 날계란과 같은 혼돈 속에서 반고가 깊이 잠들어 있었다. 그러던 어느 날 반고가 드디어 눈을 뜨고 기지개를 켜자, 계란껍질이 깨어지듯 막이 터졌다. 반고는 우선 혼돈을 갈라야겠다고 생각하고, 두 손을 높이 쳐들어 가볍고 투명한 기운은 위로 올려 보내고, 두 발을 내리눌러 무겁고 혼탁한 기운을 아래로 내려 보내기 시작했다. 오랜 시간을 밀어올리고 끌어내린 끝에 드디어 위로는 가볍고 투명한 하늘과 아래로는 무겁고 혼탁한 땅이 나뉘어져서 천지가 완성되었다.

반고는 천지를 가르는 일에 혼신의 힘을 다 했기 때문에 그만 지쳐서 숨을 거두었다. 하지만 반고는 죽은 후에도 살신성인殺身成仁을 했다. 즉 그의 두 눈으로 해와 달을 만들고, 그의 머리털로 하늘의 뭇별을 만든 것이다. 또한 그의 근육으로 산맥을 만들고 그의 몸에 난 털로 울창한 숲을 만들었으며, 그의 피는 강과 바다로 흘렀다. 뿐만 아니라 그의 살은 비옥한 논과 밭이 되었고, 땀은 비가, 한숨은 바람이 되었다. 또한 그의 입 속 치아는 오색찬란한 보석이 되었다. 그 뿐이 아니다. 마지막으로 그의 옆구리로부터 벌레가 한 마리 나왔는데, 이 벌레가 마침내 사람이 되었다.

반고신화는 이처럼 사람의 몸을 지닌 반고를 우주만물의 총체로 보고 있다. 동양에서는 예로부터 사람을 소우주로 보았는데, 이 같은 관점은 반고의 신화에서 확인된다. 아니 어쩌면 사람이 우주라고 생각하는 동양인의 마음이 반고신화를 만들었는지도 모른다. 아무튼 반고신화에 따르면 우리의 눈이 해와 달이고, 우리의 머리털이 밤하늘의 별이고, 우리의 근육이 거대한 산맥이다. 또한 우리의 피가 강과 바다이고 우리의 살이 비옥한 논밭이 된다. 그 뿐이랴? 바람은 우리가 내쉬는 한숨이고, 비는 우리가 흘리는 땀이고, 영롱한 보석은 다름 아닌 우리의 이빨인 것이다.

재미있는 점은 마지막으로 반고의 옆구리에서 벌레가 기어 나와 사람이 되었다는 기록이다. 이는 첫 번째 인류 기원 신화이기도 한데, 다만 벌레가 사람에게서 나와서 사람이 되었다는 점이 문제다. 이를 곰곰 생각하면 벌레라는 곤충에서부터 점차 진화하여 사람이 되었다는 뜻으로 풀이할 수 있다. 진화론에 따르면 사람도 미생물에서부터 진화에 진화를 거듭하여 어류 · 양서류 · 파충류 · 조류 · 포유류를 거쳐 영장류가 되었다고 하지 않는가?

반고신화의 가장 특이한 점은 반고가 천지만물을 창조하고 인간을 창조한 게 아니라, 그 자신이 혼돈 가운데서 스스로 태어나 혼돈을 걷고 천지를 벌려놓은 다음, 스스로의 몸으로 만물을 만들고 곤충과 인간을 만들었다는 것이다. 이는 신과 인간, 동물과 식물, 심지어 무생물까지 한 몸이고 한마음임을 보여주는 신화이다.

또 하나의 천지창조신화의 주인공은 마고麻姑이다. 마고신화에 따르면 태초에 빛과 소리가 있었다. 반고신화에서 태초는 혼돈이었음을 상기하면 마고신화의 태초는 다소 발전된 상태라고 볼 수 있다. 아무튼 태초의 소리는 팔려八呂라고 불렀는데, 바로 이 팔려의 소리에서 허달성虛達城과 실달성實達城이 나왔고 허달성과 실달성의 사이에서 마고의 마고성이 나왔다는 것이다. 여기서 허달성은 선천시대, 즉 과거의 공간을 의미하고, 실달성은 후천시대, 즉 미래의 공간을 의미한다. 또한 허달성의 허는 빌 허이고, 실달성의 실은 채울 실이니 허달성은 무형이고 실달성은 유형이라고 할 수 있다. 그렇게 볼 때 마고와 마고성은 무와 유가 합해서 나온 것이기도 하고 선천과 후천, 즉 과거와 미래가 합해서 나온 것이기도 하다고 말할 수 있다.

이처럼 무형과 유형 또는 과거와 미래 사이에서 스스로 태어난 마고는 무와 유를 갖춘 최초의 현재적 존재로, 마고성에 살았다. 한자를 보면 마고麻姑는 여성 또는 모성 신이다. 하지만 마고는 남녀의 교합 없이 무와 유, 즉 과거와 미래의 만남으로 태어났다. 얼마 후 마고는 두 딸인 궁희穹姬와 소희巢姬를 낳는데, 이들 또한 마고 자신이 그렇게 태어났듯 남녀의 교합 없이 선천과 후천이 합일되어 태어난 것이다. 궁희와 소희 또한 마찬가지로 남녀의 교합 없이 선천과 후천을 합일시켜 각각 네 명의 천인·천녀를 낳는다. 그러니까 궁희는 황궁씨黃穹氏와 청궁씨靑穹氏라는 두 천인과 이름이 알려지지 않는 두 천녀를 낳았고, 소희는 백소씨白巢氏와 흑소씨黑巢氏라는 두 천인과 역시 이름이 없는 두 천녀를 낳은 것이다. 이렇게 태어난 네 천인의 이름이 바로 황궁씨·청궁씨·백소씨·흑소씨인 것이다.

이들 네 천인과 네 천녀는 마고성에서 나오는 지유地乳를 먹고 자랐다. 재미있는 점은 이 시점부터는 태초에 있었던 소리인 팔여 대신 십이율려律呂의 소리가 있었다는 것이다. 십이율려는 여섯 개의 율律

과 여섯 개의 여呂가 엇갈리며 만들어진 음계로, 율려음은 한 개의 율음과 한 개의 여음이 합해진 음을 말한다. 이 가운데 여섯 율음은 네 천인이 주관했고, 여섯 여음은 네 천녀가 주관했다. 이로 보아 율음은 양의 소리이고, 여음은 음의 소리임을 알 수 있다.

시인 김지하가 실현하고 싶다는 율려의 세계가 바로 이 마고성의 십이율려음에 기초하고 있다. 율려의 세계는 음과 양이 완벽한 조화를 이룬 세상을 의미한다. 만약 우리가 사는 세상이 천인들의 육 율음과 천녀들의 육 여음이 조화롭게 어우러진 십이율려의 세상이라면 참으로 아름다운 세상일 것이다. 하지만 십이율려의 세계 이전 태초의 팔려의 세계도 평화롭고 완전한 세상이었을 것이다. 아무튼 마고와 궁희·소희로부터 나온 네 천인과 네 천녀 또한 지유를 먹으며 평화롭게 살았다.

하지만 허달성과 실달성, 즉 무형과 유형, 선천과 후천이 평화롭게 공존하던 원초적이고 평화로운 시대가 가고 실달성, 즉 유형의 후천 시대가 도래하였다. 이에 마고가 실달성을 떨어뜨리니 실달의 몸체가 열렸다. 물과 흙이 바람과 함께 돌면서 불이 생겼다. 이처럼 지地·수水·화火·풍風이 함께 운행하며 낮과 밤이 갈라지고, 봄여름 가을겨울이 생겼다. 사계절이 생기자 식물과 동물이 자라났다. 그러자 황궁씨는 흙을 맡고 청궁씨는 물을 맡고, 백소씨는 바람을 맡고, 흑소씨는 불을 맡아서 관장하였다.

최초의 사람은 바로 이 무렵에 탄생된다. 네 천인과 네 천녀가 남녀의 교합을 하기 시작한 것이다. 즉 네 쌍의 천인천녀가 결혼을 하여 각각 삼남삼녀씩 스물 네 명의 인간을 낳았다. 마고신화에 따르면 천인천녀가 낳은 최초의 인간은 이처럼 한 명이 아니라 스물 네

명이다. 황궁씨 · 청궁씨 · 백소씨 · 흑소씨가 낳은 24명의 남녀가 또 몇 대를 지나며 결혼한 결과, 각각 삼천 명의 족속을 거느리게 되었다.

신의 아들딸인 사람들 역시 처음에는 마고성의 지유를 마시며 살았기 때문에 기혈이 맑아서 보고 듣는 것, 오고 감이 자유로웠다. 이들은 소리 내지 않고도 말을 할 수 있었고, 형상을 감춘 채 움직였으며, 수명도 한이 없었다. 한마디로 에덴동산의 아담과 이브였다. 하지만 백소씨의 족속에서부터 오미五味의 맛을 알게 되어 다툼이 일어났다. 오미란 달고 쓰고 맵고 짜고 신 다섯 가지 맛을 가리킨다. 아담과 이브가 선악과를 먹고 에덴동산에서 쫓겨난 것처럼 백소씨는 오미의 맛을 알고 나서부터 흑소씨 · 황궁씨 · 청궁씨의 족속들과 다툼을 일으킨 끝에, 결국 모두 마고성을 떠나 각각 동서남북으로 흩어지게 된다.

동쪽으로 떠난 청궁씨의 족속은 동아시아로 가고 서쪽으로 간 백소씨 족속은 서아시아로 갔다. 또 남쪽으로 간 흑소씨 족속은 남아시아 쪽으로 가고, 북쪽으로 떠난 황궁씨 족속은 북아시아로 갔다. 이로써 청궁씨는 동방신으로, 백소씨는 서방신으로, 흑소씨는 남방신으로, 황궁씨는 북방신 등 사방신으로 불리게 된 것이다. 고구려나 백제의 고분 벽화에 그려진 사신도는 아마도 이 사방신과 관련이 있을 것이다.

그런데 오늘날 중국에서는 궁희씨와 소희씨의 어머니이자 청궁씨 · 황궁씨 · 백소씨 · 흑소씨의 할머니인 마고씨를 마고선녀 또는 마고신선으로 부른다. 또한 오늘날 대만과 중국 복건성 사람들 사이에 퍼져 있는 마조媽祖 신앙 또한 마고씨에 대한 신앙일 것이다. 뿐만 아니라 한국 지리산의 노고단老姑壇도 마고와 관계가 있는 명칭이다.

한자로 보면 노고단의 고姑가 마고의 고姑와 글자가 같기 때문이다.

그런가 하면 중국에는 마고씨를 마고할미라고 함부로 부르는 사람들이 있다. 한 설에 의하면 마고할미가 고여산에서 수도하면서 새의 발톱 같은 손톱으로 사람들의 가려운 데를 긁어주었다는 것이다. 이는 한국에서 환인 · 환웅 · 단군의 삼신三神을 삼신할미로 격하시켜 아들 낳고 싶은 여자들에게 아들이나 점지해주는 할머니로 만든 것과 같은 이치이다. 마고씨에 대한 이 같은 폄하와 격하는 남성 중심의 부계 사회가 자리를 잡으면서 모계 사회 여성 신에 대한 멸시에서 비롯되었을 것이다.

반고씨의 옆구리에서 나온 벌레가 사람이 되었다는 설과 청궁씨 등 천인들과 천녀들이 결혼해서 최초의 사람을 낳았다는 설에 이어 세 번째 인류 창조 신화는 여왜씨女媧氏의 창조설이다. 여왜씨는 여와씨 · 여희씨 · 와황 등의 명칭으로도 불리는 여신으로, 최초의 인류는 이 여왜씨가 진흙으로 빚었다고 전한다. 즉 여왜씨가 진흙으로 사람을 빚은 후, 땅에 세워놓고 뺨을 찰싹 때리니 으앙 하며 첫 울음을 울었다는 것이다. 여왜씨는 한 사람뿐 아니라 더 많은 사람을 진흙으로 만들었다고 하는데, 그 만든 방식이 우습기 짝이 없다. 즉 여왜씨는 걸쭉한 진흙반죽이 담긴 그릇과 새끼줄을 들고 높은 산에 올라가 새끼줄에 진흙을 묻혀 탈탈 털었다. 이렇게 털어진 진흙 덩어리들이 모두 사람이 되었다는 것이다.

진흙으로 인간을 창조한 여왜씨는 또 기울어지는 하늘과 땅을 보수한 신으로도 알려져 있다. 즉 그녀는 기울어지는 하늘을 오색의 돌로 메꾸어 보수하고, 자라의 네 발을 잘라 동서남북 사방에 사극을 세웠다. 또한 땅에 물난리가 나자 갈대를 태운 재로 홍수를 막았다고 한다. 복희씨의 여동생으로도 알려진 여왜씨의 인류창조는 성경의 창세기에 나오는 인류창조와 매우 비슷하다. 그 때문에 야훼 또는 여호와로 불리는 유대교와 천주교, 및 기독교의 신과 여왜씨가 동일한 신이라고 주장하는 학자도 있다. 아무튼, 여왜씨는 인류를 창조하고 인류를 위해 하늘과 땅 및 동서남북 사방을 정비해준 신이다.

여왜씨의 오라버니인 복희씨伏羲氏는 포희씨·태호씨 또는 대호·대공으로도 불리는 신으로, 역시 인간들을 위해 좋은 일을 많이 했다. 먼저 그는 팔괘八卦, 즉 건乾(하늘)·곤坤(땅)·감坎(물)·리離(불)·손巽(바람)·진震(우뢰)·간艮(산)·태兌(못) 괘를 열어주어 인간 만사를 자연과 연결시켜 살아가는 지혜를 주었다. 원래 복희씨는 모친 화서씨가 신기한 발자국에 들어가 잉태하여 낳은 아들로, 몸은 뱀이고 얼굴은 사람이며, 머리는 소이고 꼬리는 범이었다고 한다. 복희씨는 또 그물을 만들어 인간에게 고기 잡는 법을 가르쳐준 신으로도 알려져 있다.

다음으로 불의 신으로는 수인씨燧人氏·축융씨祝融氏·신농씨神農氏 등이 있다. 특히 신농씨는 염제炎帝로도 불리며 농사짓는 법, 술 빚는 법, 쇠붙이를 녹여서 농기구를 만드는 법, 그밖에 의료·음악·상업의 신으로도 알려져 있다. 이처럼 인간에게는 그 어떤 신보다 유익한 일을 많이 했다고 할 수 있는 신농씨는 사람 몸에 소머리를 한 기괴한 형상이다. 앞에서도 이야기했지만 신화의 세계에서는 이처럼 신과 인간과 동물이 함께 어우러져 있다. 사실 단군신화의 단군도 천신 환인의 아들인 환웅과 곰이 변신한 웅녀 사이에서 태어났으므로, 반은 신이고 반은 곰인 셈이다.

한편 물의 신에는 공공씨共工氏가 있다. 수신 또는 해신으로도 불리

복희와 여왜가 교미하는 그림.
신강 위구르자치구박물관 소장

는 공공씨 또한 얼굴은 사람이고 몸은 뱀이었다고 한다. 흔히 신들의 전쟁 하면 공공씨가 떠오를 만큼 공공씨의 성질은 불같았다. 그 때문에 공공씨는 고양씨高陽氏인 전욱顓頊과 싸워서 패하자, 화가 난 나머지 하늘과 땅을 받치고 있는 기둥인 천주를 끊어버렸다. 그래서 하늘은 서북쪽으로 기울고 땅은 동남쪽으로 기울어졌다는 것이다. 오늘날 중국의 황하강이나 양자강 등이 모두 동남쪽으로 흐르게 된 것은 바로 이 때문이라고 한다.

바람 신인 치우씨蚩尤氏도 공공씨 못지않게 사나운 신으로 알려져 있다. 풍신 치우씨는 구름 신인 황제 헌원씨軒轅氏에 반기를 들어 패했다는 설도 있고, 치우씨가 헌원씨에게 끝까지 대항하여 승리했다는 설도 있다. 이처럼 서로 반대되는 주장이 있게 된 데에는 황제 헌원씨를 숭배하는 민족과 치우씨를 숭배하는 민족이 서로 다른 입장의 기술을 하고 있기 때문이다. 앞서 말한 공공씨와 고양씨의 싸움 또한 두 신을 섬기는 민족들의 이해관계가 엇갈렸기 때문이다. 또한 복희씨나 여왜씨 또는 신농씨의 이름이 그렇게 여럿 있는 것 또한 민족에 따라 이들을 부르는 호칭이 달랐음을 의미한다.

앞서 들어가는 말에서도 말했지만 상고대 중국에는 크게 두 갈래 민족이 있는데, 그 하나가 동이족이고, 다른 하나가 화하족이다. 한 학설에 의하면 원래 동이족은 봉황새를 숭배하는 봉족이었고, 화하족은 용을 숭배하는 용족이었다고 한다. 그래서 동이족의 후예인 은나라 민족과 조선족, 및 고구려와 백제 사람들은 예로부터 새의 깃털 장식을 좋아했고, 오늘날 한국의 민간에도 꼭대기에 새가 달린 솟대를 신성시한다. 무엇보다 청와대의 로고가 봉황새임을 볼 때, 새를 신성시하는 동이족의 마음이 오늘날 한국인에게까지 면면이 이어져 왔음을 알 수 있다.

반면에 화하족의 후예임을 자처하는 한족들은 황제黃帝 헌원씨를 용으로 상징한다. 그래서 오늘날 중국인들은 자신들을 황제의 자손으로 말하며, 민간에는 용춤 추기, 용선 젓기 등이 크게 유행한다. 물론 시대가 변천하면서 동이족과 화하족, 즉 봉족과 용족은 서로 섞이며 융화되어 왔다. 그 때문에 중·근대, 및 현대에 와서는 중국인들도 새를 숭앙하고 한국인들도 용을 숭앙하여 지명이나 민속 의식에 두루 사용하고 있는 것이다.

희화시킨 치우의 모습. 머리는 소고, 등에는 양날개가 있고 다리가 12개 있다.

하지만 고대에는 사정이 달랐다. 양대 민족이 서로를 적대시하면서 싸움을 일삼았던 것이다. 그래서 고대에는 신들도 동이족, 즉 봉족 계열의 신과 화하족, 즉 용족 계열의 신이 대립하고 있었던 것이다. 그 때문에 공공씨와 고양씨의 싸움, 그리고 치우씨와 헌원씨의 싸움은 바로 봉족과 용족의 대립을 의미한다. 그렇게 볼 때 치우씨·

공공씨 등은 새를 토템으로 삼는 동이족의 신들이고, 헌원씨 · 고양씨 등은 용을 토템으로 삼은 화하족의 신들이라고 하겠다.

지금까지 소개한 신들 외에도 상고대 동아시아에는 수많은 신들이 있었다. 소호씨少昊氏 · 고신씨高辛氏 · 도당씨陶唐氏 · 유우씨有虞氏 등등. 이 가운데 소호씨는 금천씨金天氏로도 불리고, 고신씨는 제곡帝嚳, 도당씨는 요, 유우씨는 순이라는 명칭으로 불리기도 한다. 그래서 사마천의 『사기』에는 헌원씨 황제와 함께 고양씨 전욱과 제곡 · 요 · 순이 모두 고대 중국의 제왕으로 기록되어 있다. 이는 신과 인간의 경계가 그만큼 애매하다는 점을 다시 한번 상기시킨다.

신과 인간의 경계가 허물어진 신화로는 선녀 서왕모西王母와 주周나라 목왕穆王에 관한 기록과 서왕모와 한漢나라 무제武帝와의 만남 기록에서도 확인된다. 먼저 서왕모를 소개하자면 그녀는 옥산玉山의 동굴에서 살았는데, 사람 얼굴에 범의 이빨과 꼬리를 지녔다고 한다. 또 헝클어진 더벅머리에 화관을 쓰고 소리를 잘 했다고 한다. 그런가 하면 하늘의 살기를 가지고 다섯 가지 잔혹한 일을 주관했다고 한다. 이렇게 보면 서왕모의 모습은 기괴하면서도 음악적인 재능이 있고, 귀여운 데가 있는가 하면 매우 잔인한 신이기도 하다.

하지만 주나라 목왕이 곤륜산에 가서 만난 서왕모는 매우 낭만적이다. 서왕모는 목왕을 이끌고 요지라고 하는 연못에 가서 놀았는데, 거기서 그녀는 목왕에게 검은 옥과 흰 옥을 선물했다. 둘은 함께 술을 마시며 시를 주고받았다. 서왕모가 목왕을 칭찬하며 또 놀러오라는 내용의 시를 지어주자, 목왕도 돌아가 삼년간 백성을 평안히 다스리고 난 후 다시 놀러 오겠다는 내용의 시로 화답했다. 주나라에 돌아온 목왕은 서왕모와의 만남을 엄산의 돌에 기록하고, 엄산을

'서왕모의 산'이라고 불렸다.

서왕모와 한나라 무제의 만남은 목왕 때와 조금 다르다. 즉 서왕모가 목왕과 데이트를 한 곳은 천상의 요지로, 서왕모는 이곳으로 목왕을 초대했었다. 하지만 서왕모가 한나라 무제를 만난 곳은 지상, 즉 한나라 땅이다. 그것도 한나라 무제가 초대했다기보다 서왕모가 스스로 내려온 것이다. 전하는 기록에 따르면 한나라 무제가 오래 살고 죽지 않기를 꿈꾸자 이를 가상히 여긴 서왕모가 7월 7일 7시에 자주색 수레를 타고 푸른 새의 호위를 받으며 지상에 내려왔다. 머리에는 천신天神을 상징하는 천관天冠을 쓰고서 말이다.

한무제가 서왕모를 맞아 불사약不死藥을 달라고 하자 서왕모는 다음과 같이 말했다: "그대는 지상에 쌓아놓은 정이 너무 많아 불사약을 줄 수 없다." 그 대신 서왕모는 품안에서 하늘 복숭아인 선도仙桃 일곱 개를 꺼내어 두 개는 자기가 먹고 다섯 개를 무제에게 주었다. 무제도 그 자리에서 선도를 먹고 난 뒤에 그 씨를 지상에 심으려고 하자 서왕모가 이렇게 말하고 사라졌다: "이 복숭아는 천상의 복숭아로 천상에서도 삼천년에 한번 열매가 맺힌다. 그러니 어찌 지상에 심을 수가 있겠는가?" 이로서 볼 때, 서왕모는 한무제의 지나친 욕심, 즉 죽지 않으려고 불사약을 구하는 욕망에 대해 경고하기 위해 지상에 내려왔음을 알 수 있다.

마지막으로 예羿와 그의 아내 항아姮娥의 이야기를 소개한다. 예는 명궁, 즉 활쏘기의 달인이었다. 요임금 때 하늘에 10개의 태양이 떠올라 온갖 초목을 말라죽이자, 예가 활을 들고 나가 9개의 태양을 쏘아 떨어뜨리고 한 개의 태양만 남겼다. 이 때문에 예를 태양신으로 보는 설이 있다. 그의 아내 항아가 달의 신이 되었음을 볼 때 예를 태양신으로 보는 데도 일리가 있다.

항아에 대해서는 두어 가지 다른 이야기가 있다. 그 하나는 그녀가 예의 아내로, 예가 서왕모로부터 얻어온 불사약을 훔쳐서 달로 달아나 두꺼비가 되었다는 설이다. 다른 하나는 항아가 예의 아내가 아니라 태양신 제준帝俊의 아내이자 달의 신으로, 그녀는 12개의 달을 낳고는 일월산 골짜기에서 목욕을 했다는 것이다.

이 두 가지 설을 엮어보면 항아는 분명 달의 신이다. 달에 가서 두꺼비가 되었다거나 12개의 달을 낳았다는 기록이 이를 증명한다. 열 두 개의 달은 분명 정월에서 섣달까지 열두 달을 의미하고 자축인묘진사오미신유술해의 십이지十二支를 뜻한다. 한편 항아의 남편 제준은 태양신이다. 또 다른 남편인 예도 태양신이 확실하다. 예가 상대한 10개의 해가 이를 증명한다. 열 개의 해는 갑을병정무기경신임계의 십간十干을 뜻한다. 흔히 기축년·경인월, 갑자일, 정유시 등으로 말하는 역법을 간지干支 역법이라고 하는데, 여기서 간은 십간이고, 지는 십이지다. 잘 알다시피 십간과 십이지를 엮어서 60년 단위로 순환되는 것이 바로 간지력이다. 요컨대, 간지력은 열 개의 태양과 열 두 개의 달이 어우러진, 태양력과 태음력이 통합된 것으로, 그 기원은 예와 항아의 신화에 있다고 하겠다.

두번째 이야기

『시경』『서경』『역경』『예기』『춘추』

'고전' 해도 어렵게 생각되는데, '경전' 하면 골치 아파하는 사람들이 많다. 우선 현대가 아닌 고대의 이야기라서 어렵고, 또 그냥 재미있는 이야기가 아니라 도덕적이고 교훈적인 구닥다리라고 생각되기 때문이다. 사실 오경으로 대표되는 경전은 어려운 한자로 되어 있어서 어렵고, 또 뜻풀이를 해놓은 것도 읽어보면 과연 이해하기가 쉽지 않다. 이는 성경이나 불경의 원문이나 번역문을 읽는 것과 비슷하다. 다행히 성경과 불경은 오랜 세월 동안 이를 해석하고 해설하는 사람들이 많이 있어서 오늘날 민중에게 많은 감동을 준다. 이에 비해 『시경』『서경』『역경』『예기』『춘추』의 오경은 유학자들 외에 일반 대중에게 그다지 큰 감동을 주고 있지 못한 듯하다.

하지만 고려 광종 때부터 조선시대까지 위 경전은 과거시험 과목이었다. 오늘날로 치면 사법고시·행정고시·외무고시 같은 고급 공무원시험의 과목들이었던 것이다. 그래서 글을 배우는 사람은 물론이고 모르는 사람들도 경전 이야기들을 많이 알고 있었다. 한마디로 경전이 생활화되었던 것이다. 사실 오늘날도 사람들의 머리와 마음에 충효라든가 의리라든가 예절이 고스란히 남아 있고, 또 작용하고 있다. 다만 그 핵심적 내용이 현대에 어떻게 작용할 수 있는지 알지 못할 뿐이다. 그런 의미에서 오늘날 젊은이들에게 잊혀져가는 경전의 정수를 생생하게 이야기할 필요를 느낀다.

그럼 지금부터 가장 오래된 경전이라고 하는 『역경』 이야기부터 시작해보자. 역경은 주역으로도 불리는데, 흔히 점을 치는 책으로 알려져 있다. 물론 역경은 예로부터 점을 치는데 활용되어 오기는 했다. 하지만 그보다 더 중요한 것은 역경이 변화와 순환의 철학을 담고 있다는 철학서라는 사실이다. 이는 달도 차면 기울고, 기운 달은 다시 차오른다는 원리를 말한다. 이는 또 입학하면 졸업을 하고, 졸업을 하면 입학한다는 뜻이다. 흥하면 망하고, 망하면 다시 흥한다는 뜻이기도 하다. 이처럼 끊임없이 바뀌면서 돌고 돌아가는 진리야말로 『역경』의 핵심 사상이다. 그래서 이 책을 하늘이 인간에게 정해놓은 운명을 이야기하고 있는 경전이라고 말한다면 큰 잘못이다.

『역경』이 변화와 순환의 사상을 담고 있음은 육십사괘의 모든 괘사卦辭에서 확인된다. 즉 첫 번째 괘인 건괘乾卦의 본문을 보면 다음과 같다:

> 건괘는 으뜸이고 형통하며 이롭고 바르다.
> 하지만 맨 처음에는 물에 잠긴 용이니 쓰지 말아라.

건괘의 건은 건곤감리의 건(하늘)으로, 태극기의 왼쪽 상단에 있는, 하늘이 위 아래로 두 개 합친 괘이다. 하늘이 위아래로 펼쳐져 있으니 으뜸이고 형통하며 이롭고 바르다고 한 것이다. 하지만 이 좋은 괘도 맨 처음에는 물에 잠긴 용처럼 쓸 수 없다는 해설이다. 완벽히 좋지만은 않다는 뜻이다.

다음으로 육십사괘의 마지막 괘인 미제괘未濟卦의 본문을 보자:

> 미제괘는 형통하다.
> 하지만 여우가 마른 물위를 건너다 꼬리를 적시니 이롭지 않다.

미제괘는 위는 리(불), 아래는 감(물)으로 되어 있는 괘이다. 리는 태극기의 왼쪽 하단에 있고, 감은 오른쪽 상단에 있음은 잘 알고 있을 것이다. 물이 아래에 있고 불이 위에 있으니, 불에 의해 물이 마르는 상태다. 또는 물에 의해 불이 꺼지는 상황이다. 그래서 여우가 마른 물위를 건너다 꼬리를 적시듯 해괴하고 이롭지 않다고 한 것이다. 하지만 이 괘도 처음에는 형통하다고 풀이함으로써 나쁘지만은 않다고 한다. 비록 괴이한 상황이지만 잘 극복하면 좋아진다는 뜻인 것이다.

이처럼 『역경』의 모든 괘의 풀이는 좋지만도 않고 나쁘지만도 않다. 어찌 보면 코에 걸면 코걸이고, 귀에 걸면 귀걸이 같다. 그럼에도 불구하고 여기에 진실이 있다. 즉 어떤 것도 고정적으로 변하지 않는 것이 없다는 사실이다. 모든 일이 호사다마好事多魔이고, 전화위복轉禍爲福이라는 뜻이다. 그래서 음양을 이야기할 때 여자가 음이고, 남자가 양이지만, 어머니는 양이고, 아들은 음인 것이다. 또 흔히 우리가 체질을 이야기할 때 태양太陽·소양少陽·태음太陰·소음少陰이라고 분류하는데, 이 또한 한 사람이 한 가지만 가지고 있는 게 아니라 한 사람이 두세 가지 다른 체질을 함께 가지고 있다. 그래서 같은 사람인데도 때로는 이게 강하게 나타나고 때로는 저게 강하게 나타나는 것이다.

『역경』을 보면 태극에서부터 음양이 나오고, 음양에서 사상이 나오고 사상에서 팔괘가 나오고 팔괘에서 육십사괘가 나온다. 하나에서 둘이 나오고, 둘에서 넷이 나오고, 넷에서 여덟이 나오고, 여덟에서 육십 넷이 나온 것이다. 이를 자연과 인간으로 풀면 예순 넷은 자연과 인간, 및 천지만물이 모두 펼쳐진 모습이고, 하나는 모두 합쳐진 모습이다. 이는 마치 사람이 숨을 내쉬면 수많은 모습으로 확장되고, 들이쉬면 한 개의 모습으로 수렴된다는 뜻이기도 하다. 그래서 모든 것은 태극으로 모이고, 육십사괘로 흩어진다고 말한다. 그러니

요(堯)

순(舜)

모든 것을 고정적으로 보지 말고 편견이나 선입견을 가져서는 안 된다는 것이 『역경』의 진짜 가르침인 것이다.

다음으로 가장 오래된 정치서인 『서경』을 보자. 구약 성경이 이스라엘의 고대 역사인 것처럼 『서경』은 중국의 고대 역사책이다. 이 경전에는 요堯임금・순舜임금에서부터 하夏나라의 우禹임금, 은殷나라의 탕湯임금 등을 거쳐 주周나라의 무武임금까지의 역사가 담겨 있다. 한마디로 춘추전국시대 이전까지의 역사가 담겨 있는 책이 바로 『서경』이다. 이 책에는 요임금이 나라를 잘 다스리다가 왕위를 자기 친 아들이 아닌 순에게 넘겨주었다는 이야기가 있다. 민주주의 사회인 오늘날 한국에서도 재벌의 총재가 아들과 손자에게 회사를 물려주고, 북한에서는 자식에게 나라를 물려주는데, 상고대의 임금이 왕위를 남에게 넘겨준 것이다. 순임금 또한 자신의 아들이 아닌 우에게 왕위를 선양했다. 그래서 오늘날도 요순시대를 태평성대라고 하는 것이다.

그런가 하면 이 책에는 하나라의 걸임금이 애첩 말희에 빠져 은나라의 탕왕에게 멸망당하는 이야기가 있다. 또한 은나라의 주임금이 역시 애첩 달기에 빠져 매일 술과 고기를 늘어놓고 방탕한 생활을 하다가 주나라의 무임금에게 망하는 이야기도 있다. 주지육림酒池肉林이라는 고사성어는 바로 여기에서 유래되었다. 하지만 이 같이 나라를 망하게 하는 미녀인 경국지색傾國之色 때문에 나라가 멸망했다는 것은 사실이 아닐 수도 있다. 역사는 항상 멸망당한 자의 입장에 서기보다는 멸망시킨 자의 입장을 옹호하게 되어 있기 때문이다. 멸망시킨 자는 자신의 행위를 정당화하기 위해 멸망당한 자의 인격적 파탄이나 방탕을 과장하기 마련인 것이다. 백제의 의자왕과 삼천

궁녀 이야기도 그럴지 모른다.

재미있는 점은 『서경』에 조선의 기자箕子가 등장해서 주나라 무왕에게 하늘이 왕에게 명한 도리인 홍범구주洪範九疇를 가르치고 있다는 사실이다. 그런데 기자조선을 일으킨 기자는 원래 은나라의 유신이라고 하니, 기자가 말하는 홍범구주는 은나라 때부터 있었다고 봐야한다. 그럼 하늘이 부여한 아홉 가지 아름다운 법도라는 뜻의 홍범구주를 간단히 소개한다:

> 첫째는 오행이라 하고, 둘째는 오사를 정중히 함이고, 셋째는 팔정에 힘씀이고, 넷째는 오기를 조화로이 씀이고, 다섯째는 황극을 굳게 세움이고, 여섯째는 삼덕으로 다스림이고, 일곱째는 의문점을 밝힘이고, 여덟째는 온갖 징조를 잘 헤아림이고, 아홉째는 오복으로 베풀고 육극으로 제압함을 말한다.

위 글에 따르면 하늘이 임금에게 주는 첫 번째 법도는 오행五行으로, 오행은 화 · 수 · 목 · 금 · 토이다. 이는 하늘이 불 · 물 · 나무 · 쇠 · 흙의 흐름을 임금에게 맡긴다는 뜻이다. 『역경』에서 음양을 처음으로 말했다면 오행은 『서경』에서 처음 언급되었다. 오늘날 사람들이 말하는 음양오행은 이렇게 해서 형성된 것이다.

하늘이 임금에게 주는 둘째 법도는 단정한 외모를 갖추고, 잘 보고 잘 듣고, 잘 생각하고 잘 말하는 등 다섯 가지 오사五事를 정중히 갖추라는 것이다. 이는 임금이 제일 먼저 갖춰야 할 자격인 것이다. 그런 다음 셋째, 임금은 국민을 위해 농산품 · 공산품 · 제사 · 국토 · 민원 · 형벌 · 군대 · 외교 등 여덟 가지 팔정八政에 힘써야 한다. 다음으로 넷째, 임금은 연 · 월 · 일 · 시와 이 연월일시를 조화롭게 엮어주는 역법인 오기五紀를 책정해서 전국적으로 운용해야 한다.

그러기 위해 다섯째 법도로 임금은 스스로가 구심점이 되는 황극皇極을 굳게 세워야 한다.

뿐만 아니라 여섯째, 임금이 국민을 다스릴 때는 정직을 바탕으로 강건하면서도 온유하게 다스려야 한다. 정직과 강건, 그리고 온유가 바로 임금이 정치할 때 바탕으로 하는 삼덕三德인 것이다. 또한 일곱째, 임금은 의심스러운 점이 있으면 반드시 만천하에 이를 밝혀야 하고, 여덟째, 나라 안팎에 갖가지 징조가 보이면 이를 잘 헤아려서 대처해야 한다. 마지막으로 아홉째, 임금은 성실한 국민에게는 장수·부유·평안·후덕·제 명에 죽음 등 오복五福을 베풀고, 불성실한 국민에게는 흉하게 일찍 죽음·질병·근심·가난·악함·약함 등 육극六極으로 위압해야 한다. 한마디로 당근과 채찍으로 백성을 다스리라는 뜻이다.

이상이 바로 기자가 말한, 하늘이 임금에게 부여하는 아홉 가지 아름다운 법도이다. 고대 정치철학의 핵심을 이루고 있는 이 아홉 가지 법도를 요약하면 이렇다. 즉 하늘이 내려준 오행의 원활한 흐름 아래 임금은 잘 보고 잘 듣고 잘 생각하는 등 먼저 자신을 수양해야 한다. 이는 윗물이 맑아야 아랫물이 맑아진다는 뜻이다. 그런 다음 백성을 위해 농수산·상공·내무·외무·국방·치안·제사 등 행정의 편의를 제공해야 한다. 제사를 담당하는 일이 행정에 속했다는 점 말고 대부분은 오늘날의 행정과 비슷하다. 또한 임금은 백성에게 날짜와 시간 등을 헤아리는 역법을 정해줘야 한다. 이 또한 오늘날 한국이 공식적으로 또 비공식적으로 태양력과 태음력을 정해 날짜를 계산하는 것과 같다.

다음으로 임금은 중심에 왕권을 굳게 세우고 백성을 다스려야 한다. 이는 왕권의 권위를 확실히 하라는 뜻이다. 이 같은 구심점을 지니고 백성을 다스릴 때는 정직이라는 공의를 바탕으로 때로는 강하게 때로는 부드럽게 다스려야 한다. 이는 공평한 정의를 기본으로 강하게 밀고 부드럽게 당기라는 뜻이다. 또한 나라 안에서 일어나는 의심스러운 일은 숨기지 말고 반드시 밝히고, 온갖 징조를 잘 헤아려야 한다. 그런 다음 임금은 백성을 상과 벌, 즉 당근과 채찍으로 다스려야 한다는 것이다.

요컨대, 홍범구주는 주나라 무왕이 실행해야할 정치와 행정 원칙이지만, 그 내용은 오늘날 한국의 대통령에게도 그대로 해당되는 것이라고 할 수 있다. 만약 임금 또는 대통령이 이 아홉 가지 하늘의 법도를 무시한다면, 하늘이 그 지도자를 권좌에서 끌어내린다는 것이다. 실제로 홍범구주의 첫머리에는 곤鯀왕이 정치를 제대로 하지 못하여 하늘이 그에게 맡긴 홍범구주를 빼앗아 우禹에게 주는 이야기가 기록되어 있다.

세 번째 경전은 최초의 문학서인 『시경』이다. 시경은 가장 오래된 시집이다. 공자는 일찍이 "시를 모르는 사람과 마주하고 있으면 마치 담벼락과 마주하고 있는 것 같다." "시에는 사악함이 없다."라고 했다고 한다. 이는 공자가 아름다운 수사를 늘어놓으며 독자를 호도할 수 있는 산문에 비해 운문인 시는 솔직하고 순수하다고 보았다는 뜻이다. 물론 시도 어떤 의도를 가지고 사람을 선동하거나 호도할 수는 있다. 하지만 상대적으로 그럴 가능성이 적다는 것이다.

『시경』은 대체로 주나라 말경 황하 유역의 시들을 모은 것이라고 하는데, 이 가운데는 민중의 시도 있고 지식인들의 시도 있다. 예나 지금이나 민중의 시인 민요는 비교적 이해하기 쉬운 반면에, 글을

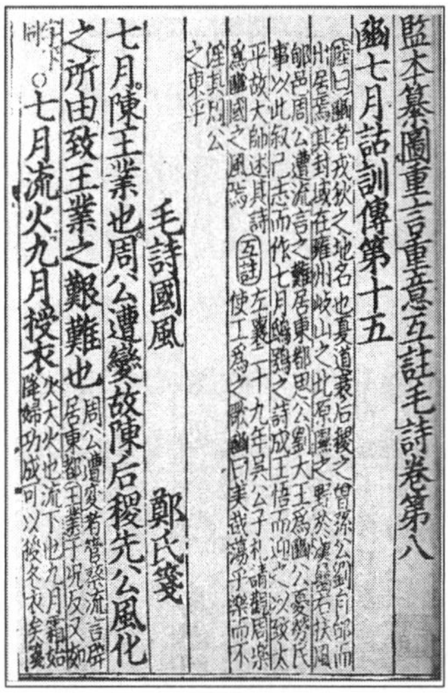

監本纂圖重言重意互註毛詩卷第八

豳七月詁訓傳第十五

毛詩國風　鄭氏箋

七月陳王業也周公遭變故陳后稷先公風化之所由致王業之艱難也

七月流火九月授衣

「시경」 송나라 때의 판각본. 북경도서관 소장

아는 시인들의 시는 이해하기가 쉽지 않다. 다행히 『시경』은 민요가 전체 시의 반 이상 차지하고 있다. 그럼 백문百聞이 불여일견不如一見이라고 이제 이 책에 나오는 민요인 「꽌꽌 우는 물새」 한 수를 소개한다:

꽌꽌 우는 물새가 황하강에서 서성이듯
아리따운 숙녀를 군자가 애써 구하지요
들쭉날쭉 물풀을 물새가 이리저리 헤치듯
아리따운 숙녀를 군자가 자나 깨나 찾지요

찾아도 찾지 못해 자나 깨나 그 생각에
오랫동안 오랫동안 이리 뒹굴 저리 뒹굴

들쭉날쭉 물풀을 물새가 이리저리 따듯이
아리따운 숙녀를 찾아 군자가 벗을 삼고
들쭉날쭉 물풀을 물새가 이리저리 솎아내듯이
아리따운 숙녀와 군자가 풍악으로 즐기지요

이 시는 아리따운 숙녀를 향한 군자의 그리움, 구함, 찾지 못해 괴로움, 만남, 즐김이 잘 표현되어 있다. 즉 황하강의 물새가 물풀을 구하려 서성이듯 군자도 숙녀를 구하려 서성인다. 그러다가 물새가 물풀을 이리저리 헤치며 고르듯이 군자도 숙녀를 고른다. 하지만 뜻대로 되지 않자 자나 깨나 누구를 고를까 하는 생각으로 몸을 뒤척인다. 그러다가 물새가 물풀을 따듯이 군자도 마침내 숙녀를 선택하고, 물새가 물풀을 솎아내듯이 군자도 숙녀와 풍악으로 즐긴다는 내용이다. 이렇게 볼 때 이 민요에 나오는 군자와 숙녀는 평범한 남녀를 말한다. 즉 여기서의 군자는 공자가 말하는 인仁을 갖춘 군자君子와는 다른, 평범한 남자이고, 숙녀淑女 또한 그냥 보통 여자인 것이다.

요컨대, 이 시는 애정시로, 오늘날로 치면 사랑을 노래하는 대중가요이다. 그래서 청춘남녀라면 누구나 공감할 수 있는 가사이기도 하다. 다만 남자를 물새로 상징하여 능동적으로 여자를 선택하는 반면, 여자를 물풀로 상징하여 남자에게 피동적으로 선택되고 있다는 점이 오늘날과 조금 다르다고나 할까.

이 시에는 물새의 울음소리를 꽌꽌으로 표현하는 의성어라든지 물풀의 모습이 들쭉날쭉하다는 의태어가 있어서 매우 생생한 느낌을 준다. 또한 물새와 물풀, 숙녀와 군자가 반복적으로 등장하며 서로 비교해 줌으로써 남녀의 사랑을 흥미롭게 진행시킨다. 그런가 하면 시의 가운데쯤에는 “찾아도 찾지 못해 자나 깨나 그 생각에, 오랫동안 이리 뒹굴 저리 뒹굴” 같이 어떤 비유나 상징이 없는 부분도 있다. 그저 님 생각에 잠 못 이루고 뒤척이는 남자의 모습일 뿐이다. 다만 이 부분도 시어가 반복되기 때문에 읽어보면, 딱딱 떨어지는 리듬감이 있다. 이 시는 분명 민요로 분류되어 있는데, 전체적으로 볼 때 지식인이 손을 본 느낌이다. 상징이나 압운 등 수사가 비교적 정연하여 질박한 민요 같지 않다는 뜻이다. 이는 오래전의 민요가 훗날 지식인들의 손을 거쳐 전수되었기 때문일 것이다.

아무튼『시경』에는 이 같은 서정시들뿐 아니라 지식인들이 제사 때나 연회 때 읊었던 다소 긴 서사시들도 있다. 그 가운데「위대한 한韓나라」는 맥족貊族의 후예를 칭송하는 내용으로, 맥족은 예맥족濊貊族의 한 갈래이다. 잘 알다시피 예맥족은 동이족과 함께 한국 민족의 선조민족으로 꼽힌다. 이로서 볼 때『시경』또한『역경』『서경』과 마찬가지로 중국인뿐 아니라 한국인의 경전이기도 한 것이다.

네 번째로 이야기할 경전은『예기』이다. 예기는 물론 예에 대한 책이다. 하지만『예기』는 단순한 예절을 다룬 책이 아니라, 도덕과 윤리 사상까지 다룬 심오한 경전이다. 물론 혼례·상례·제례 등에 관한 예절도 다루지만 이것은『예기』의 일부분에 지나지 않는다. 오히려 예기에서 다루는 예는 인仁과 의義를 기본으로 하는 대동大同의 이상을 추구하는 예禮인 것이다. 조선시대 김장생이 예학파를 만들어 예를 연구하고 실천했고, 한국을 동방예의지국이라고 부르기도 하는 것으로 보아 한국의 선조들은 예로부터 이 예와 아주 밀접한 관계를 가지고 있다고 할 수 있다.

『예기』에는 오륜의 기본이 되는 십의十義가 담겨있다. 십의는 부모와 자식·형과 아우·남편과 아내·어른과 젊은이·임금과 신하의 의를 다음과 같이 일러 준다:

부모는 자애로워야 하고
자식은 효성스러워야 한다.
형은 선량해야 하고
아우는 따라야 한다.
남편은 의로워야 하고
아내는 들어야 한다.
어른은 베풀어야 하고
젊은이는 순종해야 한다.
임금은 인자해야 하고
신하는 충성해야 한다.

여기서 중요한 점은 부모와 자식 · 형과 아우 · 남편과 아내 · 어른과 젊은이 · 임금과 신하의 관계가 일방적인 상하 관계가 아니라는 것이다. 이는 부모 · 형 · 남편 · 어른 · 임금의 자질이 자식 · 아우 · 아내 · 젊은이 · 신하보다 더 중시되고 있음을 보면 알 수 있다. 다시 말해서 부모의 자애가 자식의 효도를 받기 위한 전제 조건이고, 형의 선량함이 아우가 형을 따르는 전제조건임을 의미한다. 또한 남편이 의로와야 아내가 남편 말을 듣고 어른이 베풀어야 젊은이가 순종하며, 임금이 인자해야 신하가 충성한다는 것이다.

이처럼 십의는 아랫사람이 무조건 윗사람의 말을 듣고 따라야 하는 도리가 아니다. 오히려 윗사람의 자격이 더욱 강조된 도리이다. 하지만 요즘의 젊은이들은 삼강오륜이 임금이나 부모의 자질과는 관계없이 신하가 무조건 임금에게 복종하고, 자식이 무조건 부모의 말을 들어야하는 인습이라고 오해한다. 또한 남편이나 윗사람 또는 형이 흉악무도하더라도 아내나 젊은이 또는 동생이 무조건 이들의 말에 따르라는 봉건적 악습이라고 싫어한다. 물론 역대의 왕들 가운데 자질이나 자격이 없는 왕들이 일방적으로 신하들이 자기 말을 듣도록 하기 위해 충성을 들먹이기는 했다. 또한 자식보다 생각이 짧은 부모가 자식을 길들이기 위해 효도를 내세우기도 했다. 남편이나 윗사람 또는 형의 경우도 마찬가지다. 그래서 중국의 루쉰은 예를 봉건적인 세력을 옹호하는 낡은 것으로 배척했던 것이다.

하지만 이는 자격이 없는 윗사람들이 아랫사람들에게 예를 강요한 것이지, 예 자체의 결함은 아니다. 오히려 『예기』에는 자격 있는 윗사람이 되려면 반드시 닦아야 할 도리에 대해 다음과 같이 말했다:

> 옛날에 밝은 덕을 천하에 밝히려는 사람은 먼저 자기 나라를 다스리고, 자기 나라를 다스리려는 사람은 먼저 자기 집을 정비하고, 자기 집을 정비하려는 사람은 먼저 자기 자신을 수양했다. 또한 자기를 수양하려는 자는 먼저 자기 마음을 바르게 하고, 자기 마음을 바르게 하려는 자는 먼저 자기의 뜻을 참되게 하고, 자기의 뜻을 참되게 하려는 자는 먼저 총체적인 지혜에 도달했다. 총체적인 지혜에 도달한다는 것은 개개 사물의 본성을 아는 데 있다.

이처럼 진정한 윗사람이 되려면 거쳐야 할 과정이 많다. 그래서 세계적인 지도자가 되려면 먼저 개개 사물의 본성을 살펴 총체적인 지혜를 얻어서 자신의 뜻을 참되게 하고 마음을 바르게 하는 수신修身을 완성하지 않으면 안 된다. 수신, 즉 자신을 수양하지 않은 채, 자기 집안을 화합시킬 수 없고, 제 집안을 화합하지 못한 채 자기 나라를 다스리기는 어렵다. 또한 제 나라를 다스리지 못한 사람이 세계를 다스리는 후덕한 지도자가 될 수는 더더욱 없는 것이다.

그러려면 무엇보다 내 안팎에서 일어나는 모든 사물의 본성을 잘 알아야 전체적인 지혜를 얻을 수 있고, 그래야만 내 뜻이 진실해진다는 점을 유의하지 않으면 안 된다. 바른 마음을 가지려면 이렇게 진실한 뜻을 세울 때 가능해지기 때문이다. "격물치지성의정심格物致

知誠意正心"으로 잘 알려진 수신은 이처럼 개별적인 만물의 본성을 알고(격물), 전체를 포괄적으로 안(치지) 다음, 그 모두를 자기와 하나로 보는 뜻을 세워서(성의) 자기 마음의 중심을 정하는 것(정심)이다. "수신제가치국평천하修身齊家治國平天下"의 수신은 바로 이 같은 과정을 거쳐서 완성되는 것이다.

이렇게 자기수양(수신)이 잘 되어야 비로소 집안이 잘 정비되고(제가), 집안이 잘 정비되어야 나라가 잘 다스려지고(치국), 제 나라가 잘 다스려져야 온 세계를 이끌어갈(평천하) 지도자가 되는 것이다. 송宋나라 때 주희朱熹는 바로 이 대목(격물치지성의정심수신제가치국평천하)이 포함된 『예기』의 한 장을 『대학』으로 독립시켜 『논어』『맹자』 및 다음에 설명할 『중용』과 함께 사서四書로 묶었다. 그 만큼 진정한 윗사람이 되는 길은 결코 쉽지 않은 길이다. 단순히 권력이 있다거나 돈이 있다거나 남자라거나 나이가 많다고 해서 윗사람이 되는 것은 절대로 아님을 명심해야 한다.

역시 『예기』의 한 장을 독립시킨 『중용』은 예를 실천하는 도리, 즉 인격을 완성하는 방법을 담고 있다. 그런데 인격은 한번 완성되었다고 해서 끝나는 것이 아니라 끊임없이 성찰하고 실천하지 않으면 안 된다. 이 책은 바로 이 같은 수행의 도리를 말하고 있다. 먼저 중용의 글자 조합을 보면 중中과 용庸으로 되어 있는데, 먼저 중中은 안팎으로 마음의 중심을 잡고 치우치지 않는 상태를 말한다. 맷돌이 중쇠를 꽂아야 돌아가고 지구가 지축에 의해 자전하듯이, 사람도 마음의 중심이 잡혀야 제 구실을 할 수 있는 법이다. 돈 같이 눈에 보이는 것과 꿈 같이 눈에 보이지 않는 것, 그 어느 한쪽에도 기울지 않는 것이 바로 중이다. 누구나 아름다운 사람과 추한 사람을 보면 모두 아름다움에 마음이 쏠린다. 하지만 사람이 젊고 싱싱했을 때는 아름답지만 늙고 병들면 추해진다. 또 누구나 깨끗한 걸 보면 좋아하고 더러운 걸 보면 싫어하는데, 사실 우리 몸에는 깨끗한 것과 더러운 것이 같이 들어 있다. 그러니 그 어느 쪽에도 치우치지 않는 중심을 잡아야 하는 것이다.

다음으로 용庸은 쓸 용用과 같은 발음이고 같은 뜻이다. 그럼 어떻게 쓴다는 말일까? 한마디로 돌리고 바꾸고 갈아서 쓴다는 말이다. 예를 들어 좋고 기쁜 일을 만났을 때는 감사한 마음으로 중심에 고맙게 돌려놓아야 한다. 그것을 돌리지 않고 언제까지나 제 것을 삼으려고 하면 안 된다는 뜻이다. 마찬가지로 기분 나쁘고 화나고 아픈 일을 당했을 때는 좋고 편안한 쪽으로 바꾸도록 중심에 굴려 놓아야 한다. 이처럼 중심을 확고하게 잡은 사람은 어떤 것도 중심에 돌리고 굴리고 바꿔서 쓴다. 반면에 중심을 잡지 못하고 흔들리는 사람은 자기의 중심을 믿지 못하고, 믿지 못하니 돌리거나 갈아서 쓰지 못하는 것이다.

하지만 어떤 사람은 중용을 마치 이것도 저것도 아닌 얼치기쯤으로 취급한다. 실제로 이쪽도 저쪽도 아닌 중간쯤에서 오직 자기의 이익만을 취하는 기회주의자나 회색분자가 있는 것도 사실이다. 그러나 그런 사람의 삶은 중용의 삶과 거리가 멀다. 진짜 중용의 삶은 나와 남, 동양과 서양, 남자와 여자, 자연과 인간, 심지어 선과 악, 삶과 죽음까지도 다 싸안아 중심에 놓고 조화롭고 평등하게 살아가는 것이다.

사실 따지고 보면 누구에게나 자기 자신 안에 진실과 거짓이 있다. 진실과 거짓은 양심과 욕심이라고 말할 수도 있겠다. 그래서 때로는 양심의 소리에 귀를 기울이기도 하고 또 때로는 욕심에 눈이 멀기도 한다. 그랬을 때 어떻게 하는 것이 중용의 도리일까? 양심이나 욕심이나 모두 자기의 마음에서 나오는 것이니 자기의 마음에 놓으면 된다. 예를 들어 진실한 양심의 마음이 일어나면 고맙게 마음의 중심자리에 놓고, 거짓된 욕심의 마음이 일어나면 그 역시 마음의 중심자리에 놓으며 욕심의 마음이 사라질 것을 믿는다. 이것이 바로 중용을 실천하는 구체적인 방법이다.

이제 마지막 경전으로 『춘추』를 이야기할 차례이다. 오늘날 '춘추'라고 하면 어떤 이는 나이의 높임말인 연세의 뜻으로 이해한다. 그런가 하면 또 어떤 이는 신라의 29대 왕인 태종 무열왕의 이름 김춘추를 떠올릴지도 모른다. 하지만 춘추시대에는 춘추가 역사의 뜻으로 쓰였다. 옛날엔 나라의 큰일이 대개 봄과 가을에 있었기 때문에 춘추를 역사라는 의미로 사용한 것이다. 그래서 노魯나라 춘추라고 하면 노나라 역사를 말하고, 제齊나라 춘추 하면 제나라 역사를 말했다.

하지만 오늘날 남아 있는 『춘추』는 오직 노나라 춘추뿐이다. 앞서 이야기한『서경』이 상고대로부터 춘추시대 직전인 주나라 초기까지의 역사라면, 『춘추』는 노나라의 열 두 임금, 즉 은공 · 환공 · 장공 · 민공 · 희공 · 문공 · 선공 · 성공 · 양공 · 소공 · 정공 · 애공 시절의 역사이다. 여기서 왜 노나라 임금들의 칭호가 왕王이 아니라 공公인지 의아해 하는 독자가 있을 것이다. 보통 임금의 칭호는 황皇 · 제帝 · 왕王 · 공公 · 후侯 등으로 불린다. 물론 가장 규모가 큰 나라, 즉 천하를 다스리는 임금의 칭호가 황이고 그 다음이 제이고, 그 다음이 왕이고 그 다음이 공이다. 때로는 황과 제를 합쳐서 황제라고 부르기도 하고 제와 왕을 합해서 제왕이라고 부르기도 한다. 이에 비해 공과 후는 상대적으로 규모가 작은 나라의 임금이라고 할 수 있다. 그러나 이 같은 임금의 칭호는 대단히 주관적인 것으로, 경우에 따라 규모가 매우 작은 나라의 임금도 황제라는 칭호를 사용하고, 규모가 큰 나라의 임금을 왕이나 공, 또는 후로 부르기도 한다. 이는 그 임금을 평가하는 주체가 누구냐에 따라 주관적으로 결정되기 때문이다.

그렇게 볼 때 『춘추』의 임금들이 왕이 아니라 공으로 기록된 것은 후대에 노나라 춘추를 평가하는 사람이 노나라를 대수로운 나라로 보지 않았다는 의미가 된다. 아무튼 대략 기원전 720년부터 480년까지 약 240년의 이야기가 담겨 있는 역사책이 바로 『춘추』이다. 그런데 이 책의 원문은 매우 짤막했다고 한다. 예를 들면 은공 2년에 누가 태어나고 누가 죽고, 이 나라와 저 나라가 전쟁을 했고, 몇 월 몇 일에 일식이 있었다는 식이다. 만약 이처럼 짤막하고 단조로운 원문이 그대로 전해졌다면 그 밋밋한 내용 때문에 많은 학자들의 외면을 받았을 것이며, 『춘추』는 오경에 끼지도 못했을 것이다.

하지만 『춘추』 원문을 연구한 후대의 학자들이 밋밋한 원문에 해설을 함으로써, 이 책은 비로소 경전으로 주목을 받았다. 이 같이 해설이 가미된 『춘추』로서 오늘날까지 전해지는 것으로는 『춘추좌전』 『춘추곡량전』 『춘추공양전』 등이 있다. 이 중에서 특히 『춘추좌전』이 유명하여, 사람들은 대부분 『춘추』보다 『춘추좌전』을 떠올린다. 좌구명이라는 사람이 주석을 단 『춘추좌전』은 노나라 임금들의 이야기뿐 아니라 이웃나라들의 왕실비사 같은 것들도 재미있게 기술했다. 배보다 배꼽이 더 크다고 『춘추좌전』은 본문보다는 좌구명이 살을 붙인 이야기가 더 중시되었다. 그래서 심지어 어떤 사람들은 이 책의 명칭을 『춘추』가 아니라 『좌전』으로 부르기도 한다.

그럼 『춘추좌전』이 유명하게 된 한 예를 들어보자. 좌구명은 노나라의 이웃나라인 정나라 무공의 뒤를 이은 장공이 동생인 공숙단을 폐했다는 짤막한 『춘추』 원문에다가 다음과 같은 긴 뒷이야기를 붙였다. 그러니까 정나라 무공의 부인 무강이 첫 아들 장공을 출산할 때 자신의 목숨을 위협받을 만큼 난산으로 고생했기 때문에 맏아들인 장공을 싫어했다. 그녀는 둘째 아들 공숙단을 장공보다 더 사랑하여 남편인 무공이 왕위를 둘째에게 물려주기를 바랬다. 하지만 무공이 끝내 장자인 장공을 보위에 올리자, 무강은 또 맏아들 장공에게 간청하여 아우인 공숙단을 서울에 머물게 한다. 둘째 아들의 힘을 키우면서 왕위 찬탈의 기회를 엿보기 위함이었다. 이를 안 장공이 가만히 앉아서 당할 리가 없다. 이렇게 하여 결국 형제간에 피비린내 나는 권력투쟁이 벌어지는 것이다.

이처럼 『춘추좌전』은 극적인 이야기로 꾸며져 있다. 이중 어느 만큼은 사실이겠지만 또 어느 만큼은 사실이 아닌 허구일 것이다. 그래서 이 책에는 마치 역사소설을 보는 것 같은 흥미진진함이 있다. 아무튼 훗날 『춘추』가 오경의 반열에 들고, 춘추시대를 대표하는 고유 명사가 된 데에는 좌구명의 역할이 컸다고 할 수 있다.

세번째 이야기

공자孔子와 맹자孟子

中 國 文 學 이 야 기

『공자가 죽어야 나라가 산다』라는 책이 있다. 이 책은 오랜 세월 동안 동양을 지배해온 유가사상을 봉건적인 사상으로 보고, 그 폐해를 없애려면 유가사상의 원조인 공자를 죽여야만 된다고 생각하는 사람이 썼다. 물론 여기서 죽인다는 말은 물리적으로 죽이는 것이 아니라 정신적으로 없앤다는 뜻이다. 아무튼 현대 한국에는 동양이 서양에 비해 낙후된 것은 공자와 유교의 탓이 크다고 생각하는 사람들이 지금도 많이 있음이 사실이다. 1970년대 초 중국에서도 문화혁명文化革命 시기 중에 봉건적인 공자사상을 비판하고 공자의 묘까지 파헤치는 사람들이 있었다.

이 같은 과격한 행동에는 찬성하지 않더라도 중국 지식인들 중에도 유교의 예가 사람들의 정신을 망쳤다고 생각하는 사람들이 제법 있었다. 루쉰이 그 대표적인 문인이었다. 사실 부덕한 임금에게 충성한답시고 불의한 명령에 복종하고, 빗나간 부모에게 효도해야 한다고 잘못된 부모의 뜻에 따르는 사람들이 많이 있었다. 그런 의미에서 유교의 충효사상이 나라와 사람을 망쳤다고 말할 수도 있겠다.

하지만 공자는 사실 아랫사람에게 강요하는 일방적인 충효를 말한 적이 없다. 그랬다면 공자가 예수 · 석가 · 소크라테스와 함께 사대 성인의 반열에 오를 수 없었을 것이다. 공자는 오히려 윗사람의 도리인 인仁을 이야기했을 뿐이다. 윗사람의 뜻을 아랫사람에게 밀어붙이는 식의 충효 사상은 훗날 덕을 잃은 권력가들이 국민을 편하게 다스리기 위해 공자를 끌어다가 이용한 것일 뿐이다. 또한 당시의 유학자들이 이 같이 실덕한 권력가들의 잘못을 바로잡아주기보다 무조건 권력의 뜻에 따라 잘못된 충과 효를 재생산해내기 위해 공자를 이용한 것일 뿐이다.

두 손을 모으고 서 있는 공자. 송나라 마원의 작품. 북경고궁박물원 소장.

그럼 이제부터 공자에 대한 오해를 풀어보기로 하자. 과연 공자는 어떤 사람이었고, 유교 사상을 집대성한 그의 사상은 또 어떠했을까? 기록에 따르면 공자는 은殷나라의 후예로, 기원전 551년 춘추시대 노魯나라, 즉 지금의 산동성 곡부에서 태어났다. 그의 어린 시절 이름은 구丘이고, 어른이 되어서는 중니仲尼선생으로 불리었다. 아버지는 군 장교였으나 그가 세 살 때 세상을 떠났고, 어머니 안씨 부인 또한 그가 아직 소년이었을 때 세상을 떴다. 이 같은 상황에서 그는 일찍이 목수 같은 빈한한 생활을 했다. 사대 성인 중 하나인 예수가 목수였었던 것처럼 그 또한 그랬다.

하지만 공자는 자신의 빈궁한 처지에 굴하지 않고 십 오세부터 스스로 독학과 수양에 들어갔다. 드디어 그의 나이 오십에 노나라 임금 정공에게 발탁되어 꽤 높은 벼슬을 했으나, 육 년만인 오십육세에 물러났다. 이후 약 십 사년간 공자는 안회·자로 등 70여명의 문하생을 대동하고 춘추시대의 여러 나라를 돌며, 임금들에게 주周나라 때 노나라 지방을 다스린 임금인 주공周公의 이상적인 정치를 되살려야 한다고 주장했다. 하지만 군주들이 그의 말을 귀담아 듣지 않자 그의 나이 육십 구 세에 고향으로 돌아가 제자들의 교육에 전념하다가 기원전 479년, 칠십 사세에 타계했다고 전한다.

공자는 평생 어떤 책도 저술한 적이 없다. 그의 언행이 담긴 『논어』도 그의 제자가 기록한 것이다. 그럼에도 불구하고 앞서 이야기한 오경, 즉 『역경』 『서경』 『시경』 『예기』 『춘추』는 모두 공자의 손을 거쳤다고 전한다. 이는 어쩌면 한나라의 무제를 비롯하여 역대 중국의 많은 임금들이 공자의 사상을 나라의 근본으로 삼자, 중요한 경전들이 다 그의 손을 거쳐 나온 것으로 정리된 결과일 것이다. 역대 집권자들이 떠받드는 공자이니 공자의 권위도 높아질 수밖에 없는 일 아닌가?

아무튼 공자의 언행이 담긴 『논어』를 통해서 본 공자 사상의 핵심은 인仁이다. 어질 인이라고 풀이하는 인은 한마디로 사람을 사랑하는 마음이다. 공자에 따르면 인을 실천하는 사람이 바로 군자君子인 것이다. 소인小人은 이익을 좇아 살아가는 사람이지만 군자는 이처럼 자나 깨나 앉으나 서나 인을 추구하는 사람이다. 그럼 먼저 공자가

그렇게도 강조한 인에 대해서 한 구절을 인용한다:

> 듣기 좋은 말과 예쁘게 꾸민 얼굴에는 인이 드물다.

듣기 좋은 말과 예쁘게 꾸민 얼굴에 왜 인이 드물다고 했을까? 오늘날처럼 예쁜 외모와 화려한 언변이 재산이 되는 시대에 이게 무슨 말일까? 의아해 하는 사람이 있을 것이다. 이는 공자가 말을 잘 하고 용모를 예쁘게 꾸미는 사람에게는 이익을 구하는 소인의 마음이 도사리고 있다고 생각한 것이다. 뭔가 사리사욕을 추구하는 마음이 있기 때문에 말을 그럴듯하게 하고 외모를 아름답게 꾸미게 된다는 뜻이다. 물론 언제나 다 그런 것은 아니기 때문에 인이 없다고 하지 않고 인이 드물다고 한 것이다.

인을 실천하는 군자에 대해서 공자는 또 다음과 같이 말했다:

> 오직 군자만이 사람을 좋아할 수 있고 사람을 미워할 수 있다.

어째서 공자는 군자만이 사람을 좋아할 수 있고 미워할 수 있다고 했을까? 군자라면 사람을 미워하지 않을 것 같은데 말이다. 물론 본래 군자는 인을 중심축으로 돌아가는 사람이기에 잘한 사람이나 잘못한 사람을 모두 사랑하게 되어 있다. 다만 그 사랑하는 방식이 잘한 사람과 잘못한 사람에 따라 다른 것일 뿐이다. 즉 잘한 사람에게는 칭찬하는 사랑을 하고, 잘못하는 사람에게는 꾸지람하는 사랑을 하는 것이다. 반면에 소인은 자기에게 유리한 사람을 좋아하고 불리한 사람은 미워한다. 그렇기 때문에 군자가 칭찬하는 사랑을 할 때 소인은 군자가 그 사람을 좋아한다고 하고, 군자가 꾸지람하는 사랑을 할 때 소인은 군자가 그 사람을 미워한다고 한다. 요컨대, 위 구절은 소인의 눈에 보이는 군자의 평등한 사랑을 표현한 것이다.

『논어』에 나오는 군자는 또한 말은 더듬거리며 잘못하지만 행동은 재빠른 사람이고, 자기가 원하지 않는 일을 남에게 요구하지 않는 사람이다. 이는 군자가 말보다는 행동을 하고, 나와 남을 둘이 아닌 하나로 본다는 뜻이다. 그래서 공자는 춘추시대 여러 나라를 돌며 싸움을 좋아하는 임금들에게 제발 군자가 되어 칼이 아닌 인으로 나라를 다스릴 것을 간곡히 당부했다. 다음은 그가 한 임금에게 권유한 대목이다:

> 임금께서는 어찌하여 백성을 죽임으로써 다스리려 하십니까? 군자의 덕은 바람이고, 소인의 덕은 풀입니다. 풀 위로 바람이 가면 풀은 엎드리게 되어 있습니다.

공자는 군자의 덕이 강요가 아니라 백성들로 하여금 자발적으로 하게 만드는 것이라고 한다. 그러니까 풀 같은 백성들을 순종시키려면 바람 같은 임금으로 다가가고, 백성들의 옷을 벗기려면 더운 기운을 주기만 하면 된다는 것이다. 여기서 말하는 바람과 더운 기운이 바로 군자의 덕德인 것이다. 이처럼 공자는 임금들에게 덕으로 백성을 다스리는 덕치德治를 말했다. 요컨대 공자는 사람들에게 인을 실천하는 군자가 되라고 했고, 왕들에게는 인으로 다스리는 덕치를 말했지, 남자와 임금에게만 인을 행하는 군자가 되라고 말하지 않았다. 다만 고대부터 현대까지 주로 남자가 사회생활을 주도했기 때문에 군자를 남자로 해석한 것일 뿐이다.

다음으로 맹자孟子를 소개한다. 맹자의 어린 시절 이름은 가軻이고 전국시대 추鄒나라, 즉 지금의 산동성 사람이다. 그의 생애는 공자보다도 잘 알려져 있지 않다. 다만 그의 어머니가 그를 교육시키기 위해 묘지에서 시장을 거쳐 학교 근처까지 세 번 이사했다는 맹모삼천지교가 잘 알려져 있다. 맹자는 공자의 손자인 자사 또는 자사의 문하생에게서 배웠기 때문에, 공자의 뒤를 이은 사상가로 알려져 있다. 그래서 후세에는 공자와 맹자의 사상을 한데 묶어 공맹지도孔孟之道라고 했다.

한문을 공부하는 사람에게 고급 교재로도 알려진 『맹자』에 따르면 맹자는 공자의 인을 인의仁義로 발전시키고, 공자의 덕치를 왕도정치王道政治로 발전시켰다. 공자가 춘추시대에 여러 나라를 돌아다니며 덕치를 권유했듯 맹자 또한 전국시대에 여러 나라를 돌며 임금들에게 인의에 입각한 왕도정치를 하라고 설파했다.

그럼 먼저 『맹자』의 한 구절을 보자:

> 왕께서는 전쟁을 좋아하시니 전쟁으로 비유해 보겠습니다. 둥둥 북을 치며 칼날이 맞닿은 전투 상황에서 싸움을 포기하고 도망가는 군인들이 있다고 합시다. 갑옷을 벗고 도망가는 군인 중 백 걸음 달아나다가 멈춰선 군인이 있고 오십 걸음 달아나다가 멈춰선 군인이 있었는데, 오십 보 도망간 군인이 백 보 도망간 군인을 보고 더 도망갔다고 비웃는다면 어떻겠습니까?

이는 양나라 혜왕이 맹자에게 자신이 이웃나라 왕보다 정치를 잘하는데, 어째서 자기 나라 백성이 늘지 않느냐고 한 데 대해서 맹자가 대꾸한 말이다. 오십보백보라는 고사성어가 유래된 이 비유를 통해 맹자는 혜왕이 자기의 정치가 다른 나라 왕들의 정치보다 낫다고 자부하는 것은 마치 전쟁터에서 오십 보 도망간 군인이 백 보 도망간 군인보다 낫다고 자부하는 것과 마찬가지임을 꼬집고 있다. 하지만 전쟁을 더 좋아하는 전국시대의 임금들이 인의에 입각하여 왕도정치를 하라는 맹자의 충언을 받아들일 리가 없었다. 그래서 공자가 그랬듯 맹자 역시 여러 왕들에게 고언을 하다가 받아들여지지 않자, 말년에는 고향에 돌아가 교육에 전념했다고 한다.

맹자의 왕도정치가 전국 시대 왕들에게 거부당한 것은 물론 이들이 워낙 도리보다 싸움을 좋아했기 때문이기도 하지만, 맹자의 논지가 스승인 공자보다 조금 더 강했기 때문이라고도 볼 수 있다. 공자가 임금들에게 인에 입각한 덕치를 권유했을 뿐이라면 맹자는 인의를 실현하는 왕도정치를 권유한 후, 이를 실현하지 못하는 임금은 마땅히 물러나야 한다고 토를 달았다. 그 때문에 흔히 맹자를 역성혁명易姓革命의 창시자라고 하는 것이다. 역성혁명이란 왕의 성을 가는 혁명으로, 한漢·당唐·원元·명明, 및 청淸나라 등 중국의 역대 왕조는 다 역성혁명의 결과이다. 백제·신라·고려·조선 왕조 또한 부여씨·박씨·김씨·왕씨 및 이씨 등으로 왕의 성이 바뀐 역성혁명의 결과인 것이다.

이처럼 맹자는 공자보다 조금 뾰족한 점이 있었던 것 같다. 그래서 그는 전국시대 여러 나라의 왕들뿐 아니라 순자·고자·양자, 및 묵자 등 그와 같은 시대를 살았던 다른 철학가들에 대해서도 비판적인 시각을 가졌다. 우선 맹자는 사람의 본성은 착하다고 하는 성선설을 주장하며, 이와는 정 반대인 성악설을 주장하는 순자와 맞섰다. 맹자에 따르면 사람은 천성적으로 착하게 태어나지만 자라면서 욕심과 악습에 젖는다고 주장하며, 사람이 악하게 태어나기 때문에 교육을 통해서 순화시켜야 한다는 순자荀子와 대립했다. 또한 그는 사람은 악하지도 선하지도 않게 태어난다고 주장한 고자의 주장도 가차 없이 비판했다. 뿐만 아니라 맹자는 사람의 자유와 자발적인 의지를 중시하는 자유주의자 양자楊子와 모든 사람을 두루두루 평등하게 사랑해야 한다는 평등주의자 묵자墨子에 대해서도 비판적인 태도를 가졌다고 전한다.

이 때문인지 맹자는 공자가 속한 성인聖人의 반열에는 끼지 못했다. 공자 · 예수 · 석가 · 소크라테스 등 사대 성인에게는 그 누구도 그 무엇도 거부하거나 비판하지 않았다는 공통점이 있다. 즉 누구에게나 무조건 인이라는 측은지심을 발동한 공자와 원수도 사랑한 예수가 그랬다. 또한 인간뿐 아니라 모든 생명에 자비를 베푼 석가와, 악법도 법이라며 사약을 마시고 죽은 소크라테스가 그랬다.

하지만 맹자의 어머니가 아들이 장의사나 장사꾼이 아닌 학자 되기를 원했듯, 맹자 또한 스스로 순자 · 고자 · 양자 · 묵자의 사상을 비판하며 자기의 주장을 굽히지 않았다. 이는 과연 한 학파를 이룩한 학자의 태도이지 성인의 태도는 아니다. 그 때문에 공자의 언행이 담긴 『논어』가 짤막하고 간단한 대화체로 이루어졌다면, 맹자의 『맹자』는 논리적이고 비유가 풍부한 산문체로 되어 있다. 그래서 『맹자』는 나중에 설명할 『장자』와 마찬가지로 고급 한문 교재로 널리 알려져 있고, 맹자 자신은 순자 · 고자 · 양자 · 묵자 등과는 다른 학파를 일군 우두머리 학자로 남았던 것이다.

하지만 성선설을 기반으로 하는 맹자의 인의仁義는 훗날 인의예지仁義禮智로 발전되어 주희, 즉 주자朱子에 의해 계승되었고, 이는 특히 조선시대 유학자들에게 막대한 영향을 끼쳤다. 그래서 고려 후기부터 조선시대 및 오늘날 한국의 유학자들에게 맹자는 공자 못지않은 큰 존재로 남아 깊은 영향을 끼치고 있다.

네번째 이야기

노자老子와 장자莊子

中 國 文 學 이 야 기

흔히 서양의 양대 사상을 헬레니즘hellenism과 헤브라이즘hebraism, 그러니까 그리스의 자유롭고 합리적인 사상과 이스라엘의 헌신적이고 금욕적인 사상을 든다. 이에 대비되는 양대 동양 사상이 바로 유가儒家 사상과 도가道家 사상이다. 유가 사상은 공자와 맹자로 대표되는 사상이고, 도가 사상은 노자와 장자로 대표되는 사상이다. 물론 어떤 사람은 동양의 양대 사상의 하나로 도가 사상 대신 불가 사상을 꼽기도 한다. 하지만 따지고 보면 불가 사상과 도가 사상은 그 핵심에 있어서 매우 비슷하다. 그 때문에 도가 사상을 진짜로 이해하면 불가 사상을 이해했다고 볼 수 있다.

노자의 도가 사상은 사실 신선神仙 사상에서 비롯되었다. 신선은 신인 · 선인 · 도인으로서 신과 인간을 겸비한 존재이다. 신선은 모든 것을 볼 수 있고 들을 수 있고 어디나 가고 올 수 있고, 모든 생명의 마음을 알 수 있으며 모든 생명체의 운명을 알 수 있는 영원한 존재다. 오늘날 중국의 도교 사원에 가면 노자와 함께 황제黃帝를 모셔놓고 있는데, 황제는 첫 번째 이야기인 신화에서 다룬 존재로, 그는 중국인의 시조이자 신인이다. 이는 한국의 시조인 단군이나 일본의 시조로 모셔지는 숭신천황 등이 모두 선인이고 도인이고 신인인 것과 마찬가지이다.

사실 유가 사상도 공자 자신이 창시했다기보다 공자 이전부터 있었던 원시 군자 사상을 공자가 집대성한 것이다. 이는 공자 자신이 구이九夷의 군자를 그리워하는 말을 한 적이 있음을 보아 알 수 있다. 또한 한자로 볼 때 유가의 유儒는 하늘의 뜻을 들이고 낼 줄 아는 제사장, 즉 신인이라는 뜻을 담고 있다. 그런 의미에서 유가 사상과 도가 사상은 모두 신선가神仙家 사상에서 나왔다고도 할 수 있다.

다시 노자로 돌아와 그에 관한 기록을 보자. 이에 따르면 노자의 성은 이李씨고, 이름은 이耳다. 조선시대 율곡 이이李珥와 한글 발음은 같다. 하지만 보다시피 이름의 한자는 다르다. 노자는 춘추시대 초楚나라 사람으로, 한때 말단 관리를 지냈다. 한번은 공자가 노자의 소문을 듣고 찾아와 가르침을 청했다. 그러자 노자는 사람들에게 인과 덕치를 강조하지 않으면 오히려 세상이 잘 다스려질 것이라는 무위無爲의 도리를 이야기해주었다. 이 말을 듣고 돌아간 공자는 노자를 용에 비유하며 찬양했다고 한다.

노자는 자신의 재능을 숨기고 이름이 세상에 알려질까 두려워했다. 그는 초나라의 덕이 기우는 것을 보고 고향을 떠나 함곡관에 이르렀다. 그러자 당시 함곡관의 우두머리인 윤희가 노자의 소문을 듣고 그에게 도를 구했다. 윤희의 간곡한 청을 받고 노자는 도道와 덕德에 관한 5천자의 글을 쓰고 떠났는데, 그 글이 바로 『노자』라고 한다. 그 후 노자의 행방을 아는 사람은 없다고 전한다. 훗날 노자를 노담선생 또는 노래자라고도 불렀는데, 이는 공자를 중니선생 또는 공부자라고 부른 것과 같다.

아무튼 총 오천 자로 이루어진 『노자』에는 어떤 사상이 담겨 있을까? 눈치 빠른 독자는 앞서 노자가 공자에게 말했다는 무위의 도리를 떠올릴 것이다. 그렇다. 노자의 사상 가운데 가장 중요한 것이 바로 이 무위사상이다. 그런데 많은 사람들은 무위를 하지 않는다는 뜻으로 해석한다. 흔히 아무 일도 하지 않으면서 밥만 축내는 사람을 무위도식하는 사람이라고 하듯, 무위는 어떤 행위도 하지 않는 것으로 생각하는 사람이 많다.

하지만 무위는 행위를 하지 않는 것이 아니다. 유의 행위를 하지 않고 무의 행위를 한다는 뜻이다. 이를 다른 말로 하면 함이 없이 하는 행이 바로 무위의 행인 것이다. 예를 들어 우리의 삶을 들여다 보면 나의 역할이 무수히 많음을 알 수 있다. 내가 학교에 가면 학생이고 집에 있으면 아들 또는 딸이고, 친구에겐 친구이고 이성친구에겐 애인이다. 내가 길을 걸으면 보행자가 되고 극장에 가면 관객이고 미국에 가면 한국인이고 버스에 타면 승객이다. 이렇듯 나의 역할은 고정됨이 없이 무수히 많다. 그러니 어느 것을 나라고 꼬집어 말하겠는가? 이처럼 내가 너무 많고 순간순간 바뀌며 돌아가기 때문에 나는 없고, 내가 한 일이 너무 많고 다양하기 때문에 내가 한 일이 없다고 말하는 것이다. 이는 바퀴가 너무 빨리 돌아가면 바퀴살이 안 보이는 것과 같은 이치다. 나는 분명 많은 일을 하고 있는데, 막상 한 가지 일을 하고 있다고 말하려면 금방 다른 일을 하고 있는 나를 발견하는 것이다. 요컨대 고정된 나도 없고 행위도 없는 것이다.

그래서 『노자』의 첫 구절은 이렇게 시작된다:

> '도'를 말하면 진정한 도가 아니고, '이름'을 말하면 진정한 이름이 아니다. 이름 없음에서 하늘과 땅이 비롯되었고, 이름 있음에서 삼라만상이 생겼다. 그 때문에 진정한 없음으로 드러나지 않는 오묘한 본체를 보고 진정한 있음으로 드러나는 온갖 현상을 본다. 이 두 가지, 즉 오묘한 본체와 온갖 현상은 같은 곳에서 나오지만 이름은 다르다. 같은 곳이란 검은 곳으로, 이 검은 곳이 더욱 검어지며 온갖 현상의 문이 되는 것이다.

'도'를 말하면 도가 아니라는 말은 사람들이 도라는 이름에 집착하여 '인'이나 '애' 같은 다른 이름을 거부하기 때문이다. 그래서 진정한 도는 도에 얽매이지 않는 것이고, 진정한 이름은 이름에 얽매이지 않는 것이다. 이처럼 아무것에도 얽매이지 않는 마음 상태를 진정한 없음이라고 하는데, 이 진정한 없음에서부터 수만 가지 있음이 나온다. 그래서 유는 보이는 모든 현상이고, 무는 유를 생산하는 오묘한 본체라고 하는 것이다. 위 글은 오묘한 본체인 무에서 온갖 현상인 유가 나왔지만, 이 둘은 사실 따로 떨어져 있는 것이 아니라 마치 맷돌의 중쇠와 상하 돌 판처럼 함께 돌아간다고 말하고 있다. 즉 가만히 있으면 그냥 무이지만, 작용을 시작하면 수많은 유가 나오는 것이다. 맷돌에 검정콩을 넣으면 검정콩이 갈려 나오고 녹두를 넣으면 녹두가 갈려 나오듯이 말이다.

무위의 삶은 바람처럼 물처럼 자유롭게 흘러가는 자연의 행이다. 그래서 노자의 도를 무위자연의 도라고 하는 것이다. 바람이 따뜻한 데서 찬 데로 불다가 벽이 있으면 돌아가듯, 또 물이 위에서 아래로 흐르다가 웅덩이가 있으면 채우고 가듯, 그렇게 흘러가는 것이 무위자연의 삶이다. 공부를 할 때 그냥 열심히 할 뿐, 누구를 누르고 일등을 해야겠다는 욕심과 불안이 없다면 무위자연의 공부라고 할 수 있다. 사랑을 할 때도 상대에게 전적으로 의지하거나 집착하지 않고 그냥 사랑한다면 무위자연의 사랑이라고 할 수 있다. 돈을 벌 때도 악착같이 벌어서 소유하려 하지 않고 그냥 벌어서 쓸 때 쓴다면 무위자연의 돈벌이이다.

이처럼 어디에도 머무르지 않고 끊임없이 변화하기 때문에 무위의 도에서 볼 때 이렇다 또는 저렇다고 고정적으로 생각할 수 없다. 왜냐하면 이렇다고 생각하면 얼마 후 저렇게 변해버리기 때문이다. 꽃이 아름답다고 하지만 그 꽃은 곧 시들어 보기 싫게 되고 어떤 사람이 착하다고 생각했는데 어느새 악하게 변하는 것이다. 그래서 노자는 다음과 같은 역설을 이야기한다:

소를 탄 노자.
송나라 조보지의 작품.
북경고궁박물원 소장.

> 세상이 다 아름다움을 아름답다고 생각하지만 그건 미운 것이다. 또한 모두 착함을 착하다고 생각하지만 그건 착하지 않은 것이다. 있음과 없음이 서로를 낳고, 어렵고 쉬움이 서로를 이루고, 길고 짧음이 서로를 나타내고, 높고 낮음이 서로를 채워주고, 모음과 자음이 서로 화합하고 앞과 뒤가 서로 따르는 것, 이것이 영원한 것이다.

누가 만약 앞이 좋고 뒤가 싫다고 한다면 이는 문자에서 자음만 필요하고 모음은 필요 없다고 말하는 것과 같다는 것이다. 어려움이 있어야 쉬움도 알게 되고 키가 작은 사람이 있기에 큰 사람이 있는 것이니, 크고 작은 것은 어느 한쪽만 필요한 게 아니라 다 있어야 하는 것이다. 이는 아름다움과 추함, 선과 악, 심지어 있음과 없음에도 해당되는 말이다. 이처럼 무위자연의 삶은 편을 갈라서 이것을 선택하고 저것을 버리는 삶이 아니라 모두 인정하고 통합하는 삶이다. 그래서 이 도를 실천하는 사람은 살고 있지만 삶에 연연하지 않고, 배웠지만 자기가 배운 지식에 매달리지 않고, 성공했어도 그 자리에 집착하지 않는다.

『노자』를 『도덕경』이라고도 부르는데, 여기서 도道는 바로 무위자연의 도이고 덕德은 그 도를 실천하는 도리를 말한다. 흔히 도덕을 합해서 옛날 사람들의 고리타분한 설교 정도로 생각하는데, 원래 도와 덕은 이처럼 엄연히 다른 개념이다. 노자의 도는 무위자연의 사상을 말하고, 덕은 무위자연의 실천을 말하는 것이다. 그래서 도를 아무리 잘 알아도 그 도를 그대로 행하는 덕이 없다면 아무 소용이 없다. 진리를 말할 수 있어도 행함이 없으면 아무 소용이 없듯이 말이다.

그렇다면 어떻게 도를 알아서 덕을 실천할 수 있을까? 사람들은 도를 깨달아 덕을 실천하는 일이 무척 어렵다고 생각한다. 그래서 평범한 사람은 할 수 없고 머리 하얀 도인이나 신선이 할 수 있는 지극히 어려운 일이라고 짐작한다. 하지만 사실은 그리 어려운 일이 아니다. 앞에서 말한 대로 자음과 모음을 다 인정하고 앞과 뒤를 인정하듯, 밉고 고움을 다 받아들이면 된다. 밤과 낮을 인정하듯, 더럽고 깨끗한 것을 다 인정하면 된다. 더러운 걸 치우면 깨끗하게 되고, 깨끗한 것은 곧 더러워지니 말이다. 이렇게 어느 한쪽에 치우치지 않는 생각을 그대로 행위에 옮기면 도를 알아서 덕을 실천하는 게 되는 것이다.

노자 이후에 이처럼 좌로도 우로도 치우치지 않는 한생각과 한마음을 실천하는 사람으로 장자가 있다. 물론 노자 사상을 실천하는 사람 중에는 장자 말고도 자유주의자 양자楊子를 비롯하여 많이 있었을 것이다. 하지만 그 중에서도 장자가 유명하여 사람들은 노자와 장자의 사상을 하나로 묶어 노장사상이라고 한다. 이는 공자와 맹자의 사상을 하나로 묶어 공맹사상이라고 하는 것과 같은 맥락이다.

장자의 생애에 대해서는 노자보다 더 알려진 바가 적다. 그의 이름이 주周이고 전국시대 송宋나라 몽읍 사람으로, 아전 같은 하급관리 노릇을 했거나 신발 깁는 일로 생계를 꾸렸다는 정도가 알려진 전부이다. 송나라는 지금의 하남성에 있던 나라로, 장자는 산동성에 있던 추나라 출신 맹자와 같은 시대 사람이었다고 전한다. 맹자가 공자의 사상을 더욱 확대해서 왕도정치라는 정치사회철학으로 만들었다면 장자는 노자의 사상을 더욱 심화시켜 개인수양철학으로 만들었다. 장자는 노자의 도를 바탕으로 덕을 실천하는 사람을 진인眞人이라 하고 자기 스스로 진인의 삶을 추구했다.

장자가 추구한 진인은 다음과 같은 경지에 이르는 사람이다:

도를 얻어서 실천하는 진인은 도와 하나가 되고 하늘과 하나 되고, 천지만물과 하나가 된다.

진인은 나와 너, 즉 주체와 객체가 따로 없는 존재다. 왜 진인을 사람이 아니라 존재라고 표현했느냐 하면 장자는 사람과 동식물, 사람과 우주만물까지도 모두 하나로 보았기 때문이다. 진인의 관점에서 보면 이 세상에 나 아닌 것은 없다. 하늘도 땅도 태양도 별도 물도 불도 모두 나와 하나라는 것이다. 그래서 장자에는 다음과 같은 유명한 이야기가 있다:

어느 날 장주가 꿈을 꾸었는데 꿈속에서 장주는 훨훨 날고 있는 한 마리의 나비였다. 그러다가 문득 눈을 뜨고 보니 장주가 누워서 두 팔을 벌린 채 웃고 있었다. 그렇다면 방금 전 장주가 나비가 된 꿈을 꾼 것일까? 아니면 지금 나비가 장주가 된 꿈을 꾸고 있는 것일까?

이는 장주와 나비가 하나임을 보여주는 내용이다. 사람과 곤충이 다르지 않다는 뜻이다. 도의 관점에서 볼 때 곤충뿐 아니라 기왓장, 심지어 똥오줌 같은 배설물도 나와 하나로 연결되어 있는 것이다. 그럼에도 불구하고 사람들은 찢고 가르고 나눠놓기를 즐긴다. 그렇기 때문에 사람들이 습득하는 지식은 시간과 공간에 따라 해석이 다르게 되어 있다. 그럼에도 불구하고 한계가 분명한 인위적인 지식에 사람들은 집착을 하는 것이다. 고정된 지식에 대한 집착은 사실 이미 지나온 발자취를 붙들고 늘어지는 것처럼 황당한 것이다. 그러니 형상과 언어에 대한 집착은 얼마나 우스운 일인가?

이처럼 사람들이 무위자연의 도를 잃고 흘러가는 무엇인가를 억지로 붙들고 늘어진다고 본 장자는 오직 심재좌망心齋坐忘을 통해서

만이 도를 실천할 수 있는 덕을 되찾는다고 보았다. 심재좌망이란 어지럽게 일어나는 온갖 마음을 모아서 가라앉히고 놓는 수련을 말한다. 명상과도 비슷하고 참선과도 흡사한 수행법이 바로 이것인 것이다. 어떤 사람은 심재좌망을 가만히 앉아서 명상하는 것으로만 생각하는데, 그렇지 않다. 길을 걸을 때나 서 있거나 앉아 있거나 누워 있을 때도 온갖 잡념을 가라앉히고 무위의 행을 한다면 심재좌망을 실천하는 것이다. 한마디로 자나 깨나, 심지어 엎어지고 자빠질 때도 좌망을 할 수 있는 것이다. 그런 의미에서 장자의 사상은 선불교의 사상과 매우 흡사하다. 그 때문에 노장사상을 받아들인 위진남북조시대의 지식인들은 선불교의 사상 또한 친근하게 받아들였고 오늘날의 수행자들도 그렇다.

이처럼 심재좌망을 통한 진인의 삶이 『장자』에서 확인된다. 『노자』가 5천자인데 『장자』는 10여만 자로 되어 있으니, 분량으로 따지면 『장자』가 『노자』보다 20배 더 많은 셈이다. 물론 이 많은 분량을 장자가 모두 지었다고 보기는 어렵다. 상당 부분은 후대 편찬자들이 덧붙였을 가능성이 매우 높다는 뜻이다. 이는 위에서 소개한 『노자』의 경우도 마찬가지다. 어저께 말한 이야기도 오늘 이 사람과 저 사람이 전하는 내용이 다른데, 오랜 세월을 거쳐 이 사람 저 사람 손을 거쳐 전해져 온 고전들이 원래의 모습을 그대로 갖기란 불가능한 일이기 때문이다.

다시 장자로 돌아와 심재좌망으로 도를 되찾은 진인의 삶은 어떤 것인지 알아보자. 장자가 말하는 진인의 삶은 한마디로 유유자적하는 자유인의 삶이다. 그러한 삶에는 권력이나 재물이 거추장스러운 법이다. 이에 관해서는 다음과 같은 구절이 『장자』에 기록되어 있다:

> 초나라 위왕이 장자의 사람됨을 전해 듣고, 그를 수상으로 삼으려고 귀한 선물을 들려 사람을 보냈다. 그러나 왕의 전갈을 갖고 온 사자에게 장자는 이렇게 말했다. "수상은 높은 자리이고, 이 선물 또한 매우 값진 것들이지만, 제사 때 바치는 소를 보시오. 여러 해 동안 맛있는 먹이를 먹고 비단으로 몸을 치장하지만 제삿날이 오면 희생의 제물로서 제단으로 끌려가지 않소? 그 때 소가 자유로운 들판을 생각한들 이미 때는 늦지 않겠소? 나는 차라리 시궁창에서 놀며 자유롭게 살지언정 나라를 가진 자에게 재갈 물리지는 않겠소이다.

전국시대에 한 나라의 수상으로 발탁된 것을 제사 때 희생될 소로 비유하고, 국가가 부여하는 권력을 소에 물리는 재갈쯤으로 여긴 장자는 그 누구에게도 구애받지 않는 자유로운 삶을 최고로 쳤다. 틀에 박힌 국가의 제도 하에서는 학의 다리가 길다고 짧게 자르거나 오리의 다리가 짧다고 길게 이어주는 식의 인위적 행위를 하도록 요구받기 쉽기에 자유롭지 못하다고 여긴 것이다. 그런 의미에서 장자는 어쩌면 불교나 도교 사원의 규범을 따르는 수행자가 되는 것조차도 거부했을지 모른다.

요컨대, 노자가 무위자연의 도를 말하며 덕으로 그 도를 실천했던 것처럼, 장자 또한 심재좌망을 통해 진인의 자유를 누렸다. 이들은 둘 다 높은 지위를 추구하기보다 무위의 행을 몸소 실천한 것이다. 이는 공자가 춘추시대의 왕들에게 인과 덕치를 권유하고, 맹자가 전국시대 왕들에게 인의와 왕도정치를 권유한 것과는 좀 다르다. 또한 스승을 찾아 가르침을 구한 공자와 맹자의 태도와도 다르다. 즉 공자는 주공의 가르침을 따랐고 노자에게도 가르침을 청했다. 맹자 또한 자사에게서 공자의 도를 배웠다. 반면에 노자와 장자는 남이 아닌 자기 안에서 도를 구했다. 또 공자와 맹자는 각자 수많은 제자를 두고 교육을 했다고 기록되어 있는데, 노자와 장자가 문하생을 두고 가르쳤다는 기록은 없다.

그런 의미에서 볼 때, 공자와 맹자가 인(인의)과 덕치(왕도정치)를 사람들에게 가르치는 유위의 행을 했다면, 노자와 장자는 사람들에게 어떤 대의명분도 내세움이 없이 각자 자연스럽게 무위의 행을 실천했을 뿐이다. 무위의 행을 실천하라고 해서 돈도 벌지 말고 사랑도 하지 말라는 뜻은 아니다. 악착같이 소유하겠다는 마음을 놓고 자연스럽게 그냥 돈 벌고 사랑하라는 것이다.

돈을 벌고 쓰는 데 있어서 무위의 행을 실천한 사람의 예를 들면 조선시대의 거상 임상옥을 들 수 있겠다. 그는 재물을 모았지만 그것을 소유하거나 대물림하지 않고 결국 사회에 환원하였다. 평소에 재물을 흐르는 물과 같다고 생각한 그는 돈을 벌어도 그것을 잠시 관리했다가 흘려 보낸 것이다. 한국의 기업가 유일한도 자신이 일군 기업체인 유한양행을 관리하다가 자식에게 상속하지 않고 남에게 넘겨줌으로써, 무위의 행을 실천했다.

또한 사랑하는 데 있어서 무위의 행을 실천하는 사람은 사랑하되 집착하지 않는다. 내 사람이라고 애착을 두지 않고 사랑하는 그런 사랑 말이다. 가는 사랑 잡지 않고 오는 사랑 막지 않는 그런 사랑 말이다. 그런 사랑은 상대를 내 식으로 조종하지도 않고 비록 상대가 잘못된 행위를 한다 해도 비난하지 않는다. 무위의 사랑은 나와 상대를 모두 자유롭게 풀어주는 바다와 같은 사랑인 것이다.

다섯번째 이야기

기이한 소설들

中國文學 이야기

오늘날 소설은 가장 인기 있는 문학 장르이다. 하지만 고대에는 소설이 그다지 우러러보는 문학 장르가 아니었다. 그래서 위대한 도를 말하는 대설大說에 비해 소설小說은 하찮은 이야기에 불과했다. 당연하게도 소설을 짓는 소설가도 신분이 낮은 자들로서, 보통 길거리나 골목길에서 소설을 이야기했다.

어린이들이 옛날이야기를 해달라고 조르듯 예로부터 사람들은 옛날이야기 듣기를 좋아했다. 흔히 소설은 신神들의 이야기인 신화와 귀鬼들의 이야기인 귀화에서 시작되었다고 한다. 보통 귀신이라고 하면 사람들은 바로 유령이나 도깨비를 연상하는데, 원래 귀와 신은 서로 차원이 다른 영령이다. 즉 귀가 승화되지 못한 채 이승이나 저승을 떠도는 유령이나 원한을 품은 악령을 말한다면, 신은 승화되어 이승과 저승에 두루 유익을 끼치는 영혼을 말한다.

연구가들은 소설의 기원을 한나라 때라고 본다. 신기한 신들의 이야기를 쓴 동방삭의 『신이경』이 그 대표적인 예이다. 하지만 본격적인 소설은 위진 남북조 시대로부터 비롯되었다고 한다. 왜냐하면 한나라 때까지의 이야기는 신화처럼 주로 전해져 내려오는 이야기라면 위진남북조시대에 이르면 예로부터 전해져오는 신화 대신 주로 귀, 즉 도깨비와 인간들에 관한 이야기를 작가가 의도적으로 지었기 때문이다.

이 가운데 장화가 지었다는 『열이전』의 도깨비 이야기를 소개한다:

> 남양에 종정백이라는 사람이 살았다. 그가 젊었을 때 밤길을 가다가 한 사람을 만났는데 누구냐고 물으니 도깨비라고 했다. 이 말을 듣고 놀랜 종정백에게 도깨비가 "당신은 누구요?"라고 물었다. 종정백은 얼른 "나도 도깨비요."라고 속여

말했다. 도깨비가 종정백에게 또 어디까지 가느냐고 물었다. 종정백이 완시까지 간다고 대답하자 도깨비도 완시까지 간다고 말했다. 함께 몇 리쯤 가다가 도깨비가 정백에게 심심한데 서로 업어주면서 가는 게 어떠냐고 제안했고 정백도 좋다고 말했다. 도깨비가 먼저 정백을 업고 걸음을 떼더니 "당신 굉장히 무거운데, 도깨비 아니지?" 했다. 정백은 얼른 "나는 죽은 지 얼마 되지 않아서 무거운 거요."라고 둘러댔다. 얼마 후 정백이 도깨비를 업으니 거의 무게가 없었다. 이렇게 번갈아서 서로 업어주며 가다가 정백이 "나는 죽은 지 얼마 되지 않아서 무엇을 두려워하고 싫어해야 하는지 모르는데, 도깨비는 무엇을 싫어하지?"라고 물었다. 이에 대해 도깨비는 "오직 사람의 침을 꺼린다."고 대답했다. -중략- 이윽고 완시에 거의 도착할 무렵 정백이 도깨비를 업어서 머리 위까지 올리고는 급히 목을 졸랐다. 놀란 도깨비는 꽥꽥거리며 빠져나오려 했다. 그러나 정백이 계속 조르자 꽥꽥 소리가 멈췄다. 완시에 당도한 정백이 축 늘어진 도깨비를 시의 중심가에 내려놓자 도깨비가 둔갑하여 한 마리 양이 되었다. 정백은 양이 다시 도깨비로 둔갑할까 두려워 양에게 침을 뱉은 후 양을 팔아 1500전을 벌었다.

이 소설에 등장하는 도깨비는 사람인지 도깨비인지도 구분할 줄 모르고 상대를 쉽게 믿는 어리숙한 도깨비다. 그래서 자기의 약점을 상대에게 알려주고 그 때문에 사람에게 팔리고 마는 불쌍한 도깨비다. 흔히 도깨비 하면 무섭고 두려운 생각이 드는데, 위 이야기에 나오는 도깨비는 이처럼 사람에게 놀아나는 처량한 도깨비일 뿐이다.

도깨비 중에는 위와 같이 위급할 때 양으로 변하는 나약한 도깨비도 있고 꼬리가 아홉 개 달린 무서운 놈도 있고 빗자루로 변하는 교활한 놈도 있다. 오늘날 우리가 이야기하는 귀신은 대개 사람을 쫓아다니며 해꼬지하고 심지어 상처를 입히는 존재이다. 그래서 귀신에게 휘둘리는 인간들이 참다못해 귀신들을 몰아내거나 제압하는 이야기의 소설이나 영화가 많다. 하지만 위진남북조 시대의 도깨비들은 비교적 허술하여 이처럼 사람들에게 쉽게 넘어갔나보다. 산

귀신이 죽은 귀신보다 더 무섭다는 말은 이를 두고 하는 말이다. 아무튼 이 이야기는 사람이 죽어서 선신으로 승화되지 못하면, 도깨비로 떠돌거나 동물로 떨어질 수 있음을 보여주고 있다.

도깨비 이야기 못지않게 괴상한 이야기로는 오균의 『속제해기』에 수록되어 있는 다음 이야기를 들 수 있다:

> 양선에 허언이라는 사람이 살았다. 그가 거위 두 마리가 든 바구니를 메고 산길을 가던 중 한 서생을 만났다. 서생은 17-8세 쯤 되어 보였는데, 길가에 누워 있다가 허언을 보자 다리가 아프니 자기를 거위 바구니에 좀 태워달라고 했다. 허언은 농담으로 알았는데, 뜻밖에 서생이 바구니 안으로 들어갔다. 놀랍게도 작은 바구니에 서생이 거위와 더불어 앉자 거위도 놀라지 않았다. 허언이 바구니를 메어 보니 이전보다 더 무겁지도 않았다. 얼만큼 가다가 나무 밑에서 쉬게 되었는데, 서생이 바구니에서 나와 허언에게 "당신을 위해 간단한 음식을 차려드리겠습니다." 하고 입속에서 하나의 구리 쟁반을 토해내니 그 위에 온갖 음식이 차려져 있었다. -중략- 술을 몇 잔 나누고 나서 서생이 허언에게 말했다. "아까부터 제 아내를 따라오게 했는데, 지금 잠깐 여기로 아내를 데려오려 합니다." 허언이 "그렇게 하시오." 하자, 그는 또 입에서 한 여자를 토해냈다. 그녀의 나이는 15-6세 가량으로, 빼어난 용모에 아름다운 의복을 입고 있었다.
>
> 세 사람이 한 자리에 앉아 먹고 마시다가 술에 취한 서생이 자리에 누워 자자 여인이 허언에게 이렇게 말했다. "제가 비록 서생과 결혼은 했으나 사실은 원한을 품고 있어요. 그래서 전부터 한 남자를 몰래 사귀어서 동행해 왔는데, 서생이 잠들었으니 잠시 그를 불러 보겠어요. 부디 이 이야기를 서생에게 하지 마세요." 허언이 "그러지요." 하자 그 여자가 입 안에서 한 남자를 끄집어냈다. 23-24세쯤의 나이에 영리하고 잘생긴 남자였다. 이 남자와 허언이 인사를 나누고 얼마 안 되었을 때 잠자던 서생이 깨어나려 했다. 그러자 여자가 급히 입에서 비단 병풍을 꺼내어 서생을 가리자. 서생이 여자를 병풍 안으로 끌어들여 같이 잤다. 병풍 밖에 남겨진 남자가 허언에게 말했다. "이 여자는 비록 애정이 있기는 하지만 자기 마음을 다 바치지는 않습니다. 그래서 전부터 또 다른 여인을 몰래 얻어서 동행하고 있는데, 이제 잠깐 그녀를 만나려고 하니 당신은 이 일을 누설하지 마세요." 허언이 또 "그러지요." 하자 그 남자는 입 속에서 한 여인을 끄집어냈다. 20여 세쯤 되어 보이는 여자였다.
>
> 셋이서 함께 술을 마시고 농담을 주고받으며 얼마를 지난 후에 병풍 안 쪽에서

움직이는 소리가 들렸다. 그러자 남자가 "두 사람이 잠에서 깨어났습니다."하면서 꺼냈던 여인을 다시 입 안에 넣었다. 순식간에 병풍 안에 있던 부인이 나와서 허언에게 "서생이 일어나려 합니다." 하며 그 남자를 다시 삼키고 병풍도 삼킨 후 홀로 허언을 향해 앉았다. 그러자 서생이 일어나서 허언에게 말했다. "잠깐 잔다는 것이 그만 오래 되었습니다. 앉아 있느라고 답답하셨죠? 이제 날도 저물었으니 작별해야겠습니다." 그리고는 부인을 삼키고 구리 쟁반 위의 빈 그릇들을 죄다 입 안에 집어넣었다. 다만 두 자쯤 되는 큰 구리 쟁반을 남겨 허언에게 주면서 이렇게 말했다. "아무것도 보답할 것이 없고, 다만 이것을 드릴 터이니 기념으로 삼으시지요." 허언은 훗날 벼슬을 하게 되었는데, 그는 이 구리 쟁반을 당시 수상인 장산에게 바쳤다.

전혀 무게를 느낄 수 없는 서생의 존재라든지 그가 입에서 꺼낸 구리 쟁반 위의 음식이라든지 참으로 황당한 이야기이다. 음식뿐 아니라 서생이 입에서 꺼낸 부인과 부인이 입에서 꺼낸 애인, 그리고 그 애인이 입에서 꺼낸 애인의 이야기는 더욱 괴상하다. 게다가 또 다시 차례로 각자 나왔던 주인의 입 속으로 들어가고 마지막으로 서생만 남는 과정도 맹랑하다. 이처럼 현실감이 전혀 느껴지지 않는 소설은 마지막 부분에 와서 구리 쟁반이라는 실체를 줌으로써 꿈을 생시로 믿게 한다. 즉 지름이 두 자 남짓한 이 구리 쟁반을 서생이 허언에게 남기고, 허언은 훗날 이 신기한 쟁반을 수상에게 선물했다는 결말이 극적인 효과를 내고 있는 것이다. 이는 장화의 도깨비 이야기에서 종정백이 양으로 변한 도깨비를 1500전을 주고 팔았다는 마지막 대목과 비슷한 기법이다.

아무튼 이 소설은 겉으로 보이는 인간이라는 존재가 원래 이렇게 허깨비 같은 허상이며, 사람들이 추구하는 남녀의 정이란 것도 이렇듯 속고 속이는 요지경 속임을 보여준다. 또한 꿈과 생시가 사실은 동전의 앞뒷면과 같고, 부인이나 애인 같은 대상도 사실은 자기 안에서 나오는 또 다른 자기임을 일깨워준다. 이 소설이 나온 때가 노장사상과 불교사상이 주류를 이루는 위진남북조시대임을 상기할 때 고개가 끄덕여지는 바가 있다.

『세설신어世說新語』에 전해지는 완적阮籍과 유령劉伶의 이야기 또한 기이하다. 즉 죽림칠현竹林七賢의 하나인 완적은 자기 마음에 들지 않는 사람을 바라볼 때, 검은 눈동자를 숨기고 흰 자위로 바라보았다. 오늘날 상대를 무시하다란 뜻으로 쓰는 백안시白眼視는 완적의 행위에서 비롯되었다. 또 그는 틈만 나면 산에 올라가 휘파람을 불었는데, 그 휘파람 소리가 신기한 새의 소리 같았다고 한다.

역시 죽림칠현의 하나인 유령은 술에 취하면 발가벗고 자는 습관이 있었다. 이를 민망하게 여긴 한 친구가 그가 나체로 자고 있는 집 안으로 들어가 옷 입기를 권하자 유령이 이렇게 대답했다. "하늘이 내 집 지붕이고, 땅이 내 구들장이고, 이 집은 내 속옷일 뿐인데, 왜 자네는 남의 속옷 안에 들어와 시끄럽게 하는가?"

위진남북조의 뒤를 이어 당나라 때에도 이 같이 기이한 소설들이 많이 나왔다. 이 가운데 먼저 심기제가 지은 「침중기」의 줄거리를 소개한다:

> 노생이라는 젊은이가 주막에서 여옹이라는 도사를 만났다. 노생이 여옹 도사에게 자기의 빈한한 처지를 털어놓자, 여옹 도사가 베개를 내어주어 노생은 그것을 베고 잠이 들었다. 그런데 꿈에 노생은 훌륭한 집안에 장가들게 되고 출세도 해서 평생 동안 부귀영화를 누린다. 하지만 꿈에서 깨어나 보니 자기는 여전히 베개를 베고 있고, 잠들기 전에 짓기 시작했던 기장밥도 아직 다 되지 않은 상태였다. 노생은 문득 찰나에 불과한 인생의 참뜻을 깨닫게 된다.

인생이 일장춘몽 같은 것임을 일깨우는 기이한 소설이다. 제아무리 잘나고 권력과 돈이 많더라도 머지않아 꿈을 깨듯 그 모든 것이 사라질 수밖에 없다는 진실을 말하고 있는 것이다. 당나라 또한 노장 사상과 불교사상이 주류를 이루고 있었던 만큼 이 같은 주제의 소설이 많이 나왔다. 이는 조선시대 김만중의 소설 『구운몽』의 주제와도 같다고 하겠다.

훗날 남가일몽이라는 고사성어의 유래가 된 이공좌의 「남가태수전」도 비슷한 주제의 소설로, 줄거리는 대략 다음과 같다:

> 순우분이라는 사람이 있었다. 그의 집은 광릉군 동쪽 10리에 있었고, 집 남쪽에는 아름드리 회나무가 있었다. 어느 날 그는 술에 잔뜩 취해서 두 친구가 그를 부축해 집에 데리고 왔다. 동쪽 회랑에 그를 눕히자 멍한 것이 마치 꿈을 꾸는 듯했다. 그때 자주색 옷을 입은 두 사람이 나타나 왕명을 받았다고 하면서 그에게 함께 가자고 했다. 그가 대문을 나서서 수레에 오르자 수레가 회나무 구멍을 향해 달렸다. 이윽고 수레가 구멍 안으로 들어가니 갑자기 산과 강이 보이고 마침내 큰 성으로 들어갔다. 성의 망루에는 '대괴안국'이라 씌어져 있었다. 순우분은 이 나라 공주에게 장가들어 임금의 사위인 부마가 되었고, 얼마 후 남가군의 태수가 되었다. 그가 다스리는 30년 동안 남가군의 백성들은 행복한 나머지 그를 위한 공덕비를 세웠다. 대괴안국의 왕도 그를 중히 여겨 대관으로 삼았다. 그러나 5남 2녀를 낳고 잘 살던 그는 단라국과의 전쟁에서 크게 패하고 아내마저 잃었다. 이로 인해 그는 태수직에서 물러났으나 백성들은 그를 여전히 추앙했다. 이에 대괴안국의 왕은 그가 왕의 자리를 넘본다고 의심한 나머지 한동안 그를 연금시켰다가 마침내 그를 성 문 밖으로 내쫓아버렸다.
>
> 순우분이 깨어나서 보니 자기는 집의 회랑에 누워 있었고 하인들은 뜰을 쓸고 있었다. 뿐만 아니라 자기를 부축해 온 두 친구는 툇마루에서 발을 씻고 있었고 해는 아직 서쪽 담 벽을 넘어가지 않은 채였다. 문득 꿈 생각이 난 그가 하인을 시켜 회나무 구멍을 파보게 했더니 거기에는 개미의 집이 있었다. 모든 것이 꿈과 부합되었다. 그가 갔던 대괴안국은 바로 회나무 구멍 밑에 있는 개미의 왕국이었던 것이다. 그가 다스렸던 남가군이 그 한쪽에 있었고, 그가 정벌하려다가 실패한 단라국은 집 동쪽으로 3백 걸음 되는 곳에 있었다. 단라국은 박달나무와 등나무가 엉켜 있는 구멍 안에 있는 개미의 왕국이었던 것이다.

단라국의 단檀은 박달나무 단이고, 라蘿는 등나무 라이다. 또 대괴안국의 괴槐는 회나무 괴이니 순우분이 가서 살았던 나라는 회나무 아래의 개미 왕국이었고, 그가 싸운 나라는 박달나무와 등나무 아래의 개미 왕국이었던 것이다. 이 소설은 오늘날 개미 왕국을 소재로 한 『개미』 같은 애니메이션 영화를 생각나게 한다.

「남가태수전」은 「침중기」와 비슷한 내용이지만 「침중기」에 비해 훨씬 묘사가 치밀하다. 특히 소설 속 주인공 순우분이 하인을 시켜 집 부근에 있는 회나무와 박달나무, 및 등나무 밑을 파보게 하여 개미집을 확인하는 대목은 독자에게 묘한 현실감을 준다. 이 소설은 평범한 남자가 어느 날 갑자기 한 나라의 공주와 결혼하여 왕의 사위가 되고 권력을 누리는 일이 이처럼 반나절의 꿈과 같은 것임을 깨우쳐준다. 또한 사람이 개미가 될 수 있고, 개미도 사람이 될 수 있다는 생명의 연대를 느끼게도 해준다. 이는 『장자』에서 장자가 나비가 되고, 나비가 장자가 되는 우화와도 비슷하다. 이처럼 인간과 곤충이 서로 자리바꿈을 하면서 공존하는 이야기이기 때문에 이 소설이 불교적이고 도교적인 메시지를 담고 있다고 하는 것이다.

당나라 때는 이 밖에도 사람과 귀신의 사랑 이야기라든지 사람과 용왕 딸의 사랑 이야기 같은, 이승과 저승을 초월한 애정 소설이 많다. 하지만 「장한가전」처럼 양귀비와 당나라 현종의 사랑 같은 남녀간의 사랑 이야기도 많다. 이 가운데 당나라 이후 대대로 각색되어 전해진 원진의 「앵앵전」의 줄거리를 소개한다:

> 장생이라는 선비가 있었다. 그는 온순하고 용모가 준수하며 예의도 바른, 스물세 살의 청년이었다. 아직 여자를 사귀어본 적이 없던 그가 과거를 보기 위해 포 지방에 있는 보구사라는 절에 묵게 되었다. 때마침 보구사에는 한 과부와 그녀

의 딸 최앵앵이 묵고 있었다. 이들 모녀는 당시 포 지방에 반란이 일어나 위험한 상황에 처하게 되었는데, 마침 장생을 만나 위기에서 벗어날 수 있었다. 이를 감사히 여긴 과부가 그를 식사에 초대했고, 이 자리에서 장생은 앵앵을 보고 첫눈에 반해버렸다. 장생은 앵앵의 하녀 홍낭에게 사랑을 전하는 시 2수를 지어 보냈고, 역시 홍낭을 통해 앵앵의 답시를 받았다. 이처럼 홍낭을 사이에 두고 장생과 앵앵은 밀고 당기는 사랑의 줄다리기 끝에 마침내 서상이라는 곳에서 꿈같은 한 달을 함께 보낸다.

장생은 얼마 후 과거를 보기 위해 장안으로 떠난다. 하지만 그는 과거에 낙방하고도 계속 장안에 머무르면서 앵앵에게 사랑의 편지를 보냈다. 앵앵 또한 계속 답장을 보냈다. 하지만 장안에서의 체류가 길어지자 앵앵에 대한 그의 사랑은 서서히 식었다. 급기야 그는 그녀로부터 온 편지를 친구들에게 보여주면서 이렇게 떠벌렸다: 대개 빼어난 미인은 자기 스스로를 해하지 않으면 다른 사람을 해하기 마련일세. 만약 최앵앵이 천자나 대신의 총애를 얻게 된다면 온갖 재주를 부려서 나라에 큰 변동을 일으킬 걸세. 옛날 은나라의 주왕이나 주나라의 유왕도 모두 여자로 인해 망한 것 아닌가. 나 또한 미인의 간계를 이겨내지 못할 것이기에 그녀에 대한 연정을 참기로 했다네.

결국 둘 사이는 소원해졌고 1년 후 앵앵은 다른 남자에게 시집을 갔다. 장생 또한 다른 여자에게 장가를 들었다. 이렇게 각자의 삶을 살던 얼마 후 장생은 우연히 앵앵이 사는 곳을 지나게 되었다. 장생은 이종사촌 오빠를 사칭하며 앵앵을 만나려 했으나, 앵앵은 다음과 같은 시를 지어 보내 그의 뜻을 거절한다: 버리고 나서 지금 무슨 말이오/ "그때에는 무척 사랑했다"니/ 부디 옛날의 그 사랑으로/ 눈앞에 있는 사람이나 챙기시오.

이 소설은 고대 남녀의 연애 이야기를 다룬 소설 중 어쩌면 가장 유명한 이야기일 것이다. 그래서 장생과 최앵앵은 이후 청춘 남녀의 우상이 되었고, 이들의 사랑을 성사시킨 일등 공신인 홍낭도 더불어서 유명해졌다. 하지만 「앵앵전」은 남녀 주인공의 사랑이 성사되지 못하고 헤어진다는 점에서 아쉬움을 남긴다.

이 같은 아쉬움은 원나라 때 왕실보에 의해 해결(?)된다. 왕실보는 장생과 최앵앵이 헤어짐으로 끝을 맺은 「앵앵전」을 이들이 온갖 장애를 극복하고 결혼한다는 『서상기』로 탈바꿈시킨 것이다. 이는 안

데르센의 「인어공주」가 인어공주의 죽음으로 끝을 맺었지만, 디즈니 애니메이션 『어린 인어』에서는 인어공주와 왕자가 온갖 난관을 무릅쓰고 결혼해서 오래도록 행복하게 살았다고 각색한 것과 마찬가지다.

하지만 위진남북조 시대와 당나라 때 소설은 이 같이 평범한 이야기보다 앞서 소개한 「침중기」「남가태수전」 같은 기이한 이야기들이 더 많았다. 그래서 이 시기의 소설들을 지괴志怪소설, 즉 기괴한 내용을 기록한 소설이라고 부르는 것이다.

여섯번째 이야기

이백李白과 두보杜甫의 시

중국문학 하면 당나라의 시를 떠올리고 당나라의 시 하면 이백과 두보를 떠올릴 만큼 이백과 두보는 유명한 시인이다. 사실 『시경』이래 초나라의 사辭와 남북조의 부賦, 그리고 죽림칠현의 고시古詩 등등, 이백과 두보의 시 이전에도 훌륭한 시들이 많이 있었다. 또한 당나라 이후 송나라 때의 시나 원나라 명나라 청나라 때에도 주옥같은 시가 많이 있었건만, 이백과 두보만큼 대중적인 인기를 누리지 못했다.

그렇게 된 것은 물론 이백과 두보의 시가 뛰어나고 많은 문인들이 이들의 시를 즐겨 암송했을 뿐 아니라 많은 연구가들이 이들의 시를 연구하고 발전시켰기 때문이다. 하지만 당시唐詩가 그렇게 빼어났던 것은 당나라 때 처음으로 실시된 과거제도에서 시를 통해 인재를 뽑았기 때문이기도 했다. 시를 잘 쓰면 과거에 급제할 수 있는 풍토가 많은 문인들을 시에 몰입하게 한 것이다. 실제로 당나라 때는 오늘날 대학에 해당하는 태학太學이 생겨 많은 문인을 배출했고, 비단길, 즉 실크로드를 통해 동양과 서양의 교역이 활발했던 시대였다. 이 같은 환경이 많은 지식인들로 하여금 더욱 풍부한 내용과 다양한 체재의 시를 쓸 수 있게 하였다.

이백과 두보는 거의 비슷한 시기에 활동한 시인으로, 둘 다 전국을 많이 돌아다녔다는 점 등 비슷한 점이 있다. 하지만 두 시인의 시풍은 서로 다르다. 이백이 낭만적인 시를 단번에 휘갈겨 쓴 시선詩仙이었다면, 두보는 현실적인 시를 오랫동안 고쳐가며 쓴 시성詩聖이었다. 또한 이백이 비교적 부유한 환경에서 불교와 도교 사상을 담은, 자유로운 고시古詩를 잘 썼다면, 두보는 빈곤한 삶 속에서 유교 사상을 담은, 엄격한 율시律詩를 잘 썼다.

그럼 먼저 이백(702-762)의 생애를 살펴보자. 이백의 출생지는 분명하지 않다. 다만 다섯 살 때까지 신강성에서 살다가, 사천성으로 이사하여 스물다섯 때까지 그곳에서 살았다고 전한다. 아버지는 감숙성 사람이고, 어머니는 한족인지 이민족인지도 잘 알려져 있지 않다. 하지만 그의 이름이 흰 백白이고 자字가 태백太白인걸 보면 어머니 쪽이 소수민족인 위구르족이었을 가능성이 있다.

이백은 스물여섯 살 때부터 전국의 명승고지와 불교 사찰, 및 도교 사원을 돌아다니면서 결혼도 하고 자녀도 두었다. 그의 나이 42세 때는 당나라 현종이 그가 시를 잘 쓴다는 소문을 듣고 그를 궁으로 불러 한동안 벼슬아치 노릇도 했다. 이백은 궁중에서도 당당하고 자유로운 생활을 한 듯한데, 이에 관해서는 다음과 같은 일화가 전해진다. 즉 임금의 호출을 받고 궁중에 들어설 때 이백은 당시의 세력가인 고력사高力士에게 자신의 신발을 벗기게 하고, 시를 쓸 때는 양귀비에게 벼루를 받쳐 들게 했다는 것이다. 하지만 천성이 자유로웠던 이백은 벼슬 생활도 오래 하지 못하고 또 다시 유랑의 길을 떠난다. 유랑 기간 중에는 맹호연과 두보를 비롯한 많은 시인들과 만나 교류도 하고, 한때는 도교 사원에 가서 도사道士 생활도 했다. 그러다가 62세에 병으로 죽었다고 하는데, 이백의 죽음에 대해서는 술에 취해 물 속에 비친 달을 건지려다가 익사했다는 일화도 전해진다.

그럼 이백의 시 「술을 건네며」를 감상해보자:

그대 보지 못하는가?
황하 물이 하늘에서부터 내려와
바다로 흘러들어 다시 돌아오지 않음을.
그대 보지 못하는가?
고대광실 밝은 거울이 백발을 서러워하는 것을.

아침에 푸른 실 같던 게 저녁에 흰 눈 같다고.
사람은 뜻 얻었을 때 마음껏 발휘해야 하는 법.
금 술독 헛되이 달 앞에 두지 말게.
하늘이 '나'라는 재목을 냈을 땐 반드시 쓸 데가 있는 법
억만금의 돈도 다 쓰면 다시 돌아온다네.
양 잡고 소 잡아서 즐겨 보세나.
마셨다 하면 삼백 잔은 되어야지.
잠 선생! 단구 군!
술을 건네니 쭉 들이키시게.
내 그대들에게 노래 한 곡 부를 테니
부디 나를 위해 귀 기울여 들어주시게.
풍악과 값비싼 요리는 귀하지 않은 것.
다만 오래 취해 깨어나지 않기를 바라네.
옛날의 성현들 모두 사라지고 없지만
오직 술 마신 사람들만 이름을 남겼다네.
옛날 조식이 평락관에서 잔치를 할 때
천만금의 술을 마음껏 마시고 즐겼다네.
주인은 어찌하여 돈이 없다고 말하는가?
얼른 술을 대령해서 그대들과 마셔야할 텐데.
여기 오색의 말과 천금의 갖옷 있으니
아이 불러 좋은 술로 바꿔 오게나.
그대들과 더불어 만고의 시름을 녹여보세.

이백이 잠 선생이라는 선배와 단구 군이라는 후배와 더불어 술을 마시는 광경을 읊은 시이다. 거침없이 흐르는 이 시는 "그대 보지 못하는가?"로 시작되어 황하 강물이 하늘에서부터 내려왔다는 발상부터 환상적이다. 고대광실, 즉 고래 등 같은 기와집에 있는 밝은 거울이 백발을 서러워한다는 의인법과 검은 머리를 푸른 실로, 흰 머리를 흰 눈으로 표현한 상징법도 놀랍다. 대화체로 이루어진 이 시에는 어려운 고사나 전고라고는 딱 한 군데, 즉 "옛날 조식이 평락관에서 잔치를 할 때"밖에 없다. 그런데 이 구절도 그리 어려운 것은

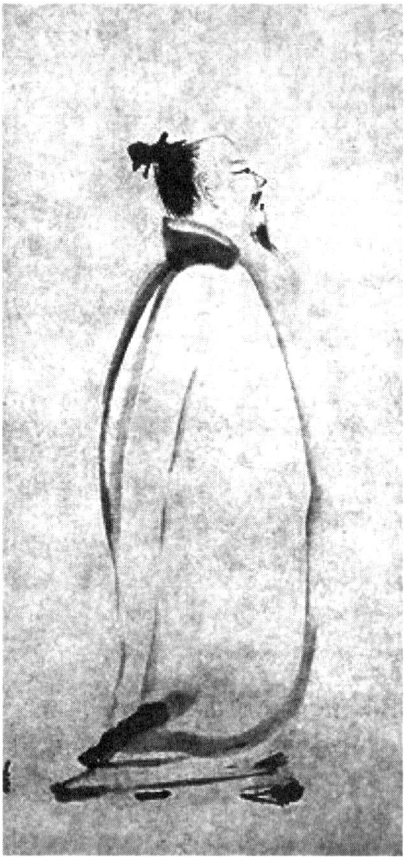

시를 읊으며 걷고 있는 이백. 송나라 양해의 작품.
동경박물관 소장.

아니다. 위나라 조조의 셋째 아들 조식이 평락관이라는 누각에서 잔치를 베풀었다는 뜻이니 말이다. 그럼에도 불구하고 이 시는 전체적으로 매우 장중한 느낌을 준다. 그 이유는 아마도 이백이 가진 음주의 미학 때문일 것이다.

이백은 단순히 술을 예찬하는 애주가가 아니다. 그가 말하고자 하는 진짜 뜻은 "사람은 뜻을 얻었을 때 그 뜻을 마음껏 발휘해야"지 그렇지 않으면 "금 술독을 헛되이 달 앞에 두는" 꼴이라는 대목에 있다. 이는 귀중한 자아를 깨달았으면 달 같이 밝은 기회를 헛되이 잃지 말라는 의미이다. 이어서 그는 "하늘이 '나'라는 재목을 냈을 땐, 반드시 쓸데가 있는 법"이라며 사람들에게 하늘이 부여한 각자의 재능을 썩히지 말라고 강조한다. 귀중한 자아를 깨닫고 그 뜻을 마음껏 피는 일에 비하면 천만금의 돈은 전혀 중요하지 않다는 것이 이백의 생각인 것이다. 이는 "풍악과 값비싼 요리는 귀하지 않은 것"에 잘 나타나 있다. 즉 좋은 음악을 들으며 비싼 안주로 진탕 술이나 마시자는 게 아니라는 뜻이다.

이백의 음주 미학은 오히려 모든 부귀영화에서 벗어난 탈속의 상태를 추구한다. 그래서 "옛날의 성현들은 모두 사라지고 없지만, 오직 술 마신 사람들만 이름을 남겼다네."라고 한 것이다. 즉 예로부터 성인이니 현자니 하는 칭호를 받은 많은 사람들이 사실은 세속의 명예를 추구함으로써 속 빈 강정 같은 헛된 이름을 남긴 반면에 세속의 명예를 초탈한 사람들만이 진짜 이름을 남겼다고 한 것이다. 이쯤되면 이백이 말하는 음주 행위는 단순한 음주가 아니라 탈속의 초연한 깨달음을 얻는 행위임을 알 수 있다. 하지만 이백은 역시 천생 시인이었다. 자연스럽게 흘러가는 강물처럼 그의 시는 이처럼 천의

계곡을 둘러보는 두보. 현대화가 장대천의 작품.

무봉天衣無縫이니 말이다. 왜 그를 시선이라고 말하는 지 알 것 같지 않은가?

이백보다 약 10년 어린 두보(712-770)는 하남성에서 태어났다. 당나라 초기에 시인으로 활약했던 할아버지 두심언의 재능을 이어받은 두보는 어릴 때부터 시를 잘 썼지만, 과거시험에는 번번이 낙방했다. 그는 결국 과거에 급제하지 못하고 전국 각지를 방랑하다가 44세에 수도인 장안에 체류하던 중, 안록산의 난이 일어나 반란군의 포로가 되었다. 반란군에게 연금된 지 1년 만에 탈출에 성공한 두보는 곧장 황제가 있는 곳으로 달려가 반란군의 상황을 알린 공로로 최초로 관직을 얻게 된다.

두보는 반란군이 진압된 뒤 수도 장안으로 가서 벼슬을 살다가 1년 만에 지방의 한직으로 좌천되었다. 하지만 지방관으로서의 생활도 1년에 불과했다. 그 지방에 기근이 일어났기 때문이다. 결국 두보는 48세에 관직을 버린 채 처자를 이끌고 감숙성·사천성 등지를 돌아다녔다. 사천성에서는 짧게나마 공부원외랑이라는 관직을 지냈기 때문에 사람들은 그를 두공부라고도 불렀다. 이백은 54세 때 고향으로 돌아갈 결심을 하고 양자강을 따라 호북성과 호남성에 도착했다. 하지만 아깝게도 동정호의 배 안에서 두보는 병사하고 만다.

어린 아들이 굶어 죽을 만큼 곤궁했던 두보는 누구보다 시를 사랑하여 죽을 때까지 1,400여 수라는 많은 시를 남겼다. 이 가운데 안록산의 난 당시의 절박한 현실을 그린 고시 「석호 마을의 관리」를 감상해보자:

날 저물어 석호 마을의 한 집에 투숙했는데
마을의 관리가 밤중에 들이닥쳤다.
할아버지는 담을 넘어 도망가고
할머니가 방문을 나와 응대하는데,
관리의 호통소리 무섭기 짝이 없고
할머니의 울음소리 서럽기 짝이 없다.
할머니가 나서서 말하는 소리가 들렸다:

세 아들이 업성 싸움터에 갔는데
한 아들이 부쳐온 편지를 보니
두 아들은 근래 전투에서 죽었다네요.
산 사람이야 그럭저럭 살겠지만
죽은 사람은 영영 끝장난 거 아닌가요?
이제 집안에 더는 사람이 없어요.
있다면 젖먹이 손자 하나 뿐.
손자가 있으니 그 어미가 떠날 수 있나요?
떠난다 해도 입고 갈 온전한 치마도 없고요.
나 비록 늙어서 힘도 없지만
나으리 따라 지금 싸움터에 갈라요.
밤새 걸어 하양 싸움터에 가면
아침밥부터 지을 수 있겠지요.

밤은 깊어 할머니의 말소리도 끊기고
흐느껴 우는 소리 들린 듯도 했는데,
날이 밝아 길 떠날 무렵에는
오직 할아버지와 작별인사를 나눴다.

이 시는 석호 마을의 한 농가에 투숙한 두보가 보고 듣고 겪은 이야기를 생생하게 표현하고 있다. 한밤중에 느닷없이 집에 들이닥친 마을의 하급 관리는 아마도 할아버지를 끌고 가려고 왔을 것이다. 하지만 이를 안 할머니가 재빨리 할아버지를 담 넘어 도망가게 하고 불호령을 내리는 관리에게 다가가 울면서 하소연하는 것이다.

어쩌면 할아버지가 멀리 도망갈 시간을 벌기 위해 할머니는 될 수록 길게 신세한탄을 했을지 모른다. 그래서 할머니는 관리 앞을 가로막은 채 두 아들의 전사를 이야기하고, 젖먹이 손자와 며느리를 보낼 수 없는 처지를 호소한다. 그럼에도 불구하고 관리가 물러서지 않자 할머니는 스스로 싸움터에 가서 취사병 노릇을 하겠다고 나서는 것이다.

여기까지 듣고 할머니의 흐느끼는 소리를 어렴풋이 들으며 잠들었던 두보는 이튿날 아침 길을 떠날 때 할머니가 이미 전쟁터로 향했음을 알게 된다. 할머니는 없고 도망갔던 할아버지가 집에 돌아와 있었기 때문이다. 이처럼 두보는 자신의 주관적인 감정은 숨기고 오직 관찰자로서 서민의 궁핍하고 절박한 상황을 표현하고 있다. 어떤 어려운 고사성어나 전고도 없이 물 흐르듯 잔잔한 이 시는 독자로 하여금 잘못된 사회 현실에 대해 저절로 울분을 금할 수 없게 만든다. 이 같은 기법을 풍유諷諭, 즉 풍자적인 깨우침이라고 하는데, 풍유는 훗날 한유와 백거이 등 시인들에게 계승된다.

두보는 철저히 현실적인 사람이었고, 답답할 만큼 성실했다. 그는 누구보다 민중의 삶에 관심을 가지고 이들의 생활을 소재로 시를 썼다. 두보 자신도 한 사람의 궁핍한 인민으로서, 어려운 사회 구조 아래에서 민중이 어떤 생각과 느낌으로 살아가는지 자세히 관찰하고 묘사했던 것이다. 이는 이백이 추구했고 살았던 탈속의 삶과는 사뭇 다르다. 그래서 이상을 날아다니며 시를 쓴 이백을 시선詩仙이라 하고, 현실 속에서 묵묵히 한 걸음씩 걸어가며 시를 쓴 두보를 시성詩聖이라고 한 것이다. 그런 의미에서 두보는 인과 의를 추구하는 공맹지도를 추구했다고도 할 수 있다.

하지만 공자와 맹자의 도를 추구한 시인들은 두보 말고도 많다. 이들 시인들 가운데 두보가 우뚝 선 이유는 그가 공맹지도를 지루하게 설교한 것이 아니라 공맹지도의 순수한 정신을 소박하고 자연스럽게 드러낸 데 있다. 그래서 두보를 연구한 학자들은 그가 중국 고대의 고상한 정신을 성숙된 기교로 표현했다고 입을 모은다. 여기서 말하는 고상한 정신은 공맹지도이고, 성숙된 기교는 운율과 대구 등 엄격한 틀을 요구하는 율체律體 형식을 말한다. 실제로 두보는 각고의 노력으로 끊임없는 수정과 교정을 통해 복잡한 격식을 요구하는 율시를 잘 썼다고 한다. 대부분의 율시가 그 엄격한 형식 때문에 인위적인 느낌이 나는 데 반해 「강마을」에서 보듯 그의 율시는 비교적 자연스럽다.

두보는 생전에 전혀 유명한 시인이 아니었다. 그와 그의 시가 높은 평가를 받기 시작한 건 송宋나라 때 왕안석과 소식이 두보의 시를 칭송하면서부터였다. 특히 왕안석은 신법을 주장하며 유가적인 이상을 추구한 문인이자 정치가였기 때문에, 유가적인 인의를 추구한 두보를 귀히 여겼다. 또한 고려시대의 이제현과 이색이 두보 시의 영향을 받은 이래 한반도에서도 두보 시에 대한 평가가 드높았다. 특히 유가 사상을 나라의 중심 사상으로 받아들인 조선시대 시인들의 두보사랑은 각별했다. 성종 때에는 왕명으로 두보의 모든 시를 한글로 번역할 정도로 말이다. 한국인의 두보사랑은 오늘날에도 여전하여, 학생들에게 이백과 두보의 시를 보여주면 대부분 두보의 시를 더 좋아하는 모습을 볼 수 있다.

일곱 번째 이야기

두목杜牧

두목(803-852)은 당나라 말엽의 시인이자 문인이다. 그는 장안, 즉 지금의 섬서성 서안에서 태어나 26세에 과거에 급제하여 진사가 되었다. 이후 이곳저곳에서 지방장관을 역임하고, 중서사인中書舍人이라는 비교적 높은 벼슬도 했다. 두목은 공자와 맹자의 유가 사상을 자신의 이상으로 삼아 기울어져가는 당나라를 바로잡으려 애썼다. 그래서 「아방궁의 부」라는 시를 써서 당시 사치와 방탕에 빠진 경종왕에게 경종을 울렸다. 잘 알다시피 아방궁은 진시황이 무리하게 지은 호화스런 궁궐의 이름으로, 두목은 이 시를 통해 경종왕에게 진시황의 전철을 밟지 말라고 간한 것이다. 또한 「화청지를 지나며」를 지어 안록사의 난을 초래한 현종과 양귀비를 풍자했고, 「오강정에 부쳐」를 써서 옛날 유방에게 패한 초나라 항우의 죽음을 안타까워했다.

하지만 두목의 뜻과 달리 당나라는 나날이 쇠망의 길을 가고 있었고, 그는 어쩔 수 없이 낙향하여 번천이라는 곳에서 이런 저런 시문을 지으며 지내다가 49세라는 비교적 젊은 나이에 세상을 떴다. 두목의 호는 말년에 기거했던 번천의 명칭을 그대로 따서 번천이라 했다. 그런 의미에서 번천은 두목의 택호宅號라고 할 수 있다. 또한 사람들은 그가 두보와 성씨도 같고, 성격도 두보처럼 철저하고 강직한데다가, 시 또한 두보 시와 비슷하다고 하여 그를 소두小杜, 즉 작은 두보라고도 불렀다.

문학뿐 아니라 정치 · 사회 · 문화 등 다방면에 박학다식했던 두목은 『번천문집』 20권을 남겼는데, 이 가운데 통일신라시대 사람 장보고에 관한 최초의 기록이 있어서 눈길을 끈다. 『삼국사기』 장보고전이나 『신당서』의 장보고 · 정년에 관한 전기가 모두 두목의 『번천문집』 장보고·정년전을 그대로 인용하고 있는 것이다. 이처럼 두목은 최초로 장보고와 정년의 관계에 대해서 언급했다. 그런데 장보고에 대해서는 어느 정도 알고 있지만 정년에 대해서는 모르는 사람들이 많다. 이들을 위해 두목의 『번천문집』 장보고·정년전을 바탕으로 이들의 이야기를 간략히 소개하면 다음과 같다.

장보고(?-846)와 정년은 통일신라시대 청해진(오늘날의 완도)에서 태어나 어린 시절을 함께 보냈다. 이들은 열 살 차이로 장보고가 형이고 정년이 아우뻘이었다. 이 무렵 신라에 흉년이 들어 먹고 살기가 힘들어지자 이들은 당나라로 갔다. 장보고와 정년은 창 싸움을 잘 했고, 특히 정년은 잠수 능력이 뛰어났다. 장보고와 정년은 당나라에서 높은 무예를 인정받아 양자강 하류의 무령군(오늘날의 강소성 소재)에 함께 입대하였다.

무령군에서 잘 지내던 장보고는 정년에게 우리만 편하게 외국에 눌러 살지 말고 고국 신라에 돌아가 큰일을 하자고 했다. 하지만 정년은 그곳의 안정된 생활을 포기하려 하지 않았다. 결국 안정된 생활이 보장된 그곳에 남겠다고 주장하는 정년과 고국에 돌아가겠다는 장보고는 끝내 타협하지 못하고 갈라서게 된다. 이로 인해 장보고는 아우 정년에 대해 큰 배신감을 느꼈을 것이다.

홀로 고국 신라에 돌아온 장보고는 고향인 청해진에서 힘을 키워 상당수의 군인으로 구성된 군단을 형성하였다. 그런 다음 그는 신라의 흥덕왕을 배알하고, 당시 서남해에 출몰하여 신라인을 잡아다가 노예로 파는 당나라 해적들을 물리치겠다고 했다. 그 대신 자신의 권력 기반인 청해진의 주권을 인정하라는 요구였다. 흥덕왕이 이 요구를 받아들여 장보고를 청해진 대사로 임명하였다.

신라 왕실로부터 공식적으로 인정받은 권력을 바탕으로 장보고는 서남해를 중심으로 맹활약을 한다. 한편으로는 당나라 해적들을 물리쳐 해로에서 위험에 처한 신라인들뿐 아니라 당나라에 순례하러 가는 일본 스님들의 목숨을 구하는 일도 많았다. 또한 산동성에 법화사라는 절을 세워 신라와 일본에서 순례 차 당나라에 오는 스님들에게 편의를 제공하기도 했다. 법화사는 오늘날까지도 중국에 남아 있고, 일본에는 장보고를 신격화하여 그를 적산대명신으로 모시는 신사가 있다. 참으로 해상왕 또는 해신海神이라는 이름이 무색하지 않을 만큼 장보고의 활약은 눈부셨다.

뿐만 아니라 장보고는 해로를 이용하여 지금의 중국 산동성·강소성, 및 한반도와 일본섬에서부터 동남아시아, 심지어 서남아시아의 아라비아반도까지 다니면서 무역에 종사하여 선단의 기금을 모았다. 이는 장보고 선단의 무역 품목이 신라와 당나라의 비단이나 청자만이 아니라 동남아시아의 단향목과 서남아시아의 아라비아해에서만 난다는 흑거북 같은 희귀한 품목이 있었음으로 증명된다. 실제로 신라 왕족의 무덤에서 아라비아해 특산인 흑거북 껍질로 만든 빗이 발견되었다고 한다.

한편 당나라 무령군 소장으로 있던 정년은 어떤 연유인지는 몰라도 무령군에서 나와 연수향이라는 마을에서 비참한 생활을 하고 있었다. 그러다가 결국 그는 굶주림에 못 이겨 고향인 청해진으로 돌아와 장보고를 찾아와 엎드린다. 형인 장보고의 말을 거스르며 결별을 마다하지 않았던 그였기에, 설사 장보고가 그를 받아들이지 않는다 해도 할 말은 없었을 것이다. 하지만 뜻밖에 장보고는 돌아온 정년을 너그러이 받아들인다.

그 무렵 신라 왕실에서는 흥덕왕을 시해하고 민애왕이 스스로 왕위를 차지하는 쿠데타가 일어났다. 그러자 장보고는 정년에게 기마병 5천을 주어 민애왕의 군대에 맞서게 한다. 장보고의 신뢰를 얻은 정년은 팔공산에서 민애왕의 군대를 물리침으로써 장보고의 은혜에 보답한다. 결국 장보고는 쿠데타로 권좌에 앉은 민애왕을 끌어내리고 김우징을 신무왕으로 추대함으로써 신라 왕실에 대한 그의 영향력을 회복한다. 왕실에 대한 장보고의 입김은 신무왕을 뒤를 이은 문성왕 대까지 이어지지만, 이를 못마땅하게 본 신라 귀족의 자객에 의해 장보고는 마침내 목숨을 잃게 된다.

두목은 대략 이와 같은 장보고와 정년의 전기를 쓴 후, 이 둘의 관계를 당나라의 장군인 곽분양과 이임회의 관계로 비유하였다. 즉 곽분양과 이임회 역시 선후배 지간으로, 이들은 어떤 계기로 인하여 한 자리에 앉으면 서로 눈을 마주치지 않을 만큼 감정의 골이 깊게 되었다. 하지만 곽분양은 대의를 위하여 이임회에 대한 사사로운 감정을 극복하고 그를 이끌어 함께 도적을 물리쳤다. 장보고도 정년을 용서하고 받아들였을 뿐만 아니라 정년을 신뢰하여 중책을 맡기기까지 했으니, 이는 현인賢人이 아니면 할 수 없는 일이라는 것이다. 요컨대, 두목은 한족漢族이 아닌 오랑캐라고 할 수 있는 장보고를 공맹孔孟의 인의仁義를 아는 대인으로 존경한 대인이었다.

이처럼 두목은 당나라 사람에 국한되지 않고 이민족에게도 관심을 가졌을 뿐 아니라 문학 작품을 쓰는 데 있어서도 산문과 운문 등 장르를 가리지 않았다. 앞에서도 언급했지만 그는 두보처럼 시도 아주 잘 썼다. 4행시인 절구絶句와 8행시인 율시律詩 등 가리지 않고 다 썼는데, 이 가운데 「산행」이라는 칠언절구를 소개한다:

멀리 추운 산을 오르니 돌길 비스듬한데
흰 구름 일어난 곳에 인가가 있구나.
수레 멈추고 앉아 저무는 단풍 숲에 홀려있자니
서리 맞은 단풍잎이 3월의 꽃보다도 붉구나.

遠上寒山石徑斜 원상한산석경사
白雲生處有人家 백운생처유인가
停車坐愛楓林晩 정거좌애풍림만
霜葉紅於二月花 상엽홍어이월화

작은 두보로 불렸던 두목

이 시를 보면 다음과 같은 광경이 떠오른다. 즉 어느 가을날 두목이 인가를 떠나 수레를 타고 터덜터덜 먼 산을 오른다. 경사진 돌길을 비틀비틀 오르면서 그가 바라보는 인가는 구름 속에 있다. 한참을 가다가 수레를 멈추고, 단풍 숲에 매료되어 앉아있다 보니 가을의 단풍잎이 봄에 피어나는 꽃보다 더 붉게 느껴진다.

하지만 이것은 어디까지나 이 시의 겉 내용일 뿐이다. 상징과 비유가 풍부한 속 내용에 들어가 보면 전혀 다른 그림이 그려진다. 그러니까 인생의 가을, 즉 40대 후반쯤 된 시인 두목은 속세의 번다한 삶을 떠나 먼 산을 오른다. 경사진 돌길을 따라 산속을 오르며 바라본 사람들의 세상은 근심과 걱정에 휩싸여 있다. 얼만큼 올라가 멈춰 단풍 숲 속에 들어앉아 붉은 단풍잎을 보고 있자니 가을 단풍잎 같은 자신의 열정이 봄 꽃 같은 젊은이들의 정열보다 더 강하다고 느끼는 것이다.

이를 다시 정리해 보면 이렇다. 즉 두목은 홀로 고독한 은자의 길을 떠난다. 멀고 추운 산은 고독한 은자의 삶을 상징하고, 경사진 비탈길은 그 나름의 힘든 고행을 의미한다. 또한 멀리 바라보이는 인가의 흰 구름은 속세 사람들의 근심걱정을 뜻한다. 흔히 맑은 하늘은 탁 트인 마음이고 구름 낀 하늘은 근심어린 마음을 상징하기 때문이다. 마지막 구절에 나오는 단풍잎은 자기 자신을 가리키고, 3월의 꽃은 젊은이를 은유한다. 꽃이 피기 시작하는 봄은 청년기이고, 단풍잎이 붉어지는 가을은 중년기이기 때문이다. 이는 40대인 자신의 열정과 포부가 2·30대 젊은이보다 앞선다는 뜻이다.

두목은 안록산의 난 이후 기울어져가는 당나라 조정에서의 관리생활을 청산하고 말년에는 수도를 떠나 번천에서 살았다. 비록 자신이 선택한 삶이었겠지만 그곳에서의 삶도 때로는 춥고 험한 산을 오르듯이 평탄치 만은 않았을 것이다. 하지만 그곳에서 꿋꿋이 수행하는 두목은 자신의 우국충정, 즉 나라를 사랑하는 마음이 바삐 움직이는 젊은이들의 애국심보다 더 강함을 은근히 내세우고 있다. 어찌 보면 두목은 스스로에게 빠져있는 나르시시스트 같기도 하다.

이 시에는 중국문학의 세 가지 미학 기준인 정경융합情景融合과 시정화의詩情畵意, 및 미자美刺를 다 맛볼 수 있다. 먼저 정경융합이란 어떤 경치에 시인의 감정을 융합시키는 기법으로, 이 시에서는 산, 비탈길, 흰 구름, 단풍 등에 시인의 외로움, 고행, 근심, 열정 등을 담고 있다. 또한 시정화의는 시적인 정서를 그림의 뜻으로 그려내는 기법으로, 이 시를 보면 적어도 두 장의 그림이 그려진다. 한 장은 수레를 타고 비탈길을 오르는 두목이 먼 데 흰 구름 일어나는 인가를 바라보는 그림이고, 또 한 장은 단풍 숲에 앉아 단풍잎에 취해 있는 두목의 그림이다. 마지막으로 미자는 아름다운 가시, 즉 아름다움 속에 가시를 숨기는 기법으로, 이 시에는 속세 사람들과 젊은이들에 대한 풍자가 있다. 즉 "흰 구름 일어난 곳에 인가가 있구나"라는 아름다운 구절에 속세 사람들의 근심걱정을 풍자했고, "서리 맞은 단풍잎보다 붉지 않은 삼월의 꽃"에서 천방지축 젊은이들을 은근히 꼬집고 있는 것이다.

여덟 번째 이야기

『삼국지三國志』
『서유기西遊記』
『수호전水滸傳』
『금병매金甁梅』

흔히 시는 당시를 최고로 치고, 소설은 명청소설을 최고로 친다. 사람들에게 사대기서四大奇書, 즉 조금 하찮은 네 편의 장편소설이라 불리는 『삼국지』『서유기』『수호전』『금병매』는 대부분 명나라 때에 발간된 소설들이다. 명나라 때부터 자본주의와 시민경제가 발달하면서 소설이 많이 읽혔기 때문이다. 또한 명나라 선비들 가운데는 시를 지어 과거시험에 대비하기보다 소설을 쓰는 일을 업으로 삼는 사람들이 적지 않았기 때문이다. 게다가 명나라 때는 인쇄술이 발달하여 과거를 준비하는 지식인들도 틈만 나면 소설을 즐겨 읽었다.

그럼 먼저 중국뿐 아니라 한국과 일본에서도 끊임없는 인기를 유지하고 있는 소설 『삼국지』를 보자. 중국에서는 『삼국연의』로 불리는 이 소설은 원래 당나라 말부터 송나라와 원나라를 거치면서 민간에 유전되어 왔다. 그러다가 원나라 말 경 산서성 태원 출신의 나관중羅貫中이 한 권의 장편소설로 완성했다고 한다. 이는 당나라 말의 시인 이상은의 시 속에 "어떤 사람은 장비의 야만성을 비웃고, 어떤 사람은 등애의 말더듬이를 우스개 삼는다."가 나옴을 보면 알 수 있다. 이 대목에 나오는 장비는 다 알다시피 『삼국지』의 주요인물이기 때문이다. 또한 송나라의 시인 소식도 자신의 작품 안에 위나라·촉나라·오나라 등 삼국의 이야기를 인용하고 있다. 원나라 때에는 이미 『전상삼국지평화』라는 이야기 대본 또는 희극의 극본으로 간행되었으니, 『삼국지』의 원작자로 알려진 나관중은 사실 이 극본을 바탕으로 해서 소설을 완성했다고 할 수 있다.

하지만 우리가 지금 볼 수 있는 삼국지는 원나라 말 또는 명나라 초 나관중이 지은 원본이 아니라 청나라 때 강소성 소주 출신의 모종강毛宗崗 본이다. 이처럼 소설가의 본적을 굳이 말하는 것은 태어나

자란 곳이 다른 이들이 구사한 언어와 문자 또한 조금 다를 수 있기 때문이다. 하지만 모종강 판본 또한 지금으로부터 100여 년 전에 발간된 것이니, 청나라 이후 근대, 및 현대에 이르기까지 누군가가 고치고 빼고 넣지 않았다고 보기는 어렵다. 이름을 알 수 없는 수많은 편집자들의 손을 거치면서 원본이 그대로 살아남기는 불가능한 일이기 때문이다.

아무튼 역사책 『삼국지』를 바탕으로 만든 소설 『삼국지』는 대략 전후반으로 나뉜다. 전반부는 유비와 관우, 그리고 장비가 도원에서 의형제를 맺는 것으로 시작된다. 한나라 황실의 피를 이은 인자한 유비와 긴 수염을 기르고 신의를 아는 관우, 그리고 용맹스럽기가 사자 같은 장비는 촉나라의 세 주역이다. 여기에 지모가 뛰어난 제갈공명까지 얻은 유비는 오나라 손권과 손을 잡고 적벽에서 위나라 조조의 대군을 물리친다. 훗날 「적벽부」 「적벽가」 등 시나 판소리가 모두 이 적벽대전을 소재로 하였다. 전반부의 클라이막스는 바로 이 적벽대전이라고 할 수 있다. 이에 비해 후반부는 다소 김빠지는 내용이다. 유비 · 관우 · 장비가 모두 죽은 후, 제갈공명만 남아 홀로 여섯 차례에 걸쳐 조조의 군대와 싸움을 벌이지만 결국 성공하지 못한 채 병사하기 때문이다.

이처럼 소설 『삼국지』의 후반부는 별 재미가 없어서 주로 전반부의 내용만 전해지는데, 특히 유비와 관우, 그리고 장비와 제갈공명의 성품과 언행에 대한 묘사가 뛰어나다. 즉 긴 귀를 지닌 덕스러운 유비는 한나라에 대한 충성과 어머니에 대한 효심, 그리고 사람들을 대하는 관후한 인품이 뛰어나다. 또한 까만 수염을 풍성히 기른 관우는 장한 의기와 절개가 돋보인다. 특히 결정적인 순간에 조조를 살려주는 그의 신의는 훗날 그를 신격화하여 민간신앙의 대상으로까지 발전시키는 이유가 된다. 중국뿐 아니라 한국에서도 관우는 신앙의 대상이 되어 있다. 실제로 서울 신설동에 관우를 모시는 동묘가 있어, 사람들은 그를 관우장군 또는 관제關帝로 추앙한다.

관우에 비해 장비는 다소 성미가 급하나 순진하고 솔직하다. 무엇보다 그는 무술이 뛰어나 독자들에게 호감과 친근감을 준다. 힘이 천하장사인 장비가 구사하는 무예는 무협소설을 좋아하는 많은 독자의 손에 땀을 쥐게 한다. 『삼국지』에는 이 같이 뛰어난 무술과 함께 빼어난 지모도 나오는데, 누구보다 제갈량의 지모가 일품이다. 적벽대전을 승리로 이끈 화공火攻은 사실 제갈공명의 지략이었음은 잘 알 것이다. 이 제갈공명을 얻기 위해 유비가 누추한 공명의 초가집을 세 번씩이나 찾아갔다는 삼고초려三顧草廬의 고사는 바로 이 소설에서 비롯되었다. 두 번이나 거절당하고도 포기하지 않고 또 한번 더 찾아온 유비의 간절함이 제갈공명의 마음을 움직인 것이다. 어찌 보면 『삼국지』에서 가장 중요한 인물은 제갈공명일 것이다. 그 때문인지 제갈공명 또한 죽은 뒤에 무후사에 모셔져 오늘날까지 중국인들의 참배를 받고 있다.

유비 · 관우 · 장비 · 제갈량 말고도 이 소설은 위나라의 조조와 오나라의 손권 등의 성격과 언행 묘사도 생생하다. 특히 조조에 대한 묘사는 독자에게 간교한 영웅이라는 인상을 깊이 심어주고 있다. 사실 조조는 유비와 손권을 누르고 중원을 제패한 명장이었다. 잘 알다시피 역사책 『삼국지』에는 조조의 위나라가 촉나라와 오나라를 물리치고 위진남북조시대를 연 것으로 되어 있다. 그럼에도 불구하고 조조 하면 간사한 모략가로 생각되는 데는 소설 『삼국지』의 영향이 있다. 이는 소설 삼국지의 원저자인 나관중이 어쩌면 촉나라의 후예여서 위나라의 조조를 간사한 영웅으로 표현했기 때문인지도 모른다.

삼고초려뿐 아니라 칠종칠금七縱七擒·파죽지세破竹之勢 등 많은 고사성어의 원전이기도『삼국지』는 동북아시아에서 가장 유명한 역사소설이라고 해도 과언이 아니다. 한국에서도 만화·애니메이션 등으로도 나와 있어, 눈만 감으면 유비·관우·장비·제갈공명·조조 등의 모습이 떠오른다. 눈을 감으면 조조가 관우의 환심을 사기 위해 선물한 적토마와 장비가 휘두르는 삼지창, 및 유비가 가슴에 품고 있던 둥그런 차 단지까지 그려질 정도다. 조금이라도 문학을 아는 사람으로서 이 소설을 모르면 대화가 불가능할 만큼 유명한 소설이 바로『삼국지』이다.

다음으로『손오공』으로 더 잘 알려진 소설『서유기』를 보자. 이 소설은『당서』에 있는 다음의 기록을 바탕으로 만든 장편소설이다. 즉 역사책『당서』에 따르면 627년, 당나라 태종의 칙령을 받은 현장 스님이 인도에 가서, 600여권의 불경을 구해서 17년 만에 돌아왔다고 한다. 사실 이 기록을 바탕으로 소설이 바로 나온 게 아니라, 송나라 때에『대당삼장취경시화』라는 이야기 대본이 먼저 나왔다. 즉 소설『서유기』는 전문 이야기꾼이 이 대본을 바탕으로 사람들에게 들려준 이야기로부터 비롯된 것이다. 이 이야기 대본에 원나라 때에 민간에 퍼져 있던 신선과 요괴 이야기가 가미되어 명나라 때 오승은吳承恩에 의해서 장편소설로 완성된 것이『서유기』이다.

오승은은 강소성 회안 사람으로 과거에는 급제하지 못했지만 글발이 좋기로 유명했다고 한다. 하지만 오늘날 우리가 보는『서유기』

는 오승은의 원본이 아니라 청나라 때 누군가의 손을 거쳐 나온 청나라 판본이다. 소설 『삼국지』의 원작자가 나관중이지만 실제로 우리가 보는 판본은 청나라 판본인 것처럼 말이다. 분명한 건 오승은을 비롯한 서유기 저자들이 불교와 도교적인 색채가 짙은 민간의 전설과 설화를 충분히 활용했다는 사실이다. 그래서 『서유기』의 주인공은 삼장법사인 현장이 아니라 오히려 손오공과 저팔계 및 사오정이라고 할 수 있다.

소설 『서유기』는 모두 세 부분으로 되어 있다. 첫 부분은 주인공인 손오공의 탄생과 그가 일으킨 천궁에서의 난동이 주 내용을 이루고 있다. 두 번째 부분은 당나라 태종의 지옥 탐방과 태종이 이 지옥고를 해결하기 위해 삼장법사에게 칙령을 내려 불경을 구해 오게 하는 내용이다. 마지막 세 번째 부분은 삼장법사와 그를 따르는 손오공·저팔계·사오정 등이 불경을 구하러 가는 도중에 만나는 81난 이야기이다. 분량으로 보면 세 번째 부분이 전체의 거의 대부분을 차지하고 있다. 그래서 『서유기』하면 떠오르는 장면들은 대부분 손오공 일행이 요괴와 싸우는 세 번째 부분이다. 그래서인지 오늘날 접할 수 있는 『서유기』에는 두 번째 부분이 거의 없고 첫 번째 부분과 세 번째 부분으로 이루어져 있다.

그럼 『서유기』의 줄거리를 간략하게 살펴보자. 돌에서 태어난 손오공은 하늘의 질서를 따르지 않고, 하늘의 주인인 하느님도 윤번제로 돌아가면서 해야 한다는 등 천방지축이다. 이처럼 천궁의 질서를 문란하게 한 죄로 손오공은 5백년간 오행산에 갇힌다. 다행히 삼장법사에게 구출된 손오공은 그를 수행하여 불경을 구하러 가게 된다. 삼장법사는 원숭이 형상의 손오공 말고도 돼지 형상의 저팔계와 하천의 괴물 형상의 사오정을 데리고 떠난다. 이들은 화염산·여인국 등을 지나며 서쪽으로 가는 도중 81개의 재난을 만난다. 손오공은 요술봉을 들고 구름을 타고 안개를 몰며 72가지 변술을 부린 끝에 모든 요괴를 굴복시킨다. 그러나 근두운을 타면 단숨에 10만 리 이상 날아오르며 하늘·땅·물 속까지 넘나드는 손오공이지만, 머리에 둘러져 있는 고리에 의해 삼장법사의 말을 듣지 않을 수 없다. 그래서 손오공이 아무리 나대어도 부처님 손바닥 안에 있다고 하는 것이다.

『서유기』의 주제에 대해서는 두세 가지 설이 있다. 먼저 중국의 공산주의 연구가들 중에는 삼장법사 일행이 인도로 가는 여행 중에 만나는 요괴들은 백성을 압박하는 지주계급이고, 손오공은 이들 지주계급과 싸우는 혁명 영웅이라고 본다. 이들은 『서유기』의 주제를 사회주의 혁명의 완수로 보는 것이다. 그런가 하면 손오공이 대자연과 대결하는 중국인의 불굴의 정신을 대변하고 있다고 보는 사람도 있다. 이는 물론 중국민족의 정신을 고양하려는 중화주의 연구가의 견해이다.

한편 인본주의자 노신魯迅은 손오공과 저팔계에 대해 매우 합리적인 해석을 하고 있다. 그에 따르면 원숭이 형상의 손오공은 인간의 마음을 상징한 인물이고, 돼지 형상의 저팔계는 인간의 욕망을 상징한 인물이다. 그렇다면 하천의 괴물 형상인 사오정은 인간의 우수와 비애를 상징한 인물일까? 아무튼 노신은 『서유기』를 이상을 추구하는 현실적인 인간의 활약상으로 이해한 것이다.

하지만 『서유기』의 주제를 말하자면 공산사회주의 혁명의 완수나 현실주의 인간의 활약만도 아니다. 오히려 신선과 요괴, 천국과 지옥, 신과 인간, 인간과 동물, 심지어 인간과 돌 같은 무생물과의 소통을 통해 불경이라는 한마음을 얻는 구도적 과정 모두가 이 소설의 메시지이다. 하지만 이 소설은 언제부터인가 불교의 핵심 내용인 당 태종의 지옥탐방과 깨달음에 대한 각오가 빠지고 손오공 일행의 활약만 강조되어 젊은이들은 이 소설이 왜 불교소설인지도 이해하기 어렵게 되었다.

세 번째로 『수호전』을 보자. 『삼국지』가 역사소설의 대표이고, 『서유기』가 종교소설의 백미라면 이 소설은 무협소설의 걸작이다. 그런데 이 소설 또한 역사책 『송사』의 다음과 같은 기록을 뼈대로 하여 살과 근육을 붙인 작품이다. 그 과정을 보면 다음과 같다. 즉 『송사』에 보면 송강이라는 사람을 비롯한 36명의 남자들이 산동에서 반란을 일으켰다가 관군에 의해 제압되었다는 기록이 있다. 이 짧은 기록을 바탕으로 송나라 말에 『대송선화유사』라는 이야기 대본이 만들어졌는데, 그 내용은 산동성의 양산박을 본거지로 36명의 영웅호걸이 활약한 이야기이다. 이 이야기 대본이 원나라 때에 이르러 20여 종의 극본으로 발전되었고, 이때 영웅의 숫자도 108명으로 불어났다.

이 극본을 바탕으로 명나라 초의 시내암施耐庵이 쓴 소설이 바로 『수호전』이다. 시내암은 36명의 도적을 송강 · 무송 등 108명의 의적으로 바꾸고 이들이 결국 송나라 조정에 귀순하는 내용으로 발전시켰다. 시내암은 일찍이 과거에 급제하여 약 2년간 관직에 있었다. 하지만 어떤 연유인지 그는 관직을 버리고 강소성 소주에 살면서 소설 『수호전』을 지었다고 한다. 그러나 『삼국지』 『서유기』가 그러했듯 오늘날 우리가 볼 수 있는 『수호전』은 시내암의 원본이 아니라 청나라 때의 판본이다.

청나라 때의 판본도 대략 세 가지가 있다고 한다. 하나는 곽훈의 100회본이고, 또 하나는 양정견의 120회본이고, 마지막으로는 김성탄의 70회본이다. 여기서 100회 · 120회 · 70회의 회回는 오늘날 연속극을 말할 때 쓰는 50부 · 70부 · 100부의 부部와 똑 같다. 그럼 먼저 『수호전』 100회본의 줄거리를 보면 크게 두 부분으로 구성되어 있다.

앞부분은 송강을 비롯한 108명의 호걸들이 이런저런 이유로 도적이 되어 산동성의 산채 양산박에 몰려드는 것으로 시작된다. 이들은 송나라 조정의 부패와 관료의 비행에 분개하여 관아를 털어 가난한 민중을 돕는다. 민중의 갈채를 받으며 이른바 의적 행위를 하는 앞부분이 전체의 삼분의 이에 해당된다. 나머지 삼분의 일인 뒷부분은 송나라 조정의 권유로 송강 등 108명이 송나라에 귀순하는 것으로 시작된다. 조정에 귀순한 이들은 송나라 정규군대에 편입되어 거란족의 요나라와의 싸움에서 큰 공을 세운다. 하지만 이 과정에서 대부분이 전사하고 27명만이 생환하여 관직과 작위를 받게 된다. 그러나 송강과 이규 등 관직을 받은 전쟁 영웅들은 간신의 손에 독살당하고 얼마 남지 않은 동지들도 뿔뿔이 흩어지는 것으로 소설은 끝이 난다.

다음 120회본은 100회본을 더욱 늘려 인물 한 사람 한 사람의 내력과 성격 등 세부적인 묘사를 더 많이 했을 뿐, 100회본과 큰 차이는 없다. 또 70회본은 100회본의 뒷부분을 다 없애고, 앞부분만 남긴 것이다. 즉 송강 등이 송나라 조정에 귀순하여 요나라와의 싸움에서 공을 세운 부분과 비극적인 죽음을 맞는 내용을 삭제해버린 것이다. 이는 영웅호걸의 용감한 의적 행위만을 좋아하고, 이들의 타협과 허망한 종말에 대해서는 생각하고 싶지 않은 보통 사람들의 심리에 영합한 것이다.

송강과 이규는 맨 손으로 호랑이를 때려잡았다는 천하장사 무송과 버드나무를 뿌리 채 뽑은 노지심 등과 함께 “하늘을 대신하여 정의를 행한다.”는 표어를 내걸고 양산박에서 의기투합하지만, 사실 이들의 출신은 다르다. 하나는 농부 · 어부 · 병사 등 교육수준이 낮은, 거칠고 단순한 계급으로 무송 · 이규 · 노지심 등이 그 예이다. 다른 하나는 지주 · 관리 · 장교 출신으로, 송강 · 임충 · 양지 등이 그 예이다. 출신 성분에 따라 인물들의 뜻도 갈리는데, 이를테면 무송 등 낮은 신분의 인물은 의협심과 동지애로 만족하지만 송강 등 비교적 높은 신분의 인물들은 명예를 얻으려는 생각을 버리지 않는다. 그 때문에 이들은 결국 송나라 조정의 권유를 받아들여 귀순하는 것이다.

100회본 『수호전』의 주제는 두 가지다. 앞부분은 탐관오리에 대한 항거이고 뒤 부분은 송나라 조정에 대한 충성이다. 하지만 70회본을 완성한 청나라의 김성탄은 부패한 조정에 대한 저항 의식이 강했던 지식인이었다. 그래서 그의 손에 의해 다듬어진 70회본은 송나라 조정에 대한 충의가 빠지고 부패한 조정에 대한 항거만 부각되어 있다. 바로 이 때문에 수호전 70회본은 “도적질을 가르치는 책”이라고 하여 한때 금지도서로 묶여 있었다고 한다. 요컨대, 거칠지만 생생한 구어체로 묘사된 『수호전』은 중국뿐 아니라 한국과 일본 등지에서도 대단한 인기를 누리고 있는 액션의 원조 소설이다. 허균의 『홍길동전』이나 홍명희의 『임꺽정』은 『수호전』의 영향을 받아 씌어진 소설이라고 할 수 있다.

마지막으로 『수호전』의 한 부분을 드라마틱하게 극화시킨 소설 『금병매』를 소개한다. 당연하게도 금병매는 앞의 세 소설보다 늦은 17세기 초에 처음으로 출간되었다. 이 소설은 대략 명나라 말 청나라 초에 산동성 난릉 출신 소소생笑笑生이 썼다고 한다. 그가 일찍부터 이야기 대본과 극본으로 전해지고 있던 내용을 처음으로 소설화한 것이다.

하지만 우리가 지금 보는 『금병매』는 소소생의 원본이 아니라 20세기 초에 어디선가 다시 발견된 『금병매사화』라고 한다. 금병매 연구가들은 금병매사화에 산동 방언이 많음으로 보아 이것이 산동 출신 소소생의 원본에 거의 가깝다고 보고 있다. 그러나 이 또한 그 후 오늘날까지 이 소설을 출판한 많은 편집자들의 손을 거치면서 끊임없이 개정되고 가필되었다고 봐야 한다.

많은 사람들이 짐작하듯 『금병매』는 남녀의 노골적인 성애를 다룬 염정소설이다. 금병매라는 제목은 여주인공 반금련의 '금'과 이병아의 '병', 및 춘매의 '매'를 이어서 금병매라고 한 것이다. 앞에서 말한 대로 『금병매』는 『수호전』의 일부를 늘여 뺀 것이다. 그러니까 『수호전』 제23회에서 27회까지 5회본의 내용에 살을 더하여 100회본의 장편소설을 만든 것이다. 원래 『수호전』에는 무송의 형수인 반금련이 약재상 서문경과 눈이 맞아 남편 무대를 독살하자, 이를 안 무송이 형의 원수를 갚고자 이들을 살해했다고 되어 있다. 하지만 독립된 소설 『금병매』에서는 반금련이 만두장사인 못생긴 남편 무대를 독살한 후, 서문경의 첩이 되어 음탕한 생활을 계속하다가 소설의 마지막 부분에서 시동생인 무송에게 살해된다.

서문경도 무송에게 바로 살해되지 않고 반금련뿐 아니라 친한 친구의 아내인 이병아와 반금련의 시녀인 춘매 등과 음욕을 누리다가 병으로 급사하는 것으로 그려진다. 그는 본처 오월랑과 첩들이 있음에도 불구하고 유부녀인 반금련 뿐만 아니라 자신의 친구의 처인 이병아를 첩으로 만들고 친구의 재산까지 빼앗는다. 서문경은 단지 문란하고 방탕한 성욕만 추구한 게 아니라 이렇듯 악질적인 방법으로 물욕을 추구한다. 약재상과 포목상을 하면서 관리와 결탁하여 권력을 얻은 그는 소금 사재기와 고리대금 등 수단방법을 가리지 않고 부를 축적하는 것이다.

하지만 이렇게 물욕과 성욕에 눈이 어두워 방탕하는 금병매의 주인공들은 거의 모두 비극적인 종말을 맞는다. 서문경은 급사하고, 이병아와 그녀의 아들은 반금련의 구박을 받다가 죽고, 반금련도 무송에게 죽임을 당하는 것이다. 오직 서문경의 본처 오월랑과 그 아들 효가만은 금나라 군대를 피해 사찰로 달아나서 살아남는다. 절에서 피신하면서 두 모자는 불교에 귀의하게 되고, 효가는 결국 스님이 된다. 하지만 두 모자가 불교에 귀의하고 효가가 머리를 깎게 되는 『금병매』의 마지막 부분은 독자에게 거의 알려져 있지 않다. 그 이유는 원저자인 소소생이 이 부분을 너무 짧게 처리했을 수도 있고, 훗날 이 소설을 수정하고 보완하는 과정에서 이 마지막 부분을 소홀하게 취급했을 수도 있다.

마지막으로, 『금병매』의 주제를 말하자면 세속적 삶은 허황하니 이를 탈피해야 한다는 것이라고 할 수 있다. 또한 명나라 말기의 기득권층의 부패하고 방탕한 생활과, 서민들의 참혹한 삶을 낱낱이 폭로하는 사회비판소설이기도 하다. 부자들은 관리들에게 뇌물을 주어 이권을 챙기고, 생활고에 부대끼는 서민들은 자기네 어린 딸들을 사고파는 상황이 적나라하게 묘사되고 있는 것이다. 이 같은 현실을 극복하기 위해 소설이 제기하고 있는 대안은 불교에의 귀의이다. 하지만 앞서도 잠깐 언급했지만 『금병매』 전편을 흐르는 노골적인 성 묘사와 타락한 인간상에 비해 오월랑과 효가가 불교에 귀의한 것에 대해서는 그다지 알려지지 않고 있다. 이는 앞에서 언급한 것처럼 원저자 소소생이 이 부분을 너무 짧게 처리했기 때문일 수도 있지만, 이 소설을 정리하고 출판한 후대 편집자들이 『금병매』의 상업성을 극대화하기 위하여 잘라버렸을 가능성이 높다.

아홉 번째 이야기

『홍루몽紅樓夢』

『삼국지』『서유기』『수호전』『금병매』가 명나라를 대표하는 소설들이라면 홍루에서 꾼 꿈같은 이야기인 『홍루몽』은 청나라를 대표하는 장편소설이다. 『홍루몽』의 원래 제목은 『석두기石頭記』로, 『석두기』 80회본의 저자는 조설근曹雪芹이다. 하지만 고악이라는 사람이 여기다가 40회분을 더 보태서 『홍루몽』을 만들었다. 그러나 소설의 주요 내용이 조설근의 80회본에 다 있기 때문에 흔히 『홍루몽』의 저자를 고악이 아닌 조설근이라고 하는 것이다.

조설근은 1719년 경 청나라의 귀족 집안에 태어나 그의 나이 44세인 1763년경에 죽었다고 전한다. 그는 청나라 귀족, 즉 만주족 출신으로 10세까지 호사스럽게 살았다. 하지만 흥성했던 그의 집안은 완전히 몰락하여, 열 살 이후부터 그는 어렵게 살았다. 조설근의 집안이 몰락한 이유는 청나라 옹정 황제 때, 그의 조부가 한 정치적인 사건에 연루되어 가산이 몰수되었다는 설이 있지만 확인할 길은 없다. 아무튼 말년에는 좋아하는 술조차 사 마시지 못할 정도로 빈한하고 곤궁한 생활을 했던 조설근이 화려했던 어린 시절을 회상하며 쓴 소설이 바로 『홍루몽』이다.

이 소설은 돌멩이에서 사람이 태어나는 걸로 시작된다. 즉 여왜씨女媧氏의 오색 돌 가운데 못난 돌멩이 하나가 한 도사의 도력에 힘입어 남자 아이로 태어나는데, 이 아이가 바로 가씨 집안의 공자 가보옥賈寶玉이다. 여왜씨는 앞서 신들의 이야기에서 소개한 여신으로, 그는 진흙으로 사람을 빚은 인류창조의 신일 뿐 아니라 오색의 돌을 가지고 부서진 하늘의 귀퉁이를 메웠다는 신화의 주인공이기도 하다. 아무튼 보옥이라는 이름은 보배로운 옥이라는 뜻으로, 아이가 입에 보배로운 옥돌을 물고 태어났다고 해서 붙여진 이름이다. 보옥이 바로 이 옥돌을 평생 목에 두르고 살았기 때문에 홍루몽의 원제목이 돌멩이 이야기라는 뜻의 『석두기』였던 것이다.

『홍루몽』은 금릉, 즉 지금의 남경에 있던 가씨 집안의 저택 대관원을 배경으로, 가씨 가문의 흥성과 몰락을 그리고 있다. 대강의 줄거리를 소개하면 다음과 같다. 즉 주인공 가보옥은 총명하고 섬세한 귀공자로, 집안사람들의 사랑을 한 몸에 받는다. 가보옥은 병약하지만 감수성이 뛰어난 외사촌 누이 임대옥을 사랑한다. 하지만 가씨 집안의 종부인 할머니 사태군과 집안의 실권자 왕희봉의 계략으로 가보옥은 설보채와 결혼하게 된다. 사태군 등은 병약하고 날카로운 임대옥보다 건강하고 성격도 원만한 설보채를 선택한 것이다. 가보옥이 설보채와 결혼하던 날, 임대옥은 충격을 이기지 못해 지병인 폐병이 도져서 죽게 되고, 상심한 가보옥도 점차 생기를 잃어간다.

그러나 결국 정신을 차린 가보옥은 집안의 기대에 따라 과거시험 공부를 하여 과거에 합격한다. 하지만 그의 과거급제로 인하여 온 식구가 기뻐한 것도 잠시뿐이었다. 가보옥이 어느 날 집을 나가 행방불명이 된 것이다. 이후 가씨 집안은 몰락의 길을 걷는다. 어떤 사람은 가보옥이 스님이 되었다고도 하고, 또 어떤 사람은 그가 도사가 되었다고도 한다. 실제로 보옥의 아버지가 한 나루터에서 도사와 승려와 함께 있는 아들을 보기도 한다. 하지만 소설의 마지막 장에 이르면 가보옥은 다시 그가 태어난 원래의 돌멩이로 화한다. 돌에서 태어나 돌로 다시 돌아간 것이다.

『홍루몽』은 임대옥과 설보채를 비롯한 금릉의 열 두 미녀가 등장한다고 해서 『금릉십이채』라는 다른 제목으로도 불린다. 지금도 매년 연말이 되면 『홍루몽』에 등장하는 이 열두 미녀를 1월에서 12월의 미녀로 삼은 달력이 나온다. 이 가운데 스님이 된 묘옥을 제외한 열 한명은 모두 가보옥과 친척 또는 외척 관계의 여성들이다. 즉 가보옥의 외사촌인 임대옥, 이종사촌 설보채, 누나 원춘, 여동생 탐춘, 사촌 영춘, 형수 이환, 사촌 형수 왕희봉, 오촌 교저, 육촌 석춘과 사상운, 칠촌 진가경 등이 이들이다.

그럼 백문이 불여일견이라고, 『홍루몽』의 한 대목을 감상해보자:

> 왕희봉이 한창 평아를 위로하고 있다가, 갑자기 많은 자매들이 들어오는 것을 보고 급히 자리에 앉았다. 평아가 손님들에게 차를 따르자 왕희봉이 웃으며 말했다: "오늘 많은 사람이 왔네요. 마치 초대장을 보내서 초대한 것처럼 말이지." 탐춘이 먼저 웃으면서 말했다: "우리에게 두 가지 일이 있어서 왔어요. 하나는 제 일이고, 다른 하나는 넷째 여동생이 전하는 노마님의 전갈입니다." 왕희봉이 웃으며 말했다: "도대체 무슨 일이기에 이렇게 난리에요?" 탐춘도 웃으며 말했다: "우리가 시를 짓는 모임을 하나 만들었는데 처음이라 부족한 게 너무 많아요. 우선 회원들의 마음이 너무 물러서 앞으로 제대로 되기 어려울 것 같아요. 제 생각에는 언니가 오셔서 모임의 감사를 맡아주시면 더 이상 좋을 수가 없을 거예요. 두 번째 일은 넷째 여동생이 동산 그림을 그리는데, 그리는 도구가 이것저것 온전한 게 없대요. 그래서 노마님께 갔는데요, 노마님 말씀이 뒤채 다락 밑에 남겨둔 물건이 있을지 모르니 찾아보라구요. 찾아봐서 만약 있으면 꺼내어 쓰고, 없으면 사람을 시켜 사다 쓰라 구요." 왕희봉이 웃으며 말했다: "나라고 뭐든 할 수 있는 게 아니에요. 나보고 젖은 거나 마른 거나 가리지 않고 다 먹으라고 하면 안 되죠." 탐춘이 말했다: "언니가 할 수 없다면 하지 않으셔도 돼요. 그저 우리 중에 나태한 사람이 있으면 벌주기만 하시라구요." 왕희봉이 웃으며 말했다: "나를 속일 생각 말아요. 나를 감사로 초빙하여, 돈 대는 물주로 삼겠다는 속셈 다 알아챘거든요."

왕희봉은 가씨 집안의 며느리로, 집안의 종부인 사태군(노마님)이 인정한 가씨 집안의 실력자이다. 돈 관리 등 거의 모든 집안의 대소사가 그녀의 주도 하에 이루어진다고 해도 과언이 아니다. 그래서 가보옥의 혼사에도 왕희봉이 적극 관여하였음은 앞에서 언급한 바 있다. 그런 그녀인지라 끝까지 미소를 잃지 않으면서도 탐춘의 속셈을 간파하는 노련함이 있다. 하지만 왕희봉에게는 자신의 시녀인 평아를 위로하는 자상함도 있다. 재미있는 점은 청나라 귀족인 가씨 집안의 실질적 주인이 집안의 남자들이 아니라 사태군·왕희봉 등 종부들, 즉 며느리들이라는 사실이다. 그런 의미에서『홍루몽』의 사태군과 왕희봉은 최명희의 소설『혼불』에 등장하는 종부인 청암마님과 효원과 비슷하다. 이들은 모두 쓰러져가는 가문을 꿋꿋이 지켜내는 종부들이기 때문이다.

위 대목을 보면 알 수 있지만『홍루몽』의 문체는 매우 세밀하고 꼼꼼하다. 그래서 소설을 보고 있으면 저절로 그 장면이 영화처럼 떠오르고 인물들의 표정이나 심리까지 잡힌다. 바로 그 때문에 1940년대 상해에서 활발한 작품 활동을 한 장아이링 같은 소설가들은『홍루몽』을 보면서 자신의 문체를 배양했다고 고백한 바 있다.

『홍루몽』은 가보옥 등 가씨 집안사람들뿐만 아니라 수 백 명의 서로 다른 인물들이 등장하여 각기 독특한 언행으로 풍부한 볼거리를 제공하고 있다. 그래서 이 소설은 단순한 애정소설만이 아니라 귀족사회와 서민 생활, 및 그 이면에 숨겨진 인간과 사회의 모순을 낱낱이 폭로한 사회비판소설로도 평가된다. 1950년대 공산화된 중국에서는 이 소설을 봉건사회의 비극적 현실을 파헤친 혁명적인 소설로, 인물들이 서로 투쟁하는 사회주의 현실주의 소설로 평가하기도 했다.

하지만『홍루몽』의 주제는 역시 색즉시공色卽是空으로, 불교 또는 노장사상에 가깝다. 여왜씨의 돌 이야기로 시작되어 도사와 승려를 거쳐 다시 돌로 화하는 가보옥의 꿈같은 일생이 그 단적인 증거이다.

실제로 『홍루몽』 연구의 대가로 꼽히는 후스와 위핑보는 이 소설을 사회비판소설이라기보다 조설근 자신의 개인적인 경험을 바탕으로 한 자전적인 소설이라고 보았다. 또한 이들은 가보옥과 임대옥, 및 설보채를 비롯하여 서로 뜻을 달리 하는 인물들조차도 상대를 이해하고 배려하는 고상한 품격을 유지하고 있다고 보았다. 이는 청나라 귀족들이 지닌 최소한의 품위를 인정한 것이다. 뿐만 아니라 위핑보는 『홍루몽』이 원나라의 작가 왕실보가 쓴 『서상기』의 고전을 계승했다고 평했다. 하지만 바로 이 같은 연구 결과로 인해 후스와 위핑보는 마오쩌뚱의 공산당으로부터 엄청난 비판을 받았다. 앞에서도 언급했듯 중국의 사회주의현실주의 평론가들이 이 소설을 봉건적인 고전소설과 완전히 단절된 사회주의 현실주의 소설이라고 단정했기 때문이다.

하지만 『홍루몽』의 우수한 점은 한 편의 소설 안에 청나라의 온갖 문화가 가득 담겨 있다는 데 있다. 우선 귀족과 서민이 입는 옷과 장신구, 이들이 먹는 음식, 이들이 생활하는 집 안팎에 이르기까지 상세히 묘사되어 있다. 또한 주인공들의 대화를 통해 사서삼경 같은 유교 경전에 대한 해석뿐 아니라 도교와 불교에 대한 의식을 엿볼 수 있다. 뿐만 아니라 이 소설에는 시 · 산문 · 사 · 부 등의 문학과 잡기 · 그림 · 서예 · 의술, 및 점성술에 이르기까지 갖가지 지식이 총망라되어 있다. 그 때문에 오늘날 세계 곳곳의 『홍루몽』 연구가들이 다방면에서 연구를 하고 학회를 열고 논문과 저서를 내고 있다. 그래서 심지어 『홍루몽』에 대한 학문이라고 해서 "홍학"이라고 하고 『홍루몽』을 연구하는 사람들을 "홍학가"라고 부르기까지 한다.

현재 북경에는 대관원이라는 관광명소가 있다. 잘 알다시피 대관원은 『홍루몽』에 나오는 가씨 집안의 저택을 그대로 본떠 만든 건축물로, 그곳에 가면 홍루몽 속에 그대로 들어가 등장인물들과 만난 듯한 느낌을 갖게 된다. 또한 대관원 앞에 있는 식당에 가면 실제로 『홍루몽』에 나오는 여러 가지 요리의 맛을 볼 수 있다. 또 북경의 향산 부근에 가면 조설근이 거주하면서 『홍루몽』을 집필했다는 처소를 잘 꾸며놓아 관광객을 끌고 있다. 뿐만 아니라 요녕성 요양시에는 조설근 기념관이 있는데, 조설근의 형상을 조각한 석상과 함께 그의 고조부가 썼다는 투구 등이 전시되어 있다.

열 번째 이야기

민중의 노래

中 國 文 學 이 야 기

『지식인과 민중』이라는 책도 있듯이 흔히 민중은 지식인과는 다른 사람들로 알려져 있다. 공산주의 국가에서는 인민이라고도 하고 민주주의 국가에서는 민초民草, 또는 대중이라고도 하는 민중은 누구일까? 가방 끈이 짧은 사람들일까? 농어민이나 도시 서민일까? 아니면 누가 민중이냐고 물으면 "그렇다"라고 대답하는 사람들일까? 그렇다면 필자 또한 민중이라고 대답하겠다. 실제로 대중가요를 즐기는 사람들은 민중만이 아니다. 당나라의 시인 이백도 당시 유행하던 대중가요의 곡에 가사를 붙이는 악부시를 즐겨 썼다, 송나라와 원나라의 시인들 또한 유행하는 가락에다가 가사를 붙이는 사와 곡을 즐겨 지었다. 현대의 시들도 대중가요의 가사가 되는 경우가 많다. 요컨대 민중과 지식인을 가르기는 이렇게 어려운 점이 있다. 하지만 일반적으로 민중은 어려운 시나 소설을 탐독하기보다 노래를 부르거나 영화를 감상하기를 좋아한다.

중국의 민요는 이 같은 민중이 부르거나 감상하는 노래이다. 하지만 오늘날 민요라고 부르는 민중의 노래는 옛날에는 다른 이름을 갖고 있었다. 오늘날 한국에서는 대중가요나 유행가라는 이름이 있고, 일제강점기에는 창가라는 이름도 있었듯이 중국에도 시대별로 많은 이름이 있었던 것이다. 그러니까 『시경』에서는 민중의 노래를 모아서 풍風이라고 불렀고, 한나라 위진남북조시대에는 악부라는 관청에서 채집했다고 하여 악부민가樂府民歌라고 불렀다. 당나라 때는 곡에 붙인 가사라고 해서 곡자사曲子詞라고 불렀고, 송나라 때는 곡자를 빼고 사詞라고 불렀다. 명나라와 청나라 때는 주로 산속에서 부르는 노래라고 하여 산가山歌라고도 하고 민중의 노래라는 뜻의 민가民歌라고도 불렀다. 오늘날 중국에서도 민가라는 용어를 주로 사용하는 듯하다.

그럼 먼저 한나라의 악부에서 채집한 악부민가 가운데 「하늘이시여」를 감상해보자:

> 하늘이시여!
> 내 님과의 만남이 오래도록 끊어지지 않게 해주세요.
> 산이 닳아 없어지고 강물이 말라버리고
> 겨울에 우뢰 치고 여름에 눈이 내리고
> 하늘과 땅이 맞붙는다 해도
> 내 어찌 님과 끊어질 수 있으리오!

높은 산이 닳아서 없어지고, 흐르던 강물이 다 말라버릴 때까지 님과의 사랑이 지속되기를 바라는 애절한 사랑 노래이다. 얼마나 간절하였으면 여름에 치는 우뢰가 겨울에 치고, 겨울에 내리는 눈이 여름에 내리는 기상 이변이 있어도 님과의 사랑이 이어지길 바랄까? 사랑하는 사람을 위해 하늘의 별을 따다 준다는 오늘날의 유행가와 비슷한 경지이다. 심지어 하늘과 땅이 맞붙는 천재지변이 있어도 님과 나의 사이를 갈라놓을 수 없다고 하니, 이쯤 되면, 지진이 일어나 죽어서 구천을 떠돈다 해도 잡은 손을 놓지 않겠다는 영혼의 사랑을 말하는 것이라고 하겠다.

역대 민중의 노래 가운데는 이처럼 남녀의 사랑을 노래하는 것이 제일 많다. 하지만 인생의 무상함이나 삶의 비애를 읊는 경우도 적지 않다. 한나라 때의 악부민가 「부추 위의 이슬」은 바로 그러한 민요이다:

부추 위의 이슬
얼마나 쉽게 마르는지!
이슬은 말라도 내일 아침이면 다시 내리지만
사람은 한번 죽으면 언제 돌아오겠는가?

이 민요를 지은이는 아침에 부추 밭을 지나며 부추 잎 위의 이슬을 보았을 것이다. 그러자 사람의 목숨이 마치 부추 위의 이슬처럼 덧없음이 느껴진 것이다. 하지만 이 민요의 저자는 오늘 아침 부추 위에 내린 이슬은 말라도 내일 아침이면 다시 돌아온다고 하여 자연은 영원하다고 본다. 이에 비해 인간은 한번 죽으면 다시 돌아올 수 없는 유한한 존재로 본 것이다. 이는 현대의 가요 중에 "해는 서산에 지면 내일 아침 다시 떠오르는데, 사람은 한번 가면 다시 오지 않는다."를 떠오르게 한다. 이 가요의 지은이도 자연은 영원하지만 인간은 유한하다고 생각하고 있다. 조선시대 시조에도 "산천은 의구한데, 인걸은 간 데 없다."가 있음을 볼 때, 이 같은 정서는 많은 사람들의 공통된 느낌인 것 같다.

그렇지만 생각해 보라. 오늘 아침에 내린 이슬과 내일 아침에 내릴 이슬이 같은가? 또 오늘 떠오른 태양과 내일 떠오를 태양이 똑 같은가? 또한 몇 백 년이 지난 후의 산천이 그 전의 산천과 같을 수 있을까? 만약 같은 이슬이고, 같은 태양이고, 같은 산천이라면 사람 또한 같을 것이다. 이유는 간단하다. 왜냐하면 오늘 한 사람이 죽으면 내일 또 다른 사람이 태어나기 때문이다. 이 이슬과 저 이슬을 같은 이슬이라고 본다면, 이 사람과 저 사람 또한 같은 사람일 테니까 말이다. 그럼에도 불구하고 예나 지금이나 사람들은 모두 자기중심적으로 생각하니, 이 또한 어쩔 수 없는 일이기는 하다.

아무튼 민중의 노래는 이처럼 단순하고 솔직하다. 어려운 고사성어나 전고도 없이 솔직하고 평이하다. 일상생활에서 사람이 느끼는 희로애락을 역시 흔히 볼 수 있는 자연물에 빗대어 그대로 표현하기 때문이다. 그래서 어렵게 머리를 굴리거나 분석을 할 필요가 없이 그냥 들으면서 따라 부르기만 하면 되는 것이다.

하지만 어떤 민요에는 동음이어同音異語, 즉 발음과 글자가 같은데, 뜻은 다르게 해석할 수 있는 단어를 이용하여 교묘한 효과를 노리는 경우도 있다. 위진남북조 시대의 악부민가 「자야가」의 경우가 바로 그렇다:

처음 님을 만났을 때는
두 마음이 하나처럼 바라보았다
이제 실을 골라 짜던 베틀에 앉았건만
한 필도 못 짤 줄 어찌 알았으랴!

이 노래는 위진남북조 시절 지금의 남경 지방을 중심으로 퍼져 있던 오가吳歌 중 하나이다. 원래 오가는 춘추시대 오나라의 민요였는데, 이 노래는 진나라 때 자야라는 이름의 여인이 불렀다고 해서 「자야가」라고 불린다. 이 노래를 문자 그대로 해석하면 다음과 같다. 즉 자야가 처음 님을 만났을 때는 두 마음이 한 마음이 되어 빈틈이 없었는데, 지금은 웬 일인지 베틀에 앉아서도 옷감을 한 필도 짤 수 없다는 내용이다. 이로 보아 이 시는 자야가 사랑하던 님과의 관계가 예전 같지 않게 원만하지 못한 것을 탄식하는 듯하다.

하지만 제3행에 나오는 실 사絲는 그리워할 사思와 같은 발음이다. 또 4행의 필匹 자는 옷감의 길이를 세는 단위로서의 뜻도 있지만 배우자, 즉 배필의 뜻도 있다. 이제 실 사를 그리워할 사로 바꾸고 피륙의 필 대신 배필의 필로 바꾸어 다시 해석해보면 다음과 같은 내용의 노래가 된다:

> 처음 님을 만났을 때는
> 두 마음이 하나처럼 바라보았다.
> 이제 그리움을 가다듬어 사랑의 베틀에 앉았건만
> 배필이 되지 못할 줄 어찌 알았으랴!

이렇게 바꿔 놓으면 확실한 실연의 노래가 되어 버린다. 한마음으로 사랑했던 남녀가 세월이 지나면서 결국 두 마음으로 갈라져 결혼에 이르지 못했다는 한탄의 노래가 되는 것이다. 이처럼 민요 중에는 한 단어에 겉으로 드러나는 뜻과 속에 감춰진 뜻을 가진 경우가 종종 있다. 특히 세태를 풍자하는 민요 중에 이런 수법이 많은데, 이에 대해서는 송나라의 민요에서 다시 설명하기로 하고 먼저 당나라로 넘어간다.

당나라 때의 민요는 주로 감숙성 돈황에서 발견되었기 때문에 돈황 가사라고 부른다. 그런데 돈황 가사가 발견된 과정은 너무도 극적이어서 여기서 잠깐 돈황 문물이 발견된 과정을 소개하기로 한다. 불상 · 불경 · 불화 등 불교 자료와 함께 가요 · 창극 대본 등 적지 않은 문학 자료가 쏟아져 나온 돈황의 문물은 1900년 한 도교의 수도승인 왕도사에 의해 처음 발견되었다. 돈황 문물이 발견된 곳은 사막 지역인 막고굴이라는 곳으로, 이곳은 대대로 승려들이 수행하던 석굴이었다.

돈황의 문물은 대략 서기 1000년 경 그곳에서 수행하던 승려들이 급히 피난을 가면서 벽 속에 넣고 봉한 것으로 알려졌다. 극비리에 밀봉된 귀중한 문물은 밀봉에 참여한 극소수 당사자들이 어떤 연유인지는 몰라도 다시 그곳에 돌아오지 못하게 되어 이후 약 900년간 고스란히 방치되어 있었다. 그러던 것을 20세기 초, 막고굴에서 수행하던 왕씨 성을 가진 도사가 털이개로 벽을 청소하던 중 발견되었다고 전한다.

이 어마어마한 문물을 발견한 왕도사는 아마도 당시 청나라 관청에 이 같은 사실을 즉시 보고했을 것이다. 하지만 아편전쟁의 패배 이후 영국과 프랑스 등 서구 강대국의 침략으로 허덕이던 청나라 당국이 이 국보급 문화재를 온전히 지켜낼 수가 없었다. 당연하게도 영국이 이 소문을 듣고 제일 먼저 헝가리 사람 슈타인을 돈황으로 급파하여 불상과 불화 등을 영국으로 반출했다. 프랑스 또한 한문 지식이 있는 펠리오를 돈황에 보내 학술적인 가치가 높은 두루마리 문서들을 부랴부랴 프랑스로 빼돌렸다. 이 문서들 가운데는 통일신라의 승려 혜초가 다섯 천축국에 가서 보고 들은 내용을 기록한 『왕오천축국전』도 있다. 『왕오천축국전』은 현재 프랑스 파리국립도서관에 소장되어 있는데, 부분적으로 파손된 이 자료에서 혜초가 쓴 시 5수를 볼 수 있다고 한다. 아무튼 영국과 프랑스에 이어 일본·러시아·미국이 차례로 돈황 문물에 손을 대고 얼마 남지 않은 부분만이 청나라 관리에 의해 북경으로 옮겨졌다.

돈황의 막고굴에서 발견된 장서는 약 2만권인데, 대부분 종이나 비단에 쓴 필사본이고, 일부가 목각본이라고 한다. 이 가운데 문학에 관한 자료로는 일부 지은이의 이름이 적힌 문집을 제외하면 대부분 저자 미상의 민요와 창극 대본이다. 사용된 문자도 한자만이 아니라 티베트문자를 포함하여 약 10개 문자에 이른다고 한다. 실제로 당나라 말부터 송나라 초의 약 70년간 돈황 지역은 티베트족의 선조 민족인 토번족이 세운 서하西夏의 지배 하에 있었기 때문에 티베트문자가 나온 것은 당연하다.

하지만 한자와 티베트문자 외의 문자들 가운데는 오늘날 일본의 가다까나와 히라가나와도 비슷하고 고려 때의 구결과도 비슷한 글자가 있어 흥미를 끈다. 한 일본 연구가는 이 글자를 문자로 보지 않고 노래의 악보 기호로 보는데, 필자의 소견으로는 고려시대의 구결口訣이나 일본의 가나假名 같은 표음문자의 일종으로 보인다. 이 밖에도 기록에 따르면 당나라의 여황제 무측천(측천무후)이 문자를 창제했다고 하는데, 어쩌면 아직 해독되지 못한 돈황의 문자 가운데 무측천이 반포한 문자가 포함되어 있을지도 모른다.

돈황 문물을 연구하는 학자들은 그간 이 문서들이 언제 누구에 의해 작성되었는지에 대해 연구하고 토론하였다. 그 결과 이 자료들이 남북조시대 말부터 당나라를 거쳐 송나라 초까지 막고굴에서 기거했던 승려들과 서생들에 의해 작성되었다는 결론을 냈다. 그러니까 주로 당나라 때의 도교나 불교 승려들이 불경을 베껴 썼고, 과거시험을 치르기 위해 석굴로 공부하러 온 서생들이 가요의 가사나 판소리대본을 필사했다는 것이다.

돈황의 막고굴에서 나온 가요들의 주제는 대부분 남녀 간의 사랑 노래인데, 이 가운데 당나라의 기생이 지었을 법한 사랑 노래 「강남을 바라보며」를 소개한다:

내게 엉겨 붙지 말아요
내게 엉겨 붙으면 마음 너무 기울잖아요
나는 곡강 가의 버드나무
이 사람이 꺾고, 저 사람이 엉겨 붙지만
사랑은 일순간인 걸

이 가사의 주인공은 자기를 곡강 가의 버드나무로 비유하고 있다. 그래서 이 사람이 꺾고 저 사람이 엉겨 붙지만 사랑은 일순간에 불과하다고 말하는 것이다. 이로 보아 분명 이 가사의 지은이는 많은 남자들을 상대하는 기녀일 가능성이 높다. 이 같은 가사가 점잖은 서생들의 손에 의해 필사되었다는 점이 의외라고 생각할지 모른다. 하지만 원래 민중과 지식인의 감정에는 차이가 없는 것이다. 그래서 이백·백거이 같은 당나라의 시인들도 대중가요에 서로 다른 가사를 붙였다. 어쩌면 위에 인용한 「강남을 바라보며」에도 당대의 많은 문인들이 가사를 바꾸어 넣었을 것이다. 아무튼 이 가요는 송나라 원나라 때까지 매우 유명했던 것 같다. 고려시대의 이규보도 이 노래에다가 2·3절의 가사를 더 써넣은 「속 강남을 바라보며」를 지었을 정도로 말이다.

송나라 때에는 가사가 전 계층에서 매우 유행했다. 그래서 신종·휘종 같은 임금들로부터 소식·이청조 같은 시인들, 및 양반집 규수·기녀에 이르기까지 당시 유행하는 곡에 각각 다른 가사를 붙였다. 이렇게 한 곡의 가사를 너도나도 개사하여 서로 다른 많은 가사가 나오게 된 것이다. 물론 사대부 등 선비들이 지은 가사는 사詞라는 장르로 독립하여 『화간집』 같은 고상한 사집에 실림으로써, 민중의 노래와 거리가 점점 멀어졌다. 하지만 지금은 지식인의 가사가 아닌 민중의 노래를 말하는 때이므로, 민중의 사를 모은 『독성잡지』에

소식(蘇軾), 원(元)대 조맹부(趙孟頫) 그림.
대북 고궁박물관 소장

채록된 저자 미상의 노래 가사 일부를 소개한다:

늦벼를 베었고 채소를 잘랐다
새끼 양도 먹었건만 연잎만 남아있다

첫 행은 사실 별 다른 의미가 없어 보인다. 아마도 농민일 지은이는 늦벼를 수확하고 채소밭의 채소도 땄다고 한다. 여기까지는 가을걷이를 했다는 뜻이다. 그런데 다음 행의 첫 마디가 조금 수상하다. 느닷없이 새끼 양을 잡아먹었는데 연잎만 남아 있다니 말이다. 더구나 연꽃은 봄에 피는 꽃이니 가을에 연꽃이 남아 있을 수 없는 일이다. 그렇다면 이 노래에는 다른 뜻이 스며있다고 볼 수 있다.

앞서 소개한 당나라의 노래에서 동음이어를 잠시 설명했듯, 이 노래 또한 동음이어가 모두 네 군데 있다. 즉 늦벼의 동穜은 성씨 동童과 같은 발음이고, 채소의 채菜는 성씨 채蔡와 같은 발음이다. 또 새끼 양 고羔는 성씨 고高와 같은 발음이고, 연잎 하荷는 성씨 하何와 발음이 같다. 그렇게 볼 때 이 노래는 하씨 성을 가진 사람이 동씨 성을 가진 사람과 채씨 성을 가진 사람, 그리고 고씨 성을 가진 사람들을 제거하고 권좌를 차지한 세태를 풍자하고 있음을 알 수 있다. 실제로 송나라 때 하집중이라는 사람이 재상으로 있을 때 동관·채경·고구 등이 죽임을 당한 것을 빗대어 지은 가사인 것이다. 이 같은 속뜻을 살리면 이 노래는 다음과 같이 해석된다:

> 동관을 베어버리고 채경을 잘라내고
> 고구를 잡아먹고 하집중만 있다.

이 같은 풍자적인 노래는 조선시대 숙종 때 인현왕후와 장희빈을 빗대어 노래한 다음 구절과도 비슷하다:

> 장다리는 한철이나
> 미나리는 사철이다.

장다리의 장은 장희빈의 장과 같은 발음이고, 미나리의 미는 인현왕후 민씨와 비슷한 발음이다. 그래서 이 노래의 진짜 의미는 장희빈의 세도는 한철처럼 일시적이지만, 인현왕후의 국모 자리는 사철 내내 지속된다는 뜻이 되는 것이다.

민중의 노래는 몽고족이 지배하는 원나라 때도 비슷한 내용으로 계속된다. 다만 원나라 때 유행했던 곡은 당나라나 송나라 때와는 사뭇 다르고 가사들도 길어진다. 또한 원나라 때는 몽고문자가 반포되었으므로 많은 곡曲에 몽고 가사를 붙였을 것이다. 하지만 유감스럽게도 몽고문자로 기록된 원나라의 노래들을 찾지 못했다. 설사 찾았다 하더라도 몽고 글자를 이해하지 못하니 해석하여 소개하기도 힘들었겠지만 말이다. 물론 민중의 노래가 아닌, 관한경 · 백박 · 마치원 등 지식인들이 지은 곡의 가사들이 『양춘백설』에 전해지는데, 이 장에서는 취급하지 않기로 한다.

하지만 흉노족의 후예인 몽고족의 원나라에 대해서 좀더 알고 넘어갈 필요가 있다. 사실 현대 중국의 한족이 몽고족의 원나라 문화를 얕잡아보기 때문에, 원나라 문명의 진상을 제대로 알기가 어렵다. 1276년에 징기스칸의 손자 쿠빌라이칸이 천하를 평정하여, 서쪽으로는 이라크와 폴란드를 멸망시키고, 동쪽으로 고려를 굴복시킨 원나라는 세계 역사상 가장 광활한 영토를 차지했던 나라임에도 불구하고 한족 역사가들은 몽고족의 원나라를 여전히 야만적인 오랑캐 나라로 기록하고 있기 때문이다. 이는 분명 한족 사가에 의한 원나라 역사의 왜곡이다. 그런 의미에서 잠시 마르코폴로의 『동방견문록』에 묘사된 원나라의 실상을 소개할 필요를 느낀다.

1275년 베니스의 상인 마르코폴로가 원나라의 대도(북경)에 왔을 때는 쿠빌라이칸의 시대였다. 마르코폴로는 수도인 대도가 네모반듯하게 잘 구획되어 있었다고 썼다. 건물들은 벽돌과 기와, 및 대리석으로 정교하게 건축되었고, 운하와 교량이 잘 정비되어 있었다. 또한 강 나루터에는 배들이 줄을 서 있었고, 육지에는 약 50킬로미터마다 역이 있었다. 또한 역마다 4백 필의 말이 대기 상태로 있어서, 유사시에 기동성이 매우 높았다. 과연 기마민족다운 날쌤이 느껴진다.

원나라 귀족들은 금·은·보석이 장식된 옷을 입었는데, 얼마나 공들여서 짰는지 몇 년 씩 입어도 변질되지 않았다고 한다. 또한 양자강 하류의 항주 사람들은 비단 옷을 즐겨 입었고, 매일 목욕을 즐겼다. 음식도 매우 다양하고 풍부했는데, 특히 쌀에다가 온갖 약재와 향료를 넣어 빚은 술을 뜨겁게 데워서 마시는 습관이 이채로웠다고 썼다. 사실 약주를 따끈히 덥혀 마시는 음주 습관은 오늘날 일본이나 한국에도 있으니, 우리에게는 신기한 일이 아니지만 마르코폴로의 눈에는 신기했던 모양이다.

『동방견문록』에 따르면 당시 원나라의 황제 쿠빌라이칸은 불교뿐 아니라 기독교·이슬람교·유대교 등 많은 종교를 가리지 않고 인정했다. 그래서 성탄절이나 석탄일 같은 각 종교의 중요한 날에는 해당 종교인들을 입궐하게 하여 축하해주었다. 또 황제의 생일날과 설날에는 황궁에서 성대한 행사를 벌였다. 즉 설날이면 전국 각지에서 사절들이 흰 옷을 입고 코끼리 등에 선물을 싣고 입궐했는데, 그 코끼리 수가 5천 필이었다. 이들이 황제를 배알할 때에는 흰 신발로 갈아 신고 문지방을 밟지 않고 들어와야 했는데, 만약 문지방을 밟는 사람이 있으면 즉시 옷을 벗겼다고 한다. 아마도 문지방을 밟지 못하게 한 것은 보안상의 규칙이었을지 모른다. 하지만 한국에도 문지방을 밟지 못하게 하는 풍습이 있는 것으로 보아 이는 몽골인의 풍습에 따른 규제조치였을 수도 있다. 또 한국인도 예로부터 백의민족이라고 하여 흰옷을 숭상했듯이 원나라 사람들도 흰옷을 숭상했음을 알겠다.

황제의 생일날 베푸는 연회에는 풍성한 음식뿐 아니라 공연도 있었다. 공연 가운데는 희극을 비롯하여 잡기·마술·요술 등의 공연과 함께 길들인 사자를 등장시켜 황제 앞에 꿇어 엎드리게 하는 프로그램도 있었다고 한다.

또한 역마다 4백 필의 말이 대기하고 있다는 기록을 볼 때 역을 중심으로 군인들과 그 가족들로 인하여 상공업도 발달했을 것이다. 그래서 화폐로는 뽕나무 껍질로 만든 지폐와 함께 소금·산호·조개, 및 금괴가 있었다고 한다. 지폐는 주로 주둔해 있는 군인들의 월급으로 지불되었다고 하니 군인들의 지위가 얼마나 높았는지 짐작이 간다.

원나라는 상과 벌이 매우 엄격했다. 나라에 공을 세운 사람은 금이나 은으로 만든 패찰을 하사받아서 허리에 차고 다녔다. 반면에 반란자는 가차 없이 처형되었다. 마르코폴로는 쿠빌라이칸이 반란을 꾀하다가 잡혀온 조카 나얀을 처형하는 방법이 매우 인상적이었다고 썼다. 즉 황제의 가족이 죽을 때는 피를 보여서는 안 되기 때문에 그를 황제 앞에서 담요에 싼 채 마구 흔들어 "영혼을 떠나보냈다."는 것이다.

유라시아를 종횡무진 달렸던 몽고족은 음주가무를 즐기는 민족이다. 그 때문에 원나라 때에 유행한 가요도 무척 많았을 것이다. 하지만 단 한 수도 소개하지 못해 유감스럽다. 실제로 현대 중국어가 원나라 언어를 기초로 하고 있다 하니, 이는 주로 원나라 때 노래 가사를 통해 몽골어가 일반 민중에게 널리 퍼진 결과일 것이다.

원나라가 막을 내리고 양치기였던 주원장이 일으킨 명나라 때에도 민중의 노래는 계속되었다. 다만 곡조가 북방 몽고족 중심에서 다시 남방 한족 중심으로 바뀌었을 뿐이다. 명나라 민중의 노래도 역시 남녀간의 애정 노래가 주류를 이루고 있다. 이 가운데 먼저 「헤어지리라」를 감상해보자:

> 헤어지리라
> 하늘이 땅 되었을 때
> 헤어지리라
> 동쪽이 서쪽 되었을 때
> 헤어지리라
> 관료가 아전이 되었을 때
> 니가 나와 갈라서려 해도 갈라설 수 없고
> 내가 너를 떠나려 해도 떠날 수 없다
> 죽어 황천의 귀신이 되어도 헤어지지 않으리라

하늘이 땅이 되고 동쪽이 서쪽이 될 때면 지구가 종말을 맞을 때인데, 이 가사의 지은이는 하늘이 땅이 되는 지구 종말의 날 사랑하는 사람과 헤어지겠다고 한다. 이는 위진남북조 시대의 노래 가운데 "산이 닳아 없어지고 강물이 말라버리고, 여름에 눈 내리고 겨울에 우뢰 쳐도 헤어질 수 없다." 와 거의 비슷한 표현이라고 할 수 있다. 하지만 관료가 아전이 되었을 때 헤어지겠다는 대목은 좀 고개가 갸우뚱해진다. 관료는 고급 관리이고 아전은 임시직 같은 하급 관리인데, 관료가 아전 되는 일이 뭐가 그리 불가능한 일일까 싶은 것이다. 잘 나가는 고급 관리라 하더라도 자칫 잘못하면 좌천해서 하급 관리가 될 수도 있지 않을까?

그런데, 신분제도가 철통 같았던 명나라 때의 사정은 달랐던 것 같다. 고급 관리가 하급 관리가 되는 것은 지구의 종말에나 가능할 만큼 힘든 일이었던 것이다. 아무튼 이들 남녀는 살아서도 헤어지지 않고 죽어서도 헤어지지 않겠다고 한다. 도대체 얼마나 질긴 인연이면 죽어 황천에 가서도 떨어질 수 없다고 하는 것일까?

이에 비해 다음에 소개할 「기다림」은 현대의 대중가요처럼 꽤 현실적이다:

> 치자 꽃이 여섯 장 이파리로 피는 시절에
> 칭 오빠가 내게 황혼녘에 만나자고 했다
> 해는 길어 언제 넘어갈지 아득하기만 한데
> 두 손으로 창문을 밀고 해를 노려본다

노란 열매를 맺는 하얀 치자 꽃이 활짝 피는 여름에 나는 칭 오빠로부터 해가 지는 황혼녘에 만나자는 데이트 신청을 받는다. 하지만 여름의 해는 길고 길어 넘어갈 줄 모른다. 나는 기다리다 못해 창문을 열고는 좀처럼 지지 않는 해를 원망의 눈으로 노려보는 장면이 눈에 선하다.

이처럼 민중의 노래는 솔직하고 친근하다. 하지만 대부분의 민요들은 지식인들의 손으로 채집되고 문자로 기록되기 때문에 지식인들의 손길을 전혀 거치지 않았다고 볼 수는 없다. 또한 그런 과정에서 지식인들도 민요처럼 솔직하고 친근한 표현을 좋아하기도 했다. 그런 의미에서 지식인문학과 민중문학을 가르기는 쉽지 않다고 하는 것이다.

열한 번째 이야기

소리문학과 극문학

민중의 노래가 그렇듯이 소리문학과 극문학도 민중문학의 범위에 든다. 소리문학은 판소리 같이 소리로 들려주는 이야기이고, 극문학은 마당극·희극처럼 보여주고 들려주는 이야기이기 때문이다. 이는 글자를 모르는 민중도 재미있게 보고 들을 수 있다는 뜻이다. 그럼 먼저 판소리처럼 이야기도 하고 노래도 하는 소리문학을 살펴보자.

잘 알다시피 소리문학에는 대본이 있다. 이제까지 발견된 중국 최초의 소리문학 대본은 감숙성 돈황의 막고굴에서 발견된 것이다. 변문變文 또는 창문唱文이라고 불리는 이 대본은 대략 당나라 때의 것으로 보이는데, 주로 불경을 해설한 것이 많다. 예를 들어 법화경을 풀어서 이야기하고 노래하는『법화경창문』, 출가하지 않고도 깨달았다는 유마힐거사의 이야기를 담은『유마창문』, 아미타경을 풀어놓은『아미타경창문』등이다. 학자들은 이 창문의 구연 방법도 인도로부터 들어왔을 것으로 추정한다. 그 이유는 기원전부터 인도에는 운문과 산문을 엇섞어서 구술한『리그베다』가 있었기 때문이다. 그렇게 볼 때 중국의 소리문학의 기원도 당나라 때부터가 아니라 그 이전인 위진남북조시대 또는 그 이전으로 올라갈 가능성이 높다. 하지만 불행히도 현재까지 구할 수 있는 중국 최초의 소리문학 대본은 당나라 때의 것이다.

당나라 때 창문 또는 변문을 구연하는 방식에는 대체로 세 가지 방식이 있었다고 전한다. 첫째는 먼저 이야기로 자세히 설명한 다음 노래로 들려주는 방식이고, 둘째는 실마리만 이야기로 해주고 노래로 자세히 불러주는 방식으로, 한국의 판소리와 가장 비슷하다. 마지막 방식은 이야기와 노래를 반반씩 섞어서 해주는 것으로, 노래할 때 사용하는 음정으로는 평 · 측 · 음 · 단 등 네 가지 음이 있었다고 한다. 당나라 당시에 이 네 가지 음정이 어떤 음가였는지는 알 길이 없다. 다만 오늘날 불교 사찰에서 예불할 때 사용하는 곡조를 연상하면 다소 도움이 될 것이다.

당나라 때의 변문은 이처럼 불경을 해설하는 것으로 시작했지만 점차 불교와 관계없는 역사 변문들이 생겨났다. 예를 들어 춘추전국시대 오나라의 충신 오자서의 이야기를 담은 『오자서변문』이라든지 한나라의 궁녀 왕소군이 흉노에게 시집가는 내용의 『왕소군변문』 등이다. 그럼 먼저 『오자서변문』의 한 대목을 감상해보자:

> 오자서가 다 울고 나서 앞으로 나가는데, 바람먼지 얼굴에 쏟아지고 쑥대먼지 하늘에 자욱하다. 오자서가 정신이 산란해지며 홀연히 깊은 물에 다다르니, 물은 바닥이 없고 강 언덕은 끝이 없다. 하는 수 없이 오자서는 산에 들어서서 계곡물을 따라 올라간다. 용과 뱀이 길을 막으면 검을 빼들어 처치하고, 호랑이와 늑대가 몰려오면 활을 쏘아 물리친다. 배고프면 갈대 속 풀로 요기하고, 목마르면 바위 밑 흐르는 물을 마신다. 장부가 복수를 위해 분심을 내면 죽음도 잠자는 것처럼 생각되는 법인가?

주거니 받거니 하는 식의 대구체 표현이 돋보이는 대목이다. 잘 알다시피 오자서는 원래 초나라 사람으로, 형들이 모두 초나라 평왕에게 죽임을 당하고 자신도 위험에 처하자 초나라를 떠나 오나라로 망명한다. 그는 훗날 오나라 왕 부차의 책사가 되어 부차로 하여금 초나라를 치게 하여 가문의 원수를 갚는다. 하지만 오나라 왕 부차는 또 다시 월나라를 쳐야 한다는 오자서의 말을 듣지 않고, 월나라 왕 구천의 미인계에 넘어가 도리어 오자서를 내친다. 결국 오자서의 충언을 물리친 오왕 부차는 와신상담하며 기회를 노리던 월왕 구천에게 멸망당했음은 잘 아는 사실이다.

위에 인용한 『오자서변문』은 어쩌면 젊은 시절 오자서가 조국인 초나라를 빠져나와 복수의 칼날을 갈며 오나라로 피신하는 대목일지 모른다. 아니면 오왕 부차가 자신의 충언을 듣지 않고, 월왕 구천이 바친 서시의 미모에 홀려 자신을 내치자, 절망 끝에 자결을 결심하는 대목일지도 모른다. 아무튼 망연히 길을 떠난 오자서의 고통과 그 앞길에 도사린 온갖 위험이 이 대목에 그림처럼 잘 묘사되어 있다.

당나라의 변문은 송나라와 원나라에도 이어진다. 송나라의 소리문학도 불경의 내용을 풀이하는 것과 역사 이야기 또는 지어낸 이야기로 이루어졌다. 재미있는 점은 송나라의 창문이 구연될 때 북으로 반주를 했다는 것이다. 이는 『춘향전』 『흥보전』 『적벽가』 『수궁가』 등 판소리 네 마당이 모두 북으로 흥을 돋구는 것과 비슷하다. 그래서 송나라의 소리문학은 북으로 반주하며 노래한다는 뜻에서 변문 대신 고자사鼓子詞라는 이름으로 불렸다. 고자鼓子는 북이라는 뜻이고 사詞는 노래의 가사이니 고자사는 북을 치며 부르는 노래인 셈이다. 「십이월고자사」 「금릉부회고자사」 같은 송나라의 고자사는 민중뿐 아니라 사대부의 연회 때 공연되기도 했다.

송나라 때는 이처럼 창, 즉 노래를 위주로 하는 고자사와 함께 이야기를 위주로 하는 설화說話도 있었다. 하지만 설화에 노래가 전혀 없었던 것은 아니고 이야기 중간에 「접련화」 같은 노래를 삽입했다. 나비가 꽃을 그린다는 뜻의 접련화는 1950년대 말 마오쩌뚱이 이 곡에 가사를 붙일 만큼 유명한 곡조이다. 접련화는 원래 남녀의 사랑 이야기였는데, 마오쩌뚱은 접련화에다가 사회주의 혁명에 헌신한 사랑의 가사를 붙였다.

아무튼 송나라 때의 설화는 점차 전문 이야기꾼이 민중에게 들려주는 이야기 대본인 화본話本이 되었다. 훗날 『수호전』으로 발전된 『대송선화유사』나 『서유기』로 발전된 『대당삼장취경시화』가 다 송나라 때의 화본이었다. 전문 이야기꾼인 설화인說話人이 이 화본을 가지고 사람들에게 구성지게 이야기하면 청중은 이를 듣고 울거나 웃었던 것이다. 이 때는 배경음악으로 생황이나 피리를 불었다고 한다. 요컨대 소리문학의 대본은 한편으로는 이렇듯 소설로 발전되었던 것이다.

원나라 때의 소리문학은 송나라 때와 거의 비슷했다. 다만 원나라는 몽고족이 지배했던 나라였기 때문에 당연히 몽고족의 곡조를 많이 사용했다. 또 송나라 때의 고자사가 대개 한 곡을 가지고 연출되었다면 원나라 때는 여러 가지 곡이 사용되었다. 이는 곡조가 자주 바뀌었음을 말한다. 그래서 원나라 때는 고자사 대신 제궁조諸宮調라는 용어를 썼다. 제궁조라는 말은 곡조가 여러 가지라는 뜻으로, 많으면 열여덟 개의 곡조로 다채롭게 연출되었다고 한다.

원나라 때의 제궁조 가운데는 『서상기제궁조』가 유명한데, 이 작품은 왕실보의 『서상기』를 소리로 들려준 것이다. 이처럼 여러 개의 곡조를 다양하게 운용하여 창하는 제궁조의 설창인說唱人들로는 여성들이 많았다 한다. 이들은 오늘날 한국에서 판소리를 완창하는 명창들처럼 매우 긴 시간에 걸쳐 제궁조를 완창했다.

명나라에 이르러서도 민중의 소리문학은 활발했다. 당나라와 송나라 때에 있었던 불경 해설도 계속되었다. 예를 들어 세상 사람들의 어려움을 해결해준다는 관세음불의 이야기인 『관세음경문』이라든지, 아픈 사람을 낫게 해준다는 약사여래불에 관한 『약사본원경』

등이다. 또한 민간에는 재물의 신·토지의 신에게 복을 구하는 것들도 있었다. 다만 송나라 때 고자사로 부르고 원나라 때 제궁조라고 부르던 것을 명나라 때는 보권寶卷이나 탄사彈詞, 또는 고사鼓詞라고 불렀다. 보권은 귀한 두루마리라는 뜻이고, 탄사는 비파 같은 현악기를 타면서 창하는 소리라는 뜻이고, 고사는 북을 치면서 하는 창이라는 뜻이다.

명나라 때 유명한 보권으로는 소설 『수호전』에 등장하는 영웅호걸들의 본거지 양산박을 제목으로 삼은 『양산박보권』이 있다. 이는 송나라 때의 화본 『대송선화유사』와 비슷한 내용이다. 또한 진 시황 때 강제로 끌려가 만리장성을 쌓다가 죽은 남편을 위해 통곡하자 만리장성이 무너져 내렸다는 전설의 주인공 맹강녀 이야기인 『맹강선녀보권』도 있다. 사실 맹강선녀보권도 당나라 때의 『맹강녀변문』이 리메이크된 것이다. 이처럼 명나라 때에는 당나라 송나라 때부터 전해온 이야기들이 리메이크되는 경우가 많았다. 그럼 명나라의 변문 가운데 오늘날까지도 유명한 『백사보권』의 내용을 간추려서 소개한다:

> 남북조시대 송나라 때 해선찬이라는 청년이 있었다. 어느 날 그가 길을 가는데, 한 소녀가 쓰러져 있었다. 해선찬이 그녀를 일으키니 이름이 백묘노였다. 이 같은 인연으로 해선찬은 백묘노의 집에 가서 살게 되었다. 백묘노에게는 어머니와 할머니가 있었는데, 어머니는 흰옷을 입고 할머니는 검은 옷을 입었다. 그러던 어느 날인가 흰 옷 입은 어머니가 갑자기 해선찬에게 덤벼들어 죽이려하는 게 아닌가? 다행히 이를 본 백묘노가 그를 구한다. 하지만 알고 보니 해선찬을 구해준 백묘노는 사람으로 변신한 닭이고, 해선찬에게 덤벼든 흰옷 입은 어머니는 흰 뱀이고, 검은 옷 입은 할머니는 수달이었다. 이들은 해선찬과의 인연으로 점차 닭·뱀·수달의 모습을 벗기를 간절히 원한 끝에, 영험한 도사의 원력으로 닭·뱀·수달의 껍질을 벗고 항주 서호의 세 탑이 되었다.

이상의 줄거리를 지닌 『백사보권』은 서호의 세 탑 설화로 지금까지 많은 사람들에게 알려져 있다. 특히 이 세 탑 가운데서도 흰 뱀이 변해서 되었다는 뢰봉탑이 가장 유명하다. 『백사보권』을 비롯한 명나라 때의 보권은 대체로 양자강 하류의, 옛 오나라 지방의 음정인 오음吳音을 위주로 하였다. 또한 설창인 한 사람이 여러 사람의 목소리를 흉내 내어 대화도 하고 노래를 부르는 특징이 있었다고 전한다.

하지만 청나라에 이르러 보권의 곡조가 달라졌다. 청나라는 만주족이 지배한 나라였기 때문에 곡조도 양자강 하류의 남방 곡조인 오음이 아니라 북방 곡조인 국음國音으로 변한 것이다. 청나라 만주족의 기본음은 비교적 높고 간드러지는 음색으로, 이 음정이 국음이 된 것이다. 그러나 청나라 때도 오음을 위주로 하는 명나라의 보권이 여전히 성행했다. 다만 북방 중심의 청나라 치하에서 남방 가락인 오음은 북방의 국음에 밀려 토음土音, 즉 토속적인 음으로 떨어졌다.

청나라 때는 원나라 때 그랬듯 많은 여성 명창이 있었다. 명창뿐 아니라 보권의 대본도 여성이 많이 썼다. 이들 여성들 가운데 도정회라는 여성이 특히 유명했는데, 그녀는 『하늘비꽃』 같은 많은 작품을 남겼다. 대부분 남녀간의 애정을 주제로 한 이 보권들은 대부분 여성이 창작하고 연출하고, 또 감상하였다고 한다. 오늘날 한국에서 판소리를 하는 명인들 중에 여성들이 많은 것과 비슷한 현상이다.

청나라 때도 송나라 때부터 있었던 고자사가 있었다. 고자, 즉 북을 반주로 창을 한다고 해서 고자사로 불렸던 것이 청나라 때는 고자사鼓子詞의 가운데 글자인 자子를 빼고 고사鼓詞로 불렀다. 청나라의 고사로는 우리에게도 익숙한 『삼국지』와 『충의수호전』 등이 있다. 이 같은 고사는 사실 장편소설인 『삼국지』·『수호전』 가운데서 일부를 뽑아 만들었다. 이는 고사가 민중에게 들려주는 이야기이기 때문에, 지루하게 전편을 다 들려주기보다 민중의 심금을 울리는 대목이나 박진감이 넘치는 대목만을 골라서 들려주는 것이다. 예를 들어 판소리 『흥보가』에서 박 타는 대목만 한다든지 『춘향가』에서 춘향과 몽룡이 사랑을 나누는 대목만 하는 식이다.

고사는 지방에 따라 노래 위주가 되기도 하고, 사설이 위주가 되기도 했다. 한반도와 매우 가까운 산동 지방에서는 명나라 말부터 청나라에 걸쳐 창, 즉 소리 중심의 고사가 유행했는데, 이 고사가 한국의 판소리와 가장 비슷하다고 한다.

또한 고사는 민중을 대상으로 들려주는 소리문학이지만 대본은 지식인이 썼기 때문에 민중뿐 아니라 지식인들도 매우 즐기는 장르였다. 청나라 때의 고사 작가로는 나송창과 한소창이 유명했다. 그런데 나송창은 자신의 고사를 감상적이고 유려한 서조西調 가락에 맞춰 부르게 한 반면, 한소창은 강건하고 격앙된 동조東調 가락을 좋아했다고 한다. 여기서 말하는 동조와 서조를 어느 지역을 분기점으로 나눴는지는 분명하지 않다. 다만 한국의 판소리 곡조가 섬진강을 분기점으로 삼아 오른쪽을 동편제라고 하고 왼쪽을 서편제라고 하듯이 중국 또한 그러리라고 짐작할 뿐이다.

다음으로 민중이 즐기는 극문학으로 넘어가자. 여기서 극은 마당극·창극·희극·경극 등을 종합한 말이다. 물론 꼭두각시극·그림자극·가면극 등도 포함된다. 한마디로 대사와 동작과 노래가 있는 종합적인 볼거리가 극문학인 것이다. 사실 은나라·주나라·춘추전국시대 여러 나라에도 극은 있었을 것이다. 다만 이 시대의 극에 대해서는 검무처럼 칼을 가지고 싸우는 무무武舞가 있었다는 기록이외에 별 자료가 없을 뿐이다. 또한 한나라 때에도 가무희歌舞戱라는 극이 있었다고 하는데, 유감스럽게도 이에 관한 자료를 구하지 못했다. 그 때문에 중국의 극문학은 관련 자료를 갖추고 있는 남북조시대의 극인 가무기歌舞伎에서부터 이야기할 수밖에 없겠다.

정통 역사책인 『삼국지』에 따르면 남조 제나라 때에 요동 지방의 요부를 그린 「요동의 요부」나 「뚱보와 말라깽이 이야기」 같은 가무기가 있었다고 한다. 또 남조의 양나라 때에는 주사라고 하는 사람이 대본을 쓴 「상운악」이라는 가무기가 유명했다고 한다. 이 극은 푸른 눈 높은 코의 서양 사람이 양나라 무제의 연회에 와서, 한바탕 춤을 추고 재주를 부린 다음 무제의 천수를 비는 내용으로 되어 있다. 주인공이 푸른 눈과 높은 코를 가진 서양인이라고 했으니, 이 경우 연희자가 실제로 서양 사람일 수도 있지만, 동양 사람이 가면을 썼을 가능성이 높다. 남조의 가무기는 왜국의 가부끼와 한자가 똑 같은데, 이는 왜국의 가부끼가 가면을 쓰고 연희를 했기 때문이다.

그런데 잘 알다시피 왜국의 가부끼는 백제의 기악무伎樂舞가 전수된 것이다. 기록에 따르면 왜국의 추고推古 천황 20년, 즉 612년에 백제의 악사 미마지를 비롯한 세 사람이 왜국에 건너가 기악무를 전수했다고 한다. 그 후 백제 의자왕 20년에도 백제인 은고가 왜국에 건너가 기악무를 전수했다는 기록도 있다. 기악면이라고 하는 가면을 쓰고 음악에 맞춰 노래도 하고 재담도 하는 종합예술인 기악무는 대개 불교적인 메시지가 있었다고 전해질 뿐 자세한 내용은 알 길이 없다. 다만 소리문학과 마찬가지로 민중을 상대로 춤과 노래와 대사를 갖춘 가면극이었을 것으로 짐작할 따름이다.

현재 일본에는 약 2백 종의 가면이 있다. 이 가운데 나라의 동대사라는 절과 일본 국립박물관, 및 다케사키의 관음사에 비장되어 있는 가면이 백제로부터 건너온 가면으로 추측된다. 이는 관음사에 소장된 『비전고적연기』라는 책에 다음과 같은 기록이 있기 때문이다: “백제국이 귀면鬼面 2개를 보내왔는데, 그 중 하나가 이 절의 보물로 비장되어 있다.” 귀신의 형상 같다고 하여 귀면이라는 이름으로 불리는 이 가면은 가로 20센티미터 세로 28센티미터의 검정색 목제 가면으로, 두 눈이 왕방울처럼 튀어나오고 코는 둥글고 높으며 입가와 이마에는 주름살이 깊게 패어 있다. 한마디로 귀면은 한국의 탈춤에서 쓰는 먹중탈 또는 말뚝이탈과도 비슷한 형상이다.

고대 일본과 한국의 극을 연구하는 학자들에 따르면 일본의 기악무와 한국의 봉산탈춤, 및 양주산대놀이가 너무도 많은 공통점을 지니고 있다고 한다. 예를 들어 극의 맨 첫 부분의 부정한 사귀를 몰아내는 의식도 같고, 극 중에 기악무에서 가루라 · 금강이 하는 사설도 봉산탈춤과 양주산대놀이에서 팔먹중 · 침노리가 늘어놓는 사설과 비슷하다. 즉 아무리 신분이 높고 돈이 많은 사람이라도 만사를 제 뜻대로 할 수 없으니, 춤과 노래와 사랑에만 취하지 말고 염불과 예불에 힘쓰라는 내용이다. 뿐만 아니라 마지막으로 마무리하는 의식도 기악무와 봉산탈춤, 및 양주산대놀이가 무당 넋두리와 다리굿 등으로 흡사하다. 요컨대, 일본의 기악무와 한국의 탈춤, 및 산대놀이는 모두 다 불교적인 메시지를 담은 일종의 교훈극으로, 이는 남북조시대 옛 오나라 지방에서 유행했던 가무희와 맥을 같이 한다.

백제의 기악무가 통일신라 · 고려 · 조선시대를 거치면서 점차 불교적인 주제를 탈피하여 위선적인 선비나 승려를 풍자하는 내용으로 발전되었듯이, 남북조의 가무기도 불교적 교훈만을 주입한 것이 아니라 재미있는 얼굴과 동작과 노래 등을 통하여 인생의 무상과 부모에 대한 효심을 보여준다. 예를 들어 남북조의 가무기 「발두」는 효자 발두의 이야기로, 발두는 아버지가 호랑이에게 잡아 먹혔다는 소리를 듣고, 울며불며 아버지의 시신을 찾아 나선다. 그는 머리를 풀어헤치고 소복을 입고 여덟 굽이의 산 고개를 넘으며 아버지의 주검을 찾는 것이다. 그런데 발두가 한 굽이씩 산을 넘을 때마다 곡조도 한 곡조씩 바뀌어 모두 여덟 곡의 음악이 사용되었다고 한다.

가무기는 당나라 때에도 흥성했는데, 명칭은 백제와 왜국의 기악무와 같이 쓰기도 했다. 앞서 소개한 「발두」「상운악」이 당나라 때에도 연희되었다. 그래서 시인 이백도 「상운악」이라는 시를 지었다고 기록되어 있다. 물론 당나라 때에도 적지 않은 기악무 대본이 창작되고 연희되었다. 천방지축의 남자 아이가 군대에 가서 벌이는 익살과 해학이 담긴 기악무 「참군희」가 그 대표적인 예이다.

이처럼 탈을 쓴 인물들이 무대에 등장하여 노래하고 춤추고 사설을 함으로써 관객과 함께 울고 웃는 가무희 또는 기악무는 송나라 때에 이르러 잡극으로 발전된다. 송나라 초에는 골계희라고 하는 유머극이 인기를 끌었다고 하는데, 이는 오늘날의 『개그콘서트』와 비슷한 코미디였을지 모른다. 아무튼 당나라의 가무기가 송나라 때부터는 가무와 대사 중심의 잡극으로 발전되었다고 전하는데, 아쉽게도 이에 관한 자료를 거의 입수하지 못했다. 이는 아마도 송나라의 역사가 짧은 편이었고, 송나라 때에는 잡극이라는 장르가 그리 중시되지 않았던 탓에 이에 관한 자료가 많지 않았을 수도 있다.

잡극은 원나라에 이르러 비로소 대형화하고 화려해진다. 그동안 단막극이었던 것이 원나라 때부터 2·3·4막 극으로 길어지고, 노래와 대사, 및 동작의 영역이 더욱 분명해진 것이다. 특이한 점은 오직 주인공만이 노래를 부르고 나머지 인물들은 동작과 대사로 응대했다는 기록이다. 원나라 잡극의 노래 가락은 당연하게도 몽골 곡조로 변하고, 대사에도 몽골어의 특색이 가미되었음은 두 말할 필요도 없을 것이다. 또한 잡극에 등장하는 인물들은 독백도 하고, 때로는 관객을 향해서 말하기도 했다. 뿐만 아니라 연기자들이 즉흥적으로 덧붙이는 애드립도 많았다고 한다.

원나라 잡극의 동작에는 상징적인 몸짓이 있었다. 예를 들어 다리를 들어 올려 벌리고 앉아 상체를 움직이며 손을 휘두르는 동작은 말을 타고 가며 채찍을 휘두르는 모습을 상징한다. 또 양팔을 수평으로 벌리고 중심을 잡으며 걸어 들어가는 동작은 나룻배에 올라타는 몸짓이다. 배나 말처럼 덩치가 큰 것들은 이렇게 상징적인 동작으로 처리했지만, 의자나 식탁 같은 간단한 소품은 무대에 직접 갖다 놓고 하기도 했다.

당연하게도 원나라 잡극의 대본은 복잡해진다. 등장인물의 명칭과 성별은 물론 성격까지도 기록되어 있으니까 말이다. 예를 들어 정말正末은 잘생기고 용감한 남자주인공이고, 정단正旦은 아름답고 매력 있는 여주인공이다. 또 정淨은 개성이 강하고 특수한 역할을 맡는 남자 조연이고, 축丑은 우스꽝스러운 광대 또는 어리숙한 바보 역할의 남자 조연이었다.

재미있는 점은 주인공을 제외한 모든 등장인물들이 얼굴에 색칠을 함으로써, 배우의 얼굴 색깔만 보면 인물의 성격을 알 수 있었다는 사실이다. 오늘날 중국의 경극 배우가 주연과 조연을 가리지 않고 얼굴에 색칠을 하는 분장은 이처럼 원나라 때부터 비롯되었다. 참고로 오늘날 경극 배우의 얼굴 색깔의 의미를 소개하자면, 먼저 검은 색깔이 주조인 얼굴은 거칠고 단순한 성격을 말하고, 흰 색 얼굴은 교활하고 간사한 성격을 표시한다. 또한 빨간 색은 충성과 용맹한 성품을 의미한다. 아마도 이처럼 배우의 얼굴에 직접 색칠을 하기 시작하는 원나라의 잡극에서부터 배우들은 가면을 따로 쓸 필요가 없어졌을지 모른다.

원나라 잡극이 이처럼 여러 막에 걸쳐 길고 다양하게 연출되면서부터 잡극의 대본 또한 매우 길어졌다. 그 때문에 극본은 자연히 민중이 아닌 지식인의 손에 의해 집필되기 시작했다. 이들 지식인 극작가 가운데 관한경 · 왕실보 · 마치원 · 백박 등이 유명했는데, 특히 관한경은 민중의 생활 속에서 소재를 찾아 비속어나 사투리를 포함한 민중의 언어로 생동감 있는 극본을 썼다. 그의 대표작인 『과부 두아의 원한』은 남편을 잃고 시어머니와 살던 두아가 장 부자의 농간으로 시어머니를 독살했다는 혐의를 쓰고 잡혀가 억울한 죽음을 당하는 이야기이다. 이 극본은 오늘날까지 경극 『유월에 내리는 눈』으로 각색되어 꾸준한 인기를 누리고 있다.

이처럼 주로 서민의 애환을 다룬 관한경에 비해 왕실보 · 백박 · 마치원은 왕족이나 귀족 또는 양반의 애환을 그렸다. 즉 왕실보는 당나라의 전기 「앵앵전」의 주인공 장생과 최앵앵의 사랑을 그린 『서상에서의 사랑 이야기』를 썼다. 또 백박은 당나라의 전기 「장한가」의 주인공인 당나라 현종과 양귀비의 사랑을 담은 『오동나무에 내리는 비』를 썼다. 또한 마치원은 당나라의 「왕소군변문」의 주인공 왕소군이 흉노족에게 시집가면서 고국 강산을 그리워하는 『한나라 궁궐의 가을』을 썼다. 그 때문에 역대 중국문학사 집필가들은 시 하면 당나라 시, 사 하면 송나라의 사, 극 하면 원나라의 극을 높이 평가한 것이다.

명나라 때에도 극은 계속되었다. 다만 극의 곡조가 몽고족의 가락이 아닌 한족의 가락으로 다시 바뀐다. 물론 막의 수가 더욱 많아지고 배역의 이름과 역할도 바뀌었다. 또 오직 주인공만이 노래를 하는 원나라 극과 달리 명나라 극에서는 독창 · 윤창 · 합창 등 등장인물 전원이 다 노래를 부르기 시작했다는 점도 다르다. 당연하게도 인물들이 사용하는 대사도 몽골어 중심의 투박한 구어체에서 한족의 화려한 문어체 대사가 많아졌다.

또 한 가지 다른 점은 동작의 변화인데, 명나라 때는 평범한 동작 대신 화려한 춤이 많아졌다. 이 또한 익살스럽고 소박한 동작이 많았던 원나라 잡극과 다른 점이다. 요컨대, 명나라의 극은 원나라의 극에 비해 더욱 우아하고 고상한 품격을 갖추게 되었다고 할 수 있다. 그 때문에 명나라 때 극은 민중으로부터 점차 멀어지고 사대부 같은 선비들이 즐기는 전아한 장르로 변화되었다. 이 같은 변화에 결정적인 기여를 한 사람이 바로 위량보라는 음악가이다. 그는 강소성 소주 동쪽의 곤산 출신의 한족으로, 화려하고 우아한 곤곡이 그에 손에 의해 작곡되어 극 속에 삽입되었다고 한다. 이에 따라 명나라의 극은 민중이 즐기는 동작이나 대사 중심이 아니라 고상한 노래와 춤 중심으로 변화되었다는 것이다.

하지만 이 같은 상황에서도 민중의 애환을 소박한 필치로 표현한 탕현조 같은 사람이 있었다. 그의 『환혼기』는 류몽매와 두려낭이라는 두 남녀의 삶과 죽음을 초월한 사랑을 그렸는데, 이 극은 우아하고 화려한 곤곡을 따르지 않고 소박한 민중의 가락을 썼다. 또 대사도 생생한 민중의 언어를 사용했기 때문에, 당시의 비평가들로부터는 곡률도 모른다는 비웃음을 샀지만, 『환혼기』는 많은 민중의 사랑을 받았다고 전한다.

아무튼 전체적으로 고급스럽게 변화한 명나라 희극은 청나라 때에 와서도 꽤 오랫동안 그 명맥을 이어간다. 하지만 청나라 민중들 사이에서는 점차 세련되고 고상한 극보다는 각 지방의 토속적인 곡조를 바탕으로 대중적인 춤과 대사가 있는 지방극이 하나 둘 등장하기 시작했다. 오늘날 전 세계적으로 유명한 경극도 출발은 지방극이었다. 경극이라는 이름은 북경 지방의 극이라는 뜻인데, 원래는 호북 지방의 지방극, 즉 호북희에서 시작되어 안휘 지방의 안휘희의 장점을 받아들여 북경에 들어온 극이라고 한다. 그 때문에 『패왕별희』 같은 경극의 기본 곡조는 안휘성 지방극의 곡조이다.

이처럼 안휘성의 지방극인 안휘휘가 경극으로 발전되었듯이, 절강성의 지방극인 절강희는 월극으로 발전되었다. 2000년경 상해의 한 월극단이 서울에 와서 한국의 창극단과 함께 『춘향전』을 공연한 적이 있다. 당시 필자가 직접 가서 본 바에 따르면 월극의 무대는 화려하기가 이를 데 없었다. 오히려 한국의 창극단은 안숙선 같은 명창의 소리가 중심이 되고 무대는 간소하기 그지없었다. 다만 인상적이었던 점은 월극 배우의 기본음이 경극 배우의 간드러진 소리와 달리 옛 월나라 지방인 절강 지방의 다소 낮은 소리였다는 것이다.

안휘희나 절강희 말고도 청나라 지방극에는 광동 지방의 광동희, 복건 지방의 복건희, 사천 지방의 사천희, 운남 지방의 운남희, 호남 지방의 호남희, 호북 지방의 호북희 등등 많다. 이 가운데 호북희 한 대목을 소개한다:

축(장간으로 분장): 황개가 군량을 실은 배를 헌납하겠다며 투항해 왔습니다.
정(조조로 분장): 어디 한번 보자. 배가 가볍게 뜨는 걸 보니 필시 속임수다.
진영으로 들어오지 못하게 하라!
축: 쳇! 황개는 들으렸다. 승상의 분부니라. 배는 진영에 들어올 수 없다!
정단(주유로 분장): 모두 불을 질러라!
중(불을 지르고 폭죽을 터뜨린다)
(생과 잡이 싸우다가 생이 패하여 거꾸러지고, 잡이 위아래로 추격한다)
(축과 말이 싸우다가 축이 패하여 거꾸러지고, 말이 위아래로 추격한다)

이 대목은 소설 『삼국지』에 나오는 적벽대전의 한 부분이다. 적벽대전은 예나 지금이나 민중의 사랑을 많이 받는 이야기로, 위에 인용한 대목은 촉나라와 오나라 연합군 측의 황개가 위나라의 조조에게 거짓으로 투항하면서 싸움이 시작되는 장면이다. 조조가 연합군의 계략을 간파하는 순간, 연합군 측의 주유가 조조의 진영에 불을 지르게 하여 양측의 접전이 시작되는 것이다.

짐작하겠지만 위 대본에 나오는 축·정·정단·중·생·잡·말은 배역 이름이다. 원나라의 잡극을 이야기할 때 언급했지만 축은 어리숙한 남자 배역의 이름이고, 정은 무게 있는 남자 배역의 이름이다. 여기서는 축이 위나라의 장간이고, 정은 조조이다. 하지만 정단이라는 배역은 원나라 잡극에서는 여주인공 역할이었는데, 청나라의 호북희에서는 주유 같은, 무게 있는 남자 역할로 변한 듯하다. 이밖에 중은 대중, 즉 병사들을 가리키고, 생과 말은 남자 조연을, 잡은 하인을 가리킨다.

원래 청나라 지방극의 대본은 대부분 무명 인사들이 쓴 것들이어서 구성이 허술하고 노랫말이 너무 천박하다고 한다. 실제로 지방극이 공연되는 중에 배우의 대사가 끊기기도 하고 중언부언 갈피를 못 잡는 등 연출이 매끄럽지 못한 경우가 많다는 것이다. 하지만 서툰 만큼 민중의 정서와 친근하게 결합되어 오늘날에도 설날 같은 명절에 중국의 각 지방에서 공연되고 있다.

이처럼 소박하다 못해 투박한 지방극들에 비해 오늘날의 경극이나 월극은 이미 상업화하여 민중의 극과는 거리가 멀어졌다. 화려한 무대장치와 배우들의 세련된 춤 솜씨·노래 솜씨를 두루 갖춘 국제적 볼거리로 성장한 경극과 월극의 입장권이 무척 비싸기 때문이다. 얼마 전부터 사천성의 지방극인 사천희의 입장권도 점점 비싸진다는 소문이 있다. 특히 얼굴의 가면을 순식간에 바꾸어 착용하는 기술을 소개한 『변검』이라는 영화로 유명해진 사천희, 즉 천극川劇도 경극京劇이나 월극越劇처럼 상업화하고 있다는 뜻이다. 이는 소리문학에 이어 극문학 또한 민중과 점점 멀어진다는 뜻이기도 하다. 대신에 오늘날의 민중은 텔레비전 드라마와 영화, 그리고 값싼 인터넷 영상에 더욱 가까이 가고 있다고 하겠다.

열두 번째 이야기

중국현대문학의 선구자 후스胡適와 천뚜시우陳獨秀

후스와 천뚜시우가 활동한 20세기 초반의 중국은 혼란했다.

하지만 놀랍게도 19세기 중반까지 청나라 사람들은 세계의 중심이 청나라라고 믿었다. 사실 수 천 년 간 중국 대륙을 차지한 왕조들 중 한 번도 서방 오랑캐에게 진 일이 없었기 때문에 청나라 사람들이 그렇게 생각한 것도 무리가 아니었다. 그 때문에 19세기 중반 경 광동성의 책임자 임칙서는 영국의 여왕에게 아편 수출을 금지하라는 시한부 편지를 내려 보냈고, 여왕이 이를 무시하자 당당히 아편을 태웠던 것이다. 하지만 뜻밖에도 이로 인해 일어난 아편전쟁에서 청나라가 대패하여 영국에게 홍콩 등을 뺏기는 굴욕적인 남경조약을 맺자, 청나라의 지식인들은 크게 술렁였다.

임칙서를 비롯한 청나라의 지식인들은 아편전쟁의 패인이 청나라 군사기술의 낙후로 보고, 서양으로부터 군사기술을 배워야한다는 결론을 내렸다. 일찍이 한나라 때 화약과 나침반을 발명하여 군사적으로 세계를 주름잡았던 중국인이 어느새 서방 오랑캐로부터 군사기술을 배워야할 만큼 낙후되었던 것이다. 그래서 대외적으로는 프랑스와의 전쟁, 대내적으로는 홍수전이 일으킨 태평천국의 난 등으로 어지러운 판국에도 증국번 · 이홍장 등은 청나라 조정을 움직여 서구식 군수공장을 세우는 한편 유학생을 보내어 서양의 과학기술을 습득해오게 했다. 동시에 과학기술에 관한 책의 번역에도 힘썼다. 하지만 강유위나 양계초의 생각은 달랐다. 청나라의 정치제도를 그대로 둔 채 서양으로부터 군사과학기술만 들여오면 된다는 증국번 · 이홍장과 달리, 양계초는 메이지유신을 이룩한 일본처럼 청나라도 서구식 정치제도를 들여와야 한다고 생각했다. 서구식 헌법을 기본으로 하는 일본식 입헌군주제도가 이들이 추구한 정치 모델이

영국에서 들어오는 아편을 없애버린 임칙서

었던 것이다. 하지만 청나라의 광서황제의 지지까지 얻은 입헌군주제는 실현을 목전에 둔 채 서태후의 반대로 무산되었고, 변발을 자르고 양복을 입은 양계초는 일본으로 망명한다.

그렇게 되자 한족 지식인들 사이에 점차 만주족의 청나라 황실을 타도하고 한족이 중심이 되어 미국식 민주공화제도를 들여와야 된다는 논의가 일어났다. 이 같은 논의는 오늘날 대만에서 국부國父로 숭앙하는 손문이 주도하여, 1911년 무창에서 중화민국을 선포하기에 이른다. 1911년이 신해년이었기에 이를 신해혁명이라 하는데, 사실 신해혁명은 말만 혁명이지 그냥 몇몇 지식인들의 정치 선언에

입헌군주제를 주장한 양계초와 「진화론」을 번역한 엄복

불과한 사건이었다. 그럼에도 불구하고 대만에서는 1911년을 중화 민국의 원년으로 삼아 2010년을 민국民國 99년으로 부르기도 한다. 왜냐하면 손문의 뒤를 이은 장개석이 대만으로 옮겨가 대만(자유중국) 정부를 이끌었기 때문이다. 아무튼 손문도 신해혁명을 실제로 달성하기 위해서는 군대를 갖춘 힘이 필요하다고 보고, 당시의 세력가인 원세개와 타협하여 그를 중화민국의 초대 총통으로 밀었다. 하지만 중화민국 총통보다는 청나라의 황제가 되기를 원했던 원세계는 손문과 결별하고 스스로 황제가 되어 신해혁명을 무력화시킨다.

후스와 천뚜시우가 활동하기 시작한 20세기 초의 중국은 이처럼 혼란했다. 동북지방에서 청나라의 마지막 황제 부의를 내세우며 만주국을 세운 일본, 북경을 중심으로 원세개의 뒤를 이은 단기서 등 군벌 세력, 및 산동과 동해안 옥토를 나눠가진 영국 · 프랑스 · 일본 · 독일 등 강대국들이 우열을 다투는 현대판 춘추전국시대였던 것이다. 고대의 춘추전국시대와 다른 점이 있다면 영국 · 프랑스 · 독일 · 포르투칼 등 서양의 세력이 상해 · 홍콩 · 마카오 등지까지 차지했다는 점일 것이다.

후스와 천뚜시우는 바로 이 무렵 각각 미국과 프랑스 유학을 다녀와서 중국 문학의 서구화에 앞장 선 지식인이었다. 사실 후스와 천뚜시우 이전에도 19세기 중반부터 서구 문화를 담은 책을 번역한 임서나 엄복이 있었다. 이들은 미국인 듀우이Dewey의 『민주주의와 교육』, 영국인 다아윈Darwin의 『종의 기원』, 노르웨이인 입센Ibsen의 『인형의 집』 등을 번역하여 많은 지식인들에게 서구 사상을 불어넣어 주었다. 사실 그보다도 더 전에 서양인 선교사들이 이미 중국에 서구식 학교를 세우기 시작했고, 유학파 중국인들을 중심으로 북경대학北京大學도 개교되었다. 이와 함께 언어와 문자도 전통적인 문어체에서 현대적인 구어체로 빠르게 바뀌고 있었다. 일본에 유학하고 돌아온 양계초가 구어체 소설 쓰기에 앞장섰고, 황준헌도 구어체 시를 썼던

현대문학을 이끈 후스와 천뚜시우

것이다.

이 같은 상황에서 1915년 후스와 천뚜시우는 오래 전부터 기획한 서구식 잡지인 『청년잡지』를 창간한다. 중국문학사 연구가들은 이

잡지가 발간된 1915년을 현대문학사가 시작되는 분기점으로 본다. 그런 의미에서 이 두 사람이 중국현대문학을 이끌었다고 해도 과언이 아니다. 그래서 필자도 현대문학을 이끈 이들의 이름부터 한국어 발음인 호적 · 진독수 대신 중국어 발음인 후스 · 천뚜시우로 부르기로 한다. 이후 2000년대의 모든 작가들은 중국어 발음으로 불리게 될 것이다.

그럼 먼저 『청년잡지』 발간사에서 잡지의 성격을 다음과 같이 표명한 천뚜시우를 소개한다:

> 자주적이고 노예적이 아니며
> 진보적이고 보수적이 아니며
> 진취적이고 도피적이 아니며
> 세계적이고 쇄국적이 아니며
> 실리적이고 허식적이 아니며
> 과학적이고 망상적이 아니다

천뚜시우는 이처럼 중국청년들이 자주적이고 진보적이고 진취적이고 세계적이고 실리적이고 과학적이어야 한다고 강조한다. 이는 그가 당시 중국의 기성세대를 노예적이고 보수적이고 도피적일 뿐 아니라 쇄국적이고 허식적이고 망상적인 골치 덩이로 보고 있음을 알 수 있다. 그래서 젊은 청년들에게 이 같은 구태를 벗고, 자주적이고 진보적이고 진취적인 동시에 세계적이고 실리적이고 과학적인 사람이 되라고 촉구한 것이다.

1917년 『청년잡지』에서 『신청년』으로 이름을 바꾼 천뚜시우와 후스는 문학 방면에서 중국청년을 서구화시키는 활동을 더욱 강화한다. 천뚜시우는 「문학혁명론」이라는 글을 실어 젊은이들에게 다

음과 같은 문학을 하자고 한다:

> 귀족문학 · 고전문학 · 전원문학을 타도하고
> 국민문학 · 사실문학 · 사회문학을 건설하자

천뚜시우의 이 같은 구호는 매우 극단적이고 혁명적이다. 한마디로 매우 분명한 흑백논리를 말하고 있는 것이다. 그는 귀족이 아닌 국민의 문학, 즉 민중의 문학을 하자고 한다. 또 전통적인 고전을 따르기보다 현실을 직시하는 문학을 하자고 한다, 무엇보다 전원으로 도피하지 않고 사회에 참여하는 문학을 하자고 한다. 이 문구를 통해 볼 때 천뚜시우가 이미 계급투쟁과 사회주의 혁명을 향한 길을 가기 시작했음을 알 수 있다.

실제로 이 글을 쓸 무렵인 1917년 천뚜시우는 북경대학의 문학부장, 즉 인문대학장으로서, 은밀히 중국 공산당의 창당을 계획하고 있었다. 프랑스와 일본에서 유학할 당시부터 천뚜시우는 사회주의 공산주의 사상에 매료되었던 것이다. 그래서 그는 꾸어모루어 등 많은 중국 지식인들의 지지 하에 1919년 창당된 국민당과는 거리를 두고 있다가, 약 2년 후인 1921년에 마침내 중국공산당을 창당했다. 하지만 공산당을 창당하고 스스로 최초의 당 서기를 맡은 천뚜시우는 8년 후인 1929년 당내 반대파들에게 몰려 공산당의 당적까지 박탈당한다. 결국 그는 소련 공산당 내에서 스탈린에게 반기를 들다가 해외에서 암살당한 트로츠키와 비슷한 운명이 되어 버린 것이다. 이는 조선 노동당을 창당했던 박헌영이 당내 반대파들에 의해 노동당에서 축출당한 것과도 비슷하다.

천뚜시우가 이처럼 정치적으로 가파른 길을 가면서 문학 활동으로부터도 멀어진 것과 달리 후스는 문인의 길을 충실히 걸었다. 그는 잡지 『신청년』에 「문학 개혁에 관한 소견」이라는 글을 실어 구어체 현대문학은 다음 여덟 가지에 유의해야 한다고 했다:

> 첫째, 내용이 있는 말을 한다.
> 둘째, 옛사람을 모방하지 않는다
> 셋째, 문법에 신경을 써야 한다
> 넷째, 통증 없는 신음은 하지 않는다.
> 다섯째, 상투적인 언사를 배제한다
> 여섯째, 고사성어 등 전고를 쓰지 않는다
> 일곱째, 대구법을 사용하지 않는다
> 여덟째, 비속어를 피하지 않는다

후스는 문학에 대해서 이처럼 실제적인 주장을 작은 목소리로 말했다. 이를 좀 더 설명하자면 첫째, 내용이 있는 말을 하라는 것은 전혀 새로운 내용도 없이 남이 한 말을 중언부언 떠들지 말라는 뜻이다. 둘째, 옛사람을 모방하지 않는다는 항목은 온고지신을 잘못 이해하여 무조건 옛사람의 말과 글을 그대로 흉내 내지 말라는 뜻이다. 셋째, 문법에 신경을 쓰라는 말은 문어체의 문법이 아니라 구어체의 어법에 맞게 쓰라는 것이다. 다음 넷째, 통증 없는 신음소리를 내지 말라는 말은 실제로 아프지도 않은데, 아픈 것처럼 우는 소리 하지 말라는 뜻이다. 이 말은 좀 우스운 느낌을 주는데, 실제로 별로 징징거릴 일도 아닌데 징징거리면서 말을 함으로써 듣는 사람의 억지 동정을 사려고 하는 사람들이 있음을 볼 때 이해할 수 있는 말이라고 하겠다.

다섯째와 여섯째는 둘째 조항과도 연결되는 말인데, 상투적이고 뻔한 말과 고사성어를 남발하지 말라는 뜻이다. 다음 일곱째, 대구법을 사용하지 말라는 것은 모든 문장에 천편일률적으로 대구를 사용하지는 말라는 것이다. 전통적으로 대구체는 중국 문인들이 무척 좋아하는 문체이기는 하지만, 서구적인 교육을 받은 후스의 눈에는 고리타분하게 보인 것이다. 마지막으로 비속어를 피하지 않는다는 말은 비록 비속어라 하더라도 너무 배제하지 않고 가끔은 생동감 있게 표현하기 위해 써도 좋다는 뜻이다.

1910년 미국으로 유학을 떠난 후스는 듀이에게서 실용철학을 배운 후 7년 만에 귀국하여 북경대학 교수를 지냈다. 동향인이자 북경대학의 동료이기도 한 천뚜시우가 문학을 정치사회적인 도구로 이용한 면이 있다고 한다면 후스는 구어체 시집을 낼 만큼 문예창작에도 관심이 많았던 문인이었다. 그가 쓴 시 가운데 「권위」를 감상해보자:

권위가 산꼭대기에 앉아서
쇠사슬에 묶인 노예들에게 채굴을 시킨다
그가 말한다: 뉘 감히 반항하느냐?
하라는 대로 할 것이지.

노예들이 만년간 일을 했으므로
목에 묶인 쇠사슬이 점점 닳아 끊어지게 되었다
노예들이 말한다: 쇠사슬이 끊어지는 때에
우리는 반란을 일으키리라.

노예들이 한마음으로 힘을 합쳐
한 삽 또 한 삽 파내려가서
산 밑둥을 끊어버리자
권위가 떨어져 산 채로 고꾸라져 죽었다

철저히 구어체 언어로 쓴 이 시는 사실 운문이라기보다는 그냥 행과 연을 끊어 만든 산문 같다. 물론 나름대로 각운을 맞추고 있고, 권위를 사람으로 보는 의인법을 사용한 것으로 보아 시의 기본은 갖췄다고 할 수 있다. 그래서 현대문학 연구가들은 후스의 이 시를 중국 최초의 현대시로 평가하기도 한다. 하지만 이 시는 역시 좋은 시가 갖추고 있는 함축미와 응집성이 떨어진다. 그러나 바로 그 점 때문에 민중에게 쉽게 접근할 수 있다고 볼 수도 있다.

이 시가 씌어진 시기는 1918년으로, 이 때의 중국은 앞서 이야기한 현대판 춘추전국시대였다. 원세개가 죽자 그의 뒤를 이어 대외적인 창구 노릇을 한 단기서의 북양정부, 일본과 손을 잡은 청나라 황실의 만주국, 그리고 영국 · 프랑스 · 일본 · 독일 등 외국 세력이 세력다툼을 하던 때이기도 했다. 이 때에는 아직 국민당과 공산당이 창당되지 않은 시기였으므로, 후스 같은 지식 청년들이 믿고 기댈 진정한 권위가 없었을 것이다.

그 때문에 위 시의 제목인 권위는 진정한 권위가 아니라 군벌과 외세 등 봉건적이고 부당한 권력을 의미한다. 후스는 이처럼 바람직하지 않은 권력 아래에서 쇠사슬을 목에 매고 광산에서 채굴하는 노예 같은 중국인민의 해방을 그렸다. 그가 추구하는 해방은 그러나 급진적인 방법이 아니라 점진적인 방법이다. 이는 위 시의 둘째 연에 표현된 "노예들이 만년간 일을 했으므로 목에 묶인 쇠사슬이 점점 닳아 끊어지게 되었다."에 드러나 있다. 후스에 따르면 중국 민중은 1만년의 역사 동안 봉건 왕조의 무자비한 권력 아래에서 묵묵히 일해 온 노예였지만, 이제 해방의 날이 왔다는 것이다. 이는 민중들이 만년 동안 해방의 노력을 해 왔다는 뜻이기도 하다. 그 때문에 후스는 우공이산愚公移山이라는 고사성어처럼, 이제 민중이 한 삽 또 한

삽씩 파내려 가다보면 산이 무너져 산꼭대기에 버티고 있던 권위가 저절로 떨어져 죽으리라고 확신한 것이다.

이처럼 후스의 성격은 과격하거나 급진적이지 않다. 그 때문에 그는 절친한 벗 천뚜시우가 창당한 공산당에 가입하지 않았다. 하지만 정치적으로 중립을 지키면서 문학에 몰두했던 후스도 1930년대 말에는 국민당 정부를 위해 일하게 된다. 한국의 상황이 그랬듯, 이때쯤이면 중국에서도 지식인으로서 정치적 중립을 유지하기가 어려웠기 때문이었을 것이다. 아무튼 그는 1938년 지앙지에스(장개석)의 국민당 정부의 뜻에 따라 주미대사가 된다. 주미대사로서 8년간 근무한 그는 1946년 중국에 돌아와 북경대학 총장에 취임한다. 그러나 3년 후 공산당이 국민당을 물리치고 천안문에서 중화인민공화국의 성립을 공포할 무렵, 그는 중국을 떠나 다시 미국으로 향한다.

얼마 후 후스는 공산당에 패하여 대만으로 이동한 국민당 정부의 초청을 받고 대만으로 건너가 중화민국 중앙연구원 원장이 된다. 후스는 사실 정치가이기 전에 학자이자 문인이었다. 그래서 그는 구어체로 시를 쓰기도 했지만 진보적인 정치가들이 백안시한 문어체 고문 연구도 마다하지 않았다. 그 때문에 후스는 진보적인 문학단체인 신월파의 동인으로 활동하기도 했지만 보수적인 학술단체인 국고정리파의 일원으로 『홍루몽』을 비롯한 중국 문학을 연구했다. 그런 의미에서 볼 때 대만 중앙연구원의 원장 직은 후스에게 어울리는 자리였고, 그는 결국 그 일을 하다가 1962년 69세의 나이로 세상을 떴다.

후스와 천뚜시우는 둘 다 안휘성 출신의 동향인으로 서구문화에 뜻을 두고 각자 미국과 프랑스로 유학을 가서, 끊임없는 서신교환으로 새로운 중국에 대한 비전을 키웠다. 이 비전을 실현하기 위해 이 두 사람은 귀국한 후 『신청년』이라는 잡지를 함께 만들어 중국현대문학의 산파 노릇을 했던 것이다. 하지만 천뚜시우가 정치와 사회혁명에 뜻을 두고 공산당을 창당하는 등 강경하고 급진적인 정치노선을 택했다면, 후스는 문학을 통한 점진적인 개혁에 뜻을 두고 온건하고 실용적인 길을 감으로써, 둘 사이는 멀어지게 된 것이다. 요컨대 천뚜시우가 태강즉절太剛則折 형으로 외길을 걸었다면 후스는 외유내강外柔內剛 형으로 합리적인 길을 선택했다고 하겠다.

열세 번째 이야기

삥신冰心·
꾸어모루어郭沫若,
그리고
쉬즈모徐志摩

후스와 천뚜시우가 선도한 중국현대문학은 문어체 문학을 수호하자는 보수문학파라는 벽에 부딪쳤다. 당시 보수파 단체로는 원앙과 호접처럼 남녀 간의 사랑을 노래한 빠오티엔샤오 · 저우서우지엔 등의 원앙호접파가 있었다. 또 남북조시대 양나라의 태자 소통이 펴낸 문집 『문선文選』의 이름을 딴 문선파도 있었다. 문선파는 리우스페이 · 황칸 등 문학자들이 주도한 파로, 시 · 산문 같은 주옥같은 고문을 더욱 발전시켜야 한다고 보았다. 린쉬林紓 등 국수파 문인들도 문어체 고문의 계승을 주장했다. 린쉬는 구어체 일변도로 나가는 문인들의 생각을 요사스런 꿈이라고 보고, 이를 비난하는 「요사스런 꿈」이라는 문어체 소설을 쓴 것이다. 사실 린쉬는 옌푸嚴復와 함께 19세기 말부터 서양의 진보적 사상과 문학을 번역해 온 진보적인 사람으로, 그의 보수파 활동은 다소 의외이다. 하지만 그는 구어체 문학을 선도한다는 사람들이 수 천 년을 이어온 소중한 국가 유산인 고문을 함부로 하는 태도에 발끈했다. 그의 관점에서 볼 때 구어체문학을 문어체보다 앞세우는 것은 주객이 전도된 행위이고, 굴러들어온 돌이 박힌 돌을 빼내는 짓이었던 것이다.

하지만 삥신 · 꾸어모루어, 그리고 쉬즈모 등 진보적인 문인들은 문학연구회 · 창조사 · 신월사 등 단체를 통해 후스와 천뚜시우가 선도한 구어체 문학을 개척해나갔다. 그 결과 현대문학사의 수레바퀴는 이들의 운전에 따라 굴러갔다. 중국현대문학은 이들 진보파 문인들의 편에 서서 진행된 것이다. 그럼 먼저 문학연구회와 삥신의 문학을 이야기해보자.

문학연구회는 1920년부터 마오뚠 · 저우주어런 · 루인 · 삥신 등이 참여하여 활동한 단체이다. 리얼리즘, 즉 사실주의 문학을 추구한

중국현대문학의 대모 삥신(빙심)

문학연구회 회원들은 "인생을 위한 예술"을 모토로 삼았다. 사람이 살아나가면서 부딪치는 온갖 문제를 토론하고 해결하는 것을 문학으로 본 것이다. 한마디로 문학의 내용이 중요하다는 뜻이다. 물론 문학연구회 회원들은 독자를 감동시키기 위한 형식, 즉 문체도 무시하지 않았다. 하지만 진지한 인생에 관해 쓰지 않고, 문학을 그저 놀이나 소일거리로 삼아 내용 없이 겉으로만 번지르르하게 수식을 남발해서는 안 된다고 본 것이다.

문학연구회 회원들은 모두 다 이 같은 생각을 공유하기는 했으나, 회원들의 경향은 각각 달랐다. 예를 들어 마오뚠茅盾은 문학이 사회현상을 반영해야 한다는 생각이 강한 나머지 훗날 공산혁명의 길을 걸었다. 반면에 저우주어런周作人은 사람의 문학을 추구하며 공산혁명이 아닌 민주개혁으로 방향을 잡았다. 한편 여성 작가 루인廬隱과 삥신冰心은 정치와 거리를 두었다. 즉 루인은 공산당이나 국민당 같은 정당과 관계없이 오직 개성해방과 남녀평등이라는 주제로 소설 쓰기에 열중했다. 삥신 또한 처음에는 어떤 정치색도 띠지 않은 채 생명 · 자연 · 동심 · 모성애 등을 주제로 시를 썼다.

그럼 백문이 불여일견이라고 먼저 삥신의 시 한편을 소개한다:

> 연녹색 싹이
> 청년에게 말한다:
> "너 자신을 발전시켜라!"
>
> 유백색 꽃이
> 청년에게 말한다:
> "너 자신을 공헌하여라!"

진홍색 열매가
청년에게 말한다:
"너 자신을 희생하여라!

『뭇별』이라는 시집에 실린 이 시는 우선 짤막하고 쉽다. 틀에 맞춘 듯 정연한 이 시는 철저한 대구체이기도 하다. 이렇게 짤막한 시들을 단시短詩라고 부르는데, 삥신은 최초로 이 같은 단시를 중국 시단에 선보여 유행시킨 시인으로 꼽힌다. 하지만 삥신 자신은 이 단시를 자기의 독창적인 스타일이라기보다 일본의 하이꾸와 인도의 명상집 같은 데서 따온 것이라고 말한 적이 있다.

하지만 이 시의 내용만큼은 삥신 자신의 것이다. 즉 한 나무의 싹 · 꽃, 그리고 열매를 통하여 소년과 청년과 장년이라는 세 단계를 이야기하는 위 시는 온전히 삥신의 것이다. 그러니까 첫째 연에 나오는 연록색 싹은 사람의 소년기를 의미한다. 소년기는 새싹과 같이 물과 양분을 마음껏 섭취하여 몸과 마음을 성장시키는 때이다. 둘째 연의 유백색 꽃은 장년기이다. 그래서 이 때는 아름다운 꽃처럼 자기를 과시하면서 많은 일을 할 때이다. 또 마지막 연의 진홍색 열매는 노년기로서, 이 때에는 자기를 아낌없이 다 바쳐서 후대에게 물려줘야 한다는 것이다.

재미있는 점은 소년기, 장년기, 노년기의 할 일을 모두 청년에게 속삭이고 있다는 사실이다. 이는 소년이든 장년이든 노년이든 모두 청년의 마음을 중심에 가져야 한다고 보는 삥신의 인생관을 그대로 드러낸 것이다. 몸은 비록 소년 · 장년 · 노년이라는 과정을 겪으면서 변화하지만 마음만은 언제나 청년이어야 한다는 뜻이다. 이처럼 그녀는 마음을 중요시하여 자신의 호도 얼음처럼 빛나는 마음이라는 뜻인 뼁신冰心으로 삼았다.

복건성 출신의 뼁신(1900-1999)은 비교적 부유한 가정에서 태어나 높은 교육을 받았다. 23세인 1923년, 미국에 유학하여 석사를 받고 3년 후에 돌아와 북경대학과 청화대학에서 가르쳤을 정도이니 말이다. 교육활동뿐 아니라 문학연구회를 통하여 문학 활동을 병행하던 그녀는 1949년 중국이 공산화될 무렵 남편과 함께 일본으로 건너갔다가 1951년 귀국했다. 그녀의 출국과 귀국에 대해서는 이런 추측이 가능하다. 즉 공산혁명을 위한 계급투쟁이나 물질보다는 생명과 자연 · 동심과 모성이라는 마음에 많은 관심을 가지고 있었기에, 처음 그녀는 중화인민공화국을 떠나 일본으로 건너갔을 것이다. 하지만 고국을 그리워하는 마음을 누를 수 없었던 데다가 중국 공산당의 해외 문인에 대한 무조건적인 수용 제스처를 믿고 다시 돌아온 것이라고. 게다가 남아있던 가족의 간절한 귀국 염원이 가족에 대한 애정이 남달랐던 그녀의 마음을 돌렸을 가능성도 있다.

아무튼 공산화된 중국에 돌아온 뼁신은 공산당의 열렬한 환대를 받으며 인도의 시인 타고르의 시를 번역하기도 하고 인도 · 영국 · 소련 등 해외 여러 나라를 여행하기도 했다. 하지만 이처럼 개인적으로나 가정적으로, 또 사회적으로도 온갖 행운과 특혜를 누린 뼁신도 1966년 경 들이닥친 문화혁명의 칼바람을 피해갈 수는 없었다. 공산주의의 기본인 유물론을 받아들이지 못한 유심론자로 낙인 찍혀 가택수색과 비판투쟁을 받았던 것이다. 하지만 뼁신은 특유의 긍정적이고 희망적인 겸손함으로 이 시기를 잘 넘겼다. 그 결과 그녀는 문화혁명이 종결된 이후까지 살아남았을 뿐 아니라 90세가 넘을 때까지 소년 독자를 대상으로 산문을 썼고, 100살까지 살았다.

어떤 학자들은 삥신을 유복한 환경의 혜택을 받은 규수파 문인이라고 하여 90세 이후까지 펜을 놓지 않았던 그녀를 과소평가한다. 하지만 중국작가협회 회장인 티에닝鐵凝은 그녀를 끊임없이 노력해 온 심지 깊은 문인이라고 평가한다. 또한 그녀와의 만남 후에 쓴 산문「삥신 외할머니 안녕하세요?」에서 티에닝은 높은 학력과 많은 경력에도 불구하고 언제나 동심을 잃지 않은 그녀를 외할머니라고 호칭함으로써, 따스하고 순박한 그녀의 삶을 칭송했다.

다음으로 1921년 일본 동경에서 창립된 문학단체 창조사創造社와 꾸어모루어를 소개한다. 창조사는 일본 유학 중인 꾸어모루어와 위다푸郁達夫 등이 창립한 단체로, 자아를 마음껏 표출하고 개성을 해방하자는 모토를 추구했다. 문학연구회가 사실주의, 즉 리얼리즘을 추구했다면 창조사는 낭만주의, 즉 로맨티시즘을 추구했다. 하지만 1925년 이후 꾸어모루어가 국민당의 편에 서서 중국 북쪽에 할거하고 있던 단기서 같은 군벌을 퇴치하기 위한 북벌전쟁에 참여하면서부터 창조사는 정치적 성향이 강해진다. 약 2년 후인 1927년 무렵 꾸어모루어가 국민당 지지를 철회하고 공산당의 혁명 쪽으로 돌자 창조사는 더욱 과격해진다. 여기에 펑나이차오馮乃超와 리추리李初梨 등이 합세하여 창조사는 더더욱 공산혁명의 길을 걸었고 급기야 1929년 국민당 정부에 의해 폐쇄당하게 된다.

이제 창조사의 대표인 꾸어모루어의 삶과 시를 살펴보자. 꾸어모루어는 1892년 사천성에서 지주의 아들로 태어났다. 어려서는 서당에서 당시唐詩 등 고전문학을 익혔으나, 나중에는 서구식 학교인 성도중학에 입학하였다. 처음에 꾸어모루어는 성도중학의 학생 대표로 활발한 활동을 하며 정치적으로는 쑨원孫文의 신해혁명을 지지했다. 이 같은 활동으로 인하여 세 번이나 퇴학을 당한 그는 22세인 1914년 일본으로 떠나 1918년에 구주대학 의대에 진학했다. 하지만 의학보다는 문학에 뜻을 둔 꾸어모루어는 괴테 · 휘트먼 · 타고르 같은 낭만적이고 범신적인 시인에 매료되어 창조사를 창립하고 시집 『여신』을 냈다.

꾸어모루어(곽말약)

열혈청년인 꾸어모루어는 1923년에 귀국하여 위에서 언급한 대로 국민당을 지지하여 북방의 군벌을 물리치는 북벌전쟁에 참여했다. 하지만 그는 1927년 돌연 국민당의 지앙지에스에게 반기를 들고 공산당에 입당했다. 이후 국민당의 표적이 된 그는 이를 피하여 이듬해에 다시 일본으로 도피했다가 9년 후인 1937년 중일전쟁이 터지자

슬그머니 다시 귀국했다. 이후 마오쩌뚱毛澤東의 공산당과 긴밀히 협조하던 꾸어모루어는 1949년 중국이 공산화되자, 문인의 대표로서 출중한 정치적 수완을 발휘한다. 그 결과, 문화혁명이라는 대재앙의 순간에도 그는 그다지 비판을 받지 않고 절묘한 권력의 균형을 유지했다. 그는 문혁이 끝난 1978년, 향년 86세로 세상을 떠났다.

그럼 꾸어모루어의 시집 『여신女神』에 실려 있는 낭만주의 시 「하늘개」를 감상해보자:

나는 한 마리 하늘개로다!
나는 달을 삼켰고,
해를 삼켰고,
모든 별들을 삼켰고,
온 우주를 삼켰다.
나는 바로 나로다!

나는 달의 빛이고,
해의 빛이고,
모든 별들의 빛이고,
X광선의 빛이고,
나는 온 우주의 총체이다!

나는 날뛰고,
울부짖고,
연소한다.
나는 열화같이 연소한다!
나는 큰 바다같이 울부짖는다!
나는 전기같이 날뛴다!
나는 날뛰고,
날뛰고,
날뛰고,
날뛴다.
나는 내 피부를 찢고,

내 살을 먹고,
내 피를 빨고,
내 심장과 간을 깨문다.
나는 내 신경에서 날뛰고
내 척추에서 날뛰고,
내 뇌에서 날뛴다.

나는 나로다!
나의 내가 폭발하려 한다!

원래 하늘개 이야기는 중국 민담의 하나이다. 이 민담에 따르면, 일식은 하늘개가 해를 삼킨 것이고, 월식은 하늘개가 달을 삼킨 결과이다. 그래서 사람들은 일식이나 월식이 일어날 때마다 모두 모여 징과 북을 울림으로써 하늘개를 쫓아내는 의식을 치른다. 이 같은 민담을 소재로 하여, 꾸어모루어는 자신을 하늘개와 동일시한다. 그래서 그는 하늘개처럼 해와 달을 삼키는 것이다.

하지만 꾸어모루어는 해와 달을 삼키는 데 머물지 않고 모든 별과 온 우주를 삼킨다. 그리하여 그는 달빛이 되고 햇빛이 되고 모든 별빛이 될 뿐 아니라 X광선의 빛이 되고, 온 우주의 에너지가 되는 것이다. 그는 미친 듯이 내달리고 울부짖으며 스스로 연소한다. 타오르는 불처럼 연소하고, 큰 바다처럼 울부짖고, 전기처럼 내달리는 것이다. 내달릴 뿐 아니라 그는 날아다닌다. 날고 날고 또 날면서 자신의 피부를 찢고 자신의 살을 먹고 자신의 피를 빤다. 자신의 심장과 간도 깨문다. 또한 자신의 신경을 타고 날아다니고 척수에서 날아다니고, 뇌에서도 날아다닌다.

이처럼 꾸어모루어는 바깥으로는 우주 전체까지 무한히 자신을 확장하고, 안으로는 척수와 뇌 속까지 자신을 무한히 축소할 수 있는 전지전능한 자아를 노래하고 있다. 따지고 보면 전자현미경으로만 볼 수 있는 미생물로부터 천체망원경으로만 볼 수 있는 우주에 이르기까지 나 아닌 것은 없다고 하는 꾸어모루어의 생각은 불교적 각성이기도 하고 범신론적인 관점이기도 하다. 실제로 꾸어모루어는 삥신이 그랬듯 범신론자인 타고르에게 깊은 영향을 받았다. 그렇게 볼 때 이 시는 모든 생물과 무생물에 다 신성神性이 있다고 보는 범신론의 입장을 취하고 있다고 하겠다. 하지만 꾸어모루어는 범신론에 머무르지 않는다. 시의 끝부분인 "나는 나로다, 나의 내가 폭발하려 한다!"를 보면 그는 마치 태초의 우주가 대폭발한 것처럼 자신의 정치적인 포부가 폭발하듯 터질 것을 예고하고 있는 것이다.

요컨대, 온몸을 흘러넘치는 꾸어모루어의 야심은 삼나무 붓을 태양 물감에 적셔 하늘 화판에 노을을 그리리라고 읊었던 영국의 낭만주의 시인의 야심을 뛰어넘는다. 이 같은 꾸어모루어의 야심이야말로 결국 그를 단순한 낭만주의 시인이 아닌 문인 정치가로 만들었다고 할 수 있다.

마지막으로 신월사新月社와 쉬즈모를 소개한다. 신월사는 1923년 쉬즈모・원이뚜어聞一多・후스 등이 창립한 문학단체이다. 문학연구회가 "인생을 위한 문학"을 추구하고 창조사가 "개성 해방을 위한 문학"을 추구했다면 신월사는 "문학을 위한 문학"을 추구하였다. 쉬즈모 등 신월사 회원들은 인간의 자유・실존・허무 등 근원적인 슬픔을 음악적이고 미술적인 형식으로 노래했기 때문에 형식주의자・유미주의자로 불리기도 했다. 신월新月은 원래 초승달이라는 뜻으로, 이는 쉬즈모가 타고르의 시집 『신월집』에서 그대로 따온 이름이다. 재미있는 점은 신월사의 쉬즈모, 창조사의 꾸어모루어 및 문학연구회의 삥신이 모두 인도의 시인 타고르의 영향을 받았다는 사실이다. 이는 이 세 단체에 속한 문인들이 사실은 매우 비슷한 정서로 출발했다는 뜻이다. 그래서 쉬즈모는 신월사뿐 아니라 문학연구회 회원이기도 했던 것이다.

아무튼 예술지상주의라는 공동의 목표로 출발한 신월사 회원들도 다른 문학단체 회원들과 마찬가지로 각자의 경향은 조금씩 달랐다. 앞에서도 이야기했지만 후스는 보수적인 문학단체인 국고정리파에도 속하면서 구어체 문학을 선도했고, 원이뚜어는 사회주의에 대한 관심이 증폭되면서 공산당 쪽으로 기울었다. 오직 쉬즈모만은 초심 그대로 문학을 위한 문학에 몰두했다. 그 결과, 신월사는 친공산당적인 원이뚜어를 도태시키면서 쉬즈모 중심으로 나아간다. 창조사가 친국민당적인 회원들을 도태시키고 친공산당적으로 나아간 것과 정반대의 상황이 벌어진 것이다.

그럼 먼저 신월사의 대표 시인인 쉬즈모의 시 「우연」을 감상해보자:

> 나는 하늘의 한 조각 구름
> 우연히 그대의 바다 한가운데 투영된.
> 그대 의아해할 필요 없소
> 더욱이 기뻐해서도 안 되오
> 눈 깜짝할 사이에 자취 없이 사라질 테니까.
>
> 그대와 나, 어두운 밤바다에서 서로 만나지만
> 그대는 그대의, 나는 나의 방향이 있소.
> 그대가 기억해도 좋지만
> 제일 좋기는 잊어버리는 거요.
> 이렇게 서로 만나 내뿜는 빛살을!

쉬즈모徐志摩

이 시는 한때 대중가요의 가사로 각광을 받을 만큼 인기가 있었다. 전체적으로 어려운 시어는 하나도 없는데, 그윽한 분위기에 상징도 풍부하다. 또 음악적인 운율과 미술적인 배열도 있다. 어떤 사람들은 이 시가 쉬즈모의 작품이 아니라 그가 짝사랑했지만 끝내 뜻을 이루지 못한 린후이인林徽因의 시라고도 한다. 하지만 대부분의 현대문학사에서 이 시를 쉬즈모의 작품으로 치고 있으니, 필자 또한 굳이 이에 더 이상 토를 달지는 않겠다.

이 시의 내용을 살펴보면 이렇다. 한 조각의 구름인 나는 우연히 밤에 큰 바다인 너의 마음 가운데에 떨어진다. 이처럼 너와 나는 그 밤의 하늘과 바다에서 하나가 되었지만 너는 이를 이상하게 생각하지도 말고 기뻐하지도 말아야 한다. 왜냐하면 다음 순간 각기 자취도 없이 사라질 테니까 말이다. 우리는 비록 검은 밤에 구름과 바다로서 만났지만, 구름은 구름대로 바다는 바다대로 갈 길이 다르기 때문이다. 그러니 헤어진 후에 우리가 사랑했던 순간을 기억해도 좋겠지만, 잊어버리는 게 가장 좋다는 것이다.

남녀의 사랑이 덧없는 것임을 갈파한 시이다. 하지만 남녀의 애정이 이렇게 허망한 것임을 잘 알았음에도 쉬즈모는 그 누구보다도 강렬한 애정을 갈망했던 시인이었다. 그는 스무 살에 열여섯 살의 아내를 맞아 7년을 살면서 아들을 둘이나 두었음에도 불구하고, 유럽 여행 중에 만난 린후이인에게 반해 무작정 이혼했다. 그러나 린후이인은 쉬즈모의 끈질긴 프로포즈에도 불구하고 근대문학을 선도한 량치차오梁啓超의 아들 량스청梁思成과 결혼해버린다. 실의에 빠진 쉬즈모는 당시 북경 사교계의 여왕이자 유부녀인 루샤오만陸小曼에게 빠져 우여곡절 끝에 그녀와 결혼한다. 하지만 루샤오만은 병약한데다가 낭비벽이 심하여 그는 그녀와의 결혼생활에서 큰 괴로움을 당했다고 전한다.

쉬즈모(1896-1931)는 절강성에서 태어나 항주에서 중학을 마치고 북경대학에 다녔다. 이후 그는 미국으로 유학을 가서 금융학과 정치학을 공부하고, 다시 영국으로 가서 정치경제학을 공부했다. 이로 보아 그의 집안은 매우 부유했던 것 같다. 또 그가 전공한 분야가 경제와 정치인 것으로 보아 그의 부모는 어쩌면 재계의 거물로 그를 후계자로 삼을 작정이었을지 모른다. 아무튼 쉬즈모는 귀국하여 북경대학과 청화대학에서 가르쳤다. 하지만 유학 당시부터 정치학이나 경제학보다 문학에 더 관심이 많았던 그는 전공인 정치경제학보다 시 쓰기에 더욱 몰두하였다. 또한 존경하는 시인 타고르와 함께 유럽여행도 하고 소련에도 다녀오는 등 활발한 문학 활동을 한다.

하지만 루샤오만과의 결혼으로 그다지 행복하지 않았을 그는 1931년, 전세비행기를 타고 남경에서 북경으로 가던 중 죽음을 맞았다. 악천후를 만나 비행기가 추락하는 바람에 36년의 길지 않은 생을 마감한 것이다.

전세비행기를 탈 만큼 부호의 아들이었던 쉬즈모에 대한 중국공산당의 평가는 당연하게도 부정적이었다. 부정적이 아니라 아예 무시했다고 보는 편이 옳을 것이다. 그래서 공산화된 중국의 문학사에서 한동안 쉬즈모의 이름이 빠져 있었다. 이유는 간단하다. 그가 공산주의나 사회주의 혁명에 대해 부정적인 시각을 견지했기 때문이다. 게다가 인간의 자유와 사랑을 추구했지만 유한한 인간의 실존에 절망하는 그의 시 세계가 공산주의자들의 구미에 맞을 리가 없었다. 하지만 이렇게 약 30년간 철저히 배제되었던 쉬즈모는 1979년 덩샤오핑의 개혁개방과 함께 서서히 재조명되기 시작했다. 그래서 젊은이들 사이에 한때 '쉬즈모열'이라는 열풍이 불만큼 그와 그의 시에 대한 관심이 커졌고, 지금도 여전히 그의 시에 매료되는 독자들이 많다.

열네 번째 이야기

루쉰魯迅과 띵링丁玲의 현실주의 문학

中 國 文 學 이 야 기

중국현대문학사에서 가장 존경받는 문인 한 사람을 꼽으라면 십중팔구 루쉰이 뽑힐 것이다. 그만큼 루쉰의 지위는 요지부동이다. 이는 중국현대정치사에서 가장 존경받는 정치가가 저우언라이인 것과 마찬가지다. 그 이유는 루쉰이 중국과 중국인의 더 나은 미래를 위해 개인적인 야심을 버리고 진실을 위해 혼신의 노력을 다했기 때문이다. 문인으로서, 학자로서, 교육자로서, 사회활동가로서, 무엇보다 인간으로서 루쉰 만큼 온몸과 온 마음을 다한 사람은 드물기 때문이다.

그럼 먼저 그의 삶과 문학을 살펴보자. 루쉰은 청나라 말인 1881년, 절강성 소흥의 몰락한 사대부 집안에 태어났다. 그의 본명은 저우수런周樹人으로, 훗날 문학연구회 회원으로 활동하는 저우주어런周作人의 친형이다. 다섯 살에 서당에 들어가 수 년 간 당시唐詩 등 고문古文을 배우면서 특히 소설을 즐겨 읽었다고 한다. 하지만 열일곱 살에 남경에 있는 서양식 학교인 광로학당에 입학하여 신교육을 받은 후, 일본으로 건너가 선대의학전문학교에서 유학을 하게 된다. 하지만 약 2년간 서양의학 공부를 하던 루쉰은 의학 공부를 접고 문학으로 방향을 전환한다.

이에 관해서는 다음과 같은 에피소드가 전한다. 즉 어느 날 루쉰이 일본 영화 한 편을 보다가 중국인이 오랏줄에 꽁꽁 묶여 일본인들의 구경거리가 되는 장면을 목격했다. 이를 보던 루쉰은 사람의 육체를 치료하는 것이 정신을 개조하는 것만 못하다고 생각했다. 중국인의 정신을 각성시키기 위해서 루쉰은 의학 공부를 포기하고 문학을 선택했다는 것이다. 이 이야기는 루쉰이 의학에서 문학으로 방향전환을 한 결정적 에피소드로 지금까지 전해지고 있다.

하지만 그가 의학이 아닌 문학을 선택하게 된 데 대해서는 또 다른 이야기가 있다. 즉 당시 루쉰이 한 친구에게 보낸 편지에 "남의 가슴에 청진기를 대고 아무리 귀를 기울여도 무슨 병이 있는지 알 수가 없으니, 아무래도 나는 의사가 될 소질이 없는 것 같다."고 토로했다는 것이다. 이로서 볼 때 다음과 같은 추론이 가능하다. 즉 루쉰은 원래 문학을 좋아했으나, 서양 의사가 필요한 중국으로부터 국비장학금을 얻어 유학을 하기 위해서는 의학을 선택할 수밖에 없었다. 하지만 의학 공부가 적성에 맞지 않자, 과감히 포기하고 자신의 적성에 맞는 문학을 선택했다고 말이다.

아무튼 루쉰은 계속 일본에 머물면서 동생 저우주어런과 함께 서양 소설을 번역하여 출판하기도 하고, 고대 한자를 연구하기도 하였다. 뿐만 아니라 훗날 북경대학 총장이 된 차이위엔페이蔡元培가 이끄는 정치단체인 광복회에 가입하는 등 사회 활동에도 발을 내디디기 시작했다. 1909년에 귀국한 그는 1911년부터 고향인 소흥에 있는 소흥학당의 교장으로 근무했다. 이후 일본에서부터 인연을 맺은 차이위엔페이의 천거로 남경과 북경 등지에서 교사 생활을 했다. 이처럼 1926년까지 약 15년간 교직에 있으면서 루쉰은 왕성한 문학 활동을 하게 된다.

그는 보수적인 문예잡지 『소설월보』에 「옛날을 그리며」라는 문어체 소설을 쓰는 한편 문학연구회 · 창조사 · 신월사, 및 그 밖의 문학단체들과도 직접 간접의 연관을 맺으며 구어체 문학의 보급에도 힘썼다. 구어체 문학에 대한 그의 사랑은 일찍이 1918년에 나온 『광인일기』에서 드러난다. 중국현대문학사상 최초의 중국현대소설로 꼽히는 이 소설은 제목 그대로 한 미치광이의 일기가 그 내용이다.

중국현대문학의 대부 루쉰

이 소설의 주인공인 미치광이는 피해망상증 환자로, 그는 온 마을 사람들이 식인종이라고 생각한다. 심지어 자기 형이나 부모도 자기를 잡아먹으려 한다고 생각하며 문을 잠그고 나오지 않는 것이다. 어린 시절 죽은 여동생도 식구들이 잡아먹었다고 생각할 정도이다. 이처럼 주인공이 모든 음식을 거부하자 그의 건강을 걱정한 가족들이 한의사를 불러 억지로 그를 진맥하게 하는데, 그는 이 또한 자기를 살 지워서 잡아먹기 위한 조치로 생각하는 것이다. 평론가들은 루쉰이 이 미치광이를 통해 사람을 잡아먹는 중국인의 식인문화를 비판하고 있다고 본다. 물론 중국인이 실제로 사람을 잡아먹는 것은 아니지만 봉건적인 인습이 사람의 정신을 잡아먹는다고 본 것이다.

『광인일기』뿐 아니라 소설 『아큐정전』을 통해서도 루쉰은 중국인 비판을 계속한다. 쥐뿔도 없으면서 정신승리법을 내세우며 고고한

척 하는 아큐, 약한 자에게는 함부로 하는 아큐를 풍자하는 이 소설을 통해 그는 일그러진 중국인을 신랄하게 꼬집고 있다. 이 같은 루쉰의 저항정신과 비판의식은 소설뿐 아니라 잡문雜文에도 잘 드러나 있다. 잡문이라는 말은 원래 자질구레한 글이라는 뜻으로, 루쉰은 자신의 글을 이처럼 겸손하게 표현한 것이다. 하지만 평론가들은 루쉰의 잡문이 그 어떤 산문보다 비판적이고 풍자적인 산문으로 평가한다.

다음은 1933년에 출판된 그의 잡문집에 실려 있는 「싸움구경」의 한 대목이다:

> 우리 중국 사람들은 늘 평화를 사랑한다고 말한다. 그러나 사실은 싸움을 더 좋아한다. 동물들의 싸움을 구경하는 것도 좋아하고 중국인들의 싸움을 구경하는 것도 좋아한다.
>
> 동물 싸움 중에 가장 보편적인 것은 투계, 즉 닭끼리의 싸움과 투실솔, 즉 귀뚜라미끼리의 싸움이다. 남방에는 꾀꼬리싸움과 멧새싸움도 있고, 북방에는 메추라기싸움도 있다. 아무튼 일 없는 사람들이 둘러앉아 멍하니 구경하거나, 승부를 놓고 돈내기를 하기도 한다. 옛날에는 물고기싸움도 있었다는데, 지금은 마술꾼들이 벼룩싸움도 시킨다고 한다.
>
> 올해에 『동방잡지』를 보고 남방의 금화 지방에 투우, 즉 소싸움이 있다는 걸 처음 알았다. 금화 지방의 소싸움은 스페인의 소싸움과 다르다. 스페인에서는 사람이 소와 싸우는데, 우리는 소들끼리 싸우게 한다. 사람들은 소들에게 싸움을 시키고 자기들은 그저 구경만 할 뿐이다.
>
> 군벌들이 서로 싸울 때도 사람들은 그저 구경만 할 뿐이다. 하지만 군벌들도 몸소 나서서 싸우지는 않는다. 병사들을 시켜 서로 싸우게 한다. 그 때문에 죽어라고 싸워도 군벌 두목들은 모두 건재하다. 이처럼 병사들을 내세워 싸우다가도 갑자기 오해를 풀고 잔을 들어 화해한다. 그러다가 갑자기 나라의 은혜를 갚자고 맹세하며 동맹군으로 싸우고, 또 갑자기 서로 싸우기 시작한다.
>
> 하지만 사람들은 군벌에게 모든 걸 맡기고, 그들의 마술놀이를 그냥 구경만 할 뿐이다.

사실 위 글에 소개된 소싸움이나 닭싸움은 한국에도 있는 민속놀이이다. 그런데 귀뚜라미싸움·멧새싸움·꾀꼬리싸움·물고기싸움에다가 벼룩싸움까지 있었다니 신기하다. 루쉰은 이처럼 신기한 이야기를 끌어다가 군벌들의 싸움을 풍자하고 있다. 뿐만 아니라 군벌들의 싸움을 옆에서 멀거니 구경만 하고 있는 중국 사람들의 방관적인 태도를 꼬집고 있는 것이다.

루쉰의 잡문은 이처럼 신랄하다. 비판의 대상도 중국 정치·사회·중국인·중국문화뿐 아니라 자기 자신에 이르기까지 미치지 않는 곳이 없다. 그래서 그는 공산당원이자 작가인 청팡우成倣吾와 지앙광츠蔣光慈 등으로부터 "부르주아(자산계급) 계급의 대변자"로 비난을 당하는 한편 국민당으로부터는 "중국 사회의 암흑을 폭로하는 위험 작가"로 지목되는 등 사면초가의 상황 속에 있었다. 실제로 그의 산문시집 『들풀』을 보면 척박하고 암울한 사회 현실과 그 속에서 방황하는 고독한 개인이 있다. 하지만 자칫 허무와 절망으로 빠질 듯한 루쉰의 저항정신은 그러나 맨 바닥을 치고 다시 일어나는 잠수부처럼 물 위로 치솟는다. 그 때문에 그는 행동하는 양심으로서 샤오홍蕭紅·샤오쥔蕭軍 등 수많은 후배 문인들을 이끌며 문단의 구심점 노릇을 했던 것이다.

하지만 1930년 무렵의 중국에서 행동하는 양심인 루쉰이 선택할 수 있는 길은 많지 않았다. 그는 결국 당시 대부분의 진보적인 문인들을 아울렀던 좌익작가연맹左翼作家聯盟의 대표를 맡는다. 민족혁명을 위한 대중문학을 추구했던 루쉰은 국민당보다는 그래도 공산당이 대의의 길을 가고 있다고 생각했기 때문에 친 공산당적인 좌련의 대표를 수락했던 것이다. 하지만 그 자신은 공산당에 가입하지 않은 채 취치우바이瞿秋白·마오뚠茅盾 등 진보적인 문인들과 함께 마르크스주의문예이론연구 등을 공부하며 문예대중화운동을 펼쳐나갔다. 인민대중을 위한 문예를 하자는 구호 아래 루쉰과 취치우바이 등은 인민대중이 쉽게 보고 쓰기 위해서는 한자보다 알파벳(로마자)을 문자로 보급하자는 운동까지 펼쳤다. 비록 이 운동은 실패로 끝났지만 1958년, 중국은 알파벳을 한자의 발음기호로 공식 채택하게 된다. 오늘날 널리 쓰이는 한어병음자모漢語拼音字母의 초석을 놓은 셈이다.

하지만 저우양周揚 등 공산당의 사주를 받는 문인들은 일찍부터 좌련을 공산당 문예정책을 실현시키는 도구로 이용하려 하였다. 그래서 이들은 마오쩌뚱이 주장하는 민족형식 문학이나 소련 공산당의 르뽀르따지(보고문학)를 끌어들이자고 주장했다. 여기까지는 그래도 괜찮은 편이었다. 저우양 등은 더 나아가 1936년 공산당이 결정한 통일전선 정책에 따라 문예계의 좌우 통일전선을 주장하면서 루쉰 등 좌련의 지도층을 무시하기 시작한 것이다. 루쉰이 이에 대해 공산당에 문제제기를 하자 공산당 중앙위원회는 루쉰을 무시하고 일방적으로 좌련에 대해 해산 명령을 내린다.

이 사실을 안 루쉰은 "공산당이 발뒤꿈치를 물어뜯었다."며 분개했다고 한다. 어쩌면 루쉰은 처음부터 공산당의 저의를 알고 있었을지도 모른다. 그 때문에 그는 저우양 등 공산당 문인들로부터 끊임없는 입당 권유를 받았음에도, 끝내 입당하지 않고 독자적인 길을 갔던 것이다. 하지만 그 무렵 루쉰의 건강은 악화될 대로 악화되어 그 해를 넘기지 못하고 세상을 떠난다. 어쩌면 그는 공산당에 대해 배신감을 느끼며 삶을 마감했을지 모른다. 그럼에도 불구하고 공산당은 죽은 루쉰을 재빨리 문예영웅으로 치켜세웠다. 당시 거의 모든 문인들의 정신적인 지도자였던 그를 이용해서 더 많은 문인들을 공산당 편으로 끌어들이기 위해서다. 실제로 1940년 경 마오쩌뚱은 루쉰을 마르크스레닌주의자 · 공산주의자 · 혁명의 기수로 추대함으로써, 그를 존경하는 많은 문인들을 공산당 지구인 연안으로 끌어들이는 데 성공했다.

루쉰의 공적인 생활이 이러했다면 그의 사적인 생활, 특히 애정생활은 세인의 이야기 거리가 될 만하다. 그는 25세에 어머니가 정해준 처녀인 주아안과 결혼을 했으나, 이후 한번도 그녀를 거들떠보지 않았다고 한다. 그러나 주아안은 줄곧 고향에서 시어머니를 봉양하며 있었고, 이를 뻔히 알면서도 루쉰은 북경에서 사범학교 교사 때 만난 20여 살 연하의 제자 쉬광핑許廣平과 사랑에 빠진다. 결국 45세의 루쉰은 20세의 쉬광평과 동거에 들어가는데, 민망한 일은 고향에 있는 조강지처를 그대로 방치한 것이다. 애시당초 어머니가 고른 며느리이니 어머니와 함께 살라고 생각했을지 모른다.

아무튼 루쉰이 죽자 조강지처가 아닌 쉬광핑이 그의 미망인 자격으로 중국에서 융숭한 대접을 받는다. 참혹했던 문화혁명 시기에도 그녀는 비판 한번 받지 않았으니 그녀에게는 일찍부터 영웅을 알아보는 혜안이 있었던 셈이다. 요컨대, 루쉰은 거침없이 저항하고 행동하다가 55세를 일기로 세상을 뜬 문인이요, 학자요, 교육자요, 정치활동가였지만 사적으로는 약간의 오점을 남겼다.

다음으로 띵링을 이야기해보자. 띵링은 1904년 호남성 림풍의 권문세가인 장씨 집안에서 태어났으나, 아버지가 가산을 탕진한 끝에 그녀 나이 세 살 때 세상을 뜬 후부터 빈궁한 처지가 되었다. 부친상 때 들어온 부조 돈도 큰아버지가 빌려가서 갚지 않고 장씨 문중에서

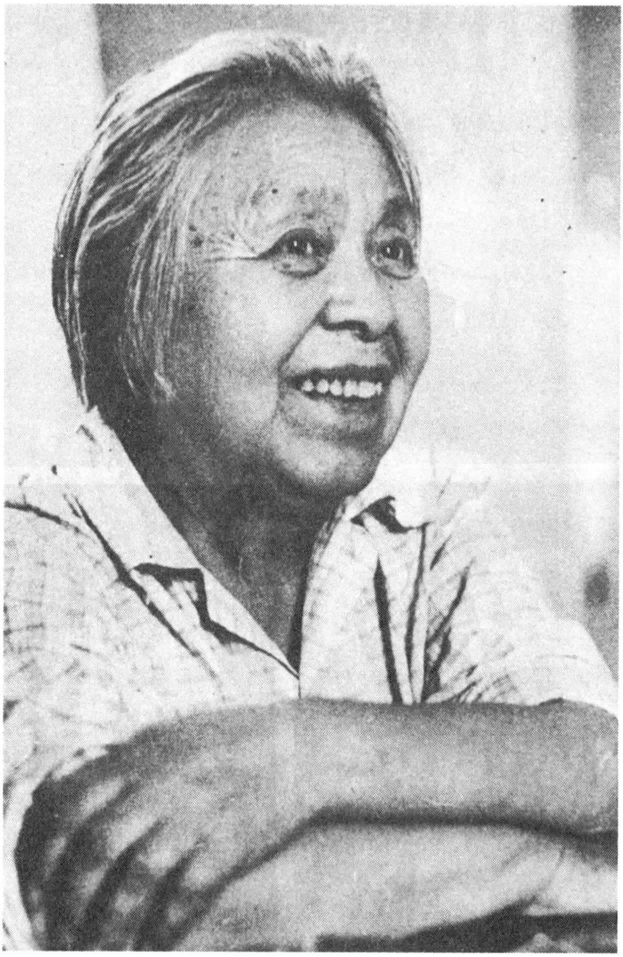

여권주의자에서 혁명전사의 길을 간 띵링(정령)

주는 장학금도 여자라는 이유로 받지 못하자, 결국 띵링의 어머니는 시가와 결별하고 딸을 데리고 친정으로 돌아간다. 하지만 외가에 온 띵링의 처지는 더 좋아지지 않았다. 사소한 잘못을 했다고 한겨울에 여종들을 맨몸으로 내쫓는 외삼촌들의 눈에 남편과 사별하고 친정에 돌아온 누이의 딸이 곱게 보일 리가 없었기 때문이다. 특히 셋째 외삼촌은 띵링을 억지로 시집보내려 하는 등 횡포가 심했다. 분노한 띵링은 마침내 『민국일보』라는 일간지에 외삼촌의 비행을 고발하는 글을 기고한 후 가출한다.

띵링은 어머니의 지지 하에 상해로 가서 평민여학교를 다니다가 1923년 상해대학 중문과를 다니기도 했다. 하지만 그녀는 학교공부보다는 자유로운 이성교제와 작가가 되겠다는 꿈이 더 강렬했던 듯하다. 이 무렵부터 자유연애와 자아실현, 및 남성중심적인 현실을 비판하는 주제의 소설을 쓰기 시작했기 때문이다. 하지만 그녀의 꿈은 쉽게 이루어지지 않았다. 이는 그녀가 쓴 「뭉크」「소피아여사의 일기」「1930년 봄 상해」 같은 단편소설을 통해 짐작할 수 있다. 즉 뭉크는 배우가 되었지만 자신의 직업에 만족하지 못한 채 절망하고, 소피아는 사랑도 일도 성취하지 못한 채 절망한다. 또한 「1930년 봄 상해」의 주인공 마리는 사회주의 운동가인 애인을 사랑하지만 애인의 사상에 동조할 수 없어서 이별을 선택하는 것이다.

사실 1930년 무렵 띵링은 사회주의 운동가인 후예핀과 동거하며 딸을 낳았다. 소설 속에서는 헤어졌지만 실제로는 헤어지지 못한 셈이다. 그러나 띵링은 남편처럼 열렬한 사회주의 운동가도 아니었고 공산당에 입당하지도 않았다. 비록 좌익작가연맹에서 발행하는 문학잡지인 『북두』의 편집장을 맡고 있기는 했지만, 그녀가 공산주의 혁명을 지지하지 않았던 것은 사실이다. 이는 그녀가 즐겨 쓰는 소설 속 여주인공의 이름이 뭉크Munch · 소피아Sophia · 마리아Maria 같은 서양식 이름이라는 점과, 이들 여주인공들이 모두 개인의 자유로운 자아를 실현하려는 점에서 확인된다.

그럼에도 불구하고 띵링이 1932년 결국 공산당에 입당한 후 연안으로 가서 사회주의 혁명을 위한 현실주의문학의 길을 걷게 된 데는 다음과 같은 이유가 있다. 즉 당시의 친 국민당적인 문예 잡지는 여성 작가를 남성 작가들을 위한 꽃 정도로 보거나 심지어 노리개로 삼으려는 경향이 있었다. 반면에 친 공산당 단체인 좌련의 산하 문예 잡지인 『북두』는 그녀에게 자유로운 창작과 편집을 보장했다. 그 때문에 띵링은 공산당에 입당하지는 않았지만 공산당에 반감을 가지지 않았을 것이다.

그러다가 열렬한 공산주의 혁명가인 남편 후예핀이 국민당에 체포되어 처형되자, 그녀는 공산당에 입당하고 사회주의 혁명의 길을 걷기 시작한다. 이는 그녀의 자유로운 선택이기도 했지만 또 불가피한 선택이기도 했다. 부부는 일심동체이니 후예핀의 미망인인 그녀에 대한 국민당의 눈길이 적대적이었을 테고, 이를 피하기 위해 그녀는 공산당의 보호를 받지 않을 수 없었을 테니까 말이다. 그럼에도 불구하고 얼마 후 띵링은 국민당에게 체포되어 옥고를 치르게 된다. 다행히 출옥에 성공한 그녀는 딸을 어머니에게 맡기고 홀로 공산당 지구인 연안으로 간다. 이는 1936년의 일이었다.

하지만 연안에 간 띵링은 크게 실망한다. 그녀가 접한 연안은 인민대중이 모두 평등하게 행복한 삶을 누리는 사회주의의 성지 연안이 아니었던 것이다. 이 같은 현실을 그녀는 소설 「병원에서」를 써서 비판한다. 즉 이 소설의 여주인공 루핑은 공산당에 의해 한 병원의 산부인과 의사로 부임하게 되는데, 부임 첫날부터 권위적인 병원장으로부터 무례한 대우를 받는다. 게다가 이기적이고 불결한 간호사와 환자들, 형편없이 낙후한 병원 시설이 그녀를 충격에 빠뜨린다. 결국 동분서주하면서 문제 해결에 앞장서던 루핑은 도리어 비판을 당하고 병원을 떠나는 걸로 소설을 끝난다.

띵링뿐 아니라 이 시기에 연안으로 온 많은 작가들도 연안의 상황을 비판하는 작품들을 많이 썼다. 이 가운데 가장 신랄한 비판을 한 소설로는 왕스웨이王實味의 『들백합화』이다. 왕스웨이는 이 소설에서 공산당이 해방시켰다는 연안에도 계급서열이 엄연하다고 비판했다. 연안의 계급에는 다섯 등급이 있는데, 공산당 고급간부가 당연히 제1등급이다. 그래서 식량도 5등급에 따라 차등적으로 분배되고, 의복도 계급서열에 따라 3색으로 나뉜다고 폭로한 것이다. 띵링도 「부녀절 유감」이라는 산문을 써서 당 간부들 가운데 본처와 이혼하고 새장가를 드는 풍조를 다음과 같이 비판했다:

> 본처와 이혼하는 구실은 물론 '낙후'이다. 사실 여성이 스스로 진보하지 못하고 남편에게만 붙어 있는 것은 수치스런 일이기는 하다. 하지만 그녀들이 왜 낙후되었는지 한번 살펴보자. 그녀들도 결혼하기 전에는 모두 큰 뜻을 품고 사회주의 혁명을 위해 투쟁했었다. 하지만 남성들의 "상부상조하자"는 달콤한 말을 듣고 결혼을 했다. 결국 그녀들은 처녀 시절에 떨치고 나갔던 가정으로 다시 돌아와 가사에만 전념하도록 강요당했고, 그로 인해 낙후될 수밖에 없었다.

띵링은 이처럼 당 간부의 본처가 낙후될 수밖에 없는 이유를 설명했다. 뿐만 아니라 그녀는 이 글에서 마오쩌뚱이 병약한 부인 허즈전賀子珍을 소련으로 보낸 후 새로 맞아들인 지앙칭江靑을 비롯한 고급

간부의 부인들이 주말에 모여서 사교춤을 추는 행위도 은근히 꼬집었다. 그 결과, 1942년 띵링은 왕스웨이 등 다른 문인들과 함께 자아비판에 처해진다. 아울러 그때까지 맡고 있던 잡지 『문예』의 편집장 자리를 내놓고, 농촌으로 내려가지 않을 수 없었다.

1942년 이래 우파 반동분자의 낙인이 찍힌 띵링은 중공 수립 후에도 순탄치 못한 생활을 한다. 그녀는 1950년대 반우파운동反右派運動의 표적이 되어 곤욕을 치르기도 하고, 1966년경에 시작된 문화혁명 때는 외양간이라 불리는 더럽고 좁은 감옥에서 생활하지 않으면 안 되었다. 하지만 은근과 끈기로 이 모든 가시밭길을 헤치며 살아남은 그녀는 1979년, 드디어 모든 권리를 회복한다. 복권된 후 1986년, 향년 82세로 세상을 뜰 때까지도 띵링은 적지 않은 산문을 써서 자신의 삶을 회고하고 중국 사회에 대한 신뢰를 표시했다. 삥신과 함께 띵링을 중국 현대 여성 작가의 양대 산맥이라 부르는 이유가 여기에 있다.

열다섯 번째 이야기

따이왕수戴望舒와 아이칭艾青의 현대주의 시

中 國 文 學 이 야 기

띵링보다 1년 뒤인 1905년, 절강성 항주에서 태어난 따이왕수는 신월파의 쉬즈모의 뒤를 이어 1930년대 중국 시단에 상징주의와 현대주의 시를 유행시킨 장본인이다. 1932년 『현대』라는 문예 잡지를 중심으로 활동했다고 해서 현대파 시인으로도 불리는 따이왕수는 두어 가지 점에서 쉬즈모와 매우 닮았다. 첫 번째 공통점은 시어의 아름다움과 존재의 허무감을 추구한 점이다. 따이왕수는 프랑스의 상징주의 시인인 베를렌느·구르몽 등의 영향을 받아 「비 내리는 골목」 등 상징과 이미지가 풍부한 시를 많이 썼다. 그러면서도 그의 시에는 늘 쓸쓸한 적막감이 떠돌고 있다. 이 같은 분위기는 쉬즈모의 시에서도 그대로 맛볼 수 있다. 이 둘은 고향도 절강성 항주 지역으로 똑 같다.

또 한 가지 공통점은 여성의 사랑을 향한 갈망이다. 쉬즈모가 린후이인에 대한 사랑을 성공시키지 못하고 루샤오만과의 결혼생활도 행복하지 못했듯, 따이왕수 또한 그랬다. 어린 시절 앓았던 천연두로 인하여 얼굴에 마마 자국이 있었던 그는 성격도 그리 밝지 못했다고 한다. 그렇지만 따이왕수는 동료 시인인 스저춘施蟄存의 여동생 스지앙니엔에 반하여 열렬히 구애하였으나 결국 실패했다. 그러자 이번에는 역시 동료 작가인 무스잉穆時英의 누이동생 무리쥐엔을 사랑한 나머지 자살소동까지 벌였다.

이처럼 필사적으로 구애한 끝에 그는 마침내 무리쥐엔과의 결혼에 성공하기는 한다. 하지만 혼인 후 둘 사이에 딸까지 두었음에도 불구하고 이들의 결혼 생활은 오래 가지 못했다. 결국 긴 별거생활 끝에 무리쥐엔과 이혼한 따이왕수는 또 다른 여자와 재혼했다가 또 다시 헤어지는 비운의 주인공이 된다. 결국 그도 쉬즈모보다는 조금 더 오래 살았지만, 45세라는 비교적 젊은 나이로 세상을 떠난다.

이처럼 사랑을 향한 따이왕수의 열정은 미완성인 채로 끝났지만, 그의 시는 나름대로 완성되어 오늘날까지 수많은 사람들의 찬탄의 대상이 되고 있다. 그럼 먼저 1928년에 발표된 그의 시 「비 내리는 골목」의 앞 대목을 보자:

> 기름종이 우산을 받쳐 들고, 혼자서
> 길고 긴,
> 쓸쓸하기도 한, 비 내리는 골목을 서성인다.
> 나는 갈망한다.
> 라일락 꽃 같은 시름을 맺은
> 한 처녀와 만나기를.

현대파 시인 따이왕수

20대 초에 쓴 이 시에는 그의 사랑에 대한 갈망이 드러나 있다. '기름종이 우산'과 '라일락꽃'에서 그가 추구한 서구적 이미지를 맛볼 수 있고, "혼자서 길고 긴, 쓸쓸하기도 한 비 내리는 골목을 서성인다."에서는 그의 고독이 느껴진다. 마지막으로 "시름을 맺은 한 처녀와 만나기를" 갈망하는 대목에서는 라일락 꽃을 시름맺은 것으로 표현한 그의 암울한 정서가 느껴진다. 이처럼 우울한 정서에도 불구하고 그의 시에는 서정적인 아름다움이 짙게 배어 있어서, 신기하게도 경쾌하고 산뜻한 느낌이 있다. 「인상」의 경우가 그렇다:

그것은 깊은 골짜기에 떨어진
은은한 방울소리겠지.
그것은 안개 낀 물위로 지나간
자그마한 고깃배겠지.
만약 그것이 푸른빛의 진주라면
이미 옛 우물의 검은 물속에 떨어졌겠지.

숲 속 나무 끝에서 번득이고 있는 시든 햇볕을
그것은 가벼이 거두어갔다.
얼굴에 떠돌던 잔잔한 미소와 함께.

한 쓸쓸한 곳에서 나온
아득하고 쓸쓸한 오열이
또 서서히 쓸쓸한 곳으로 되돌아갔다.
쓸쓸히.

따이왕수가 포착한 인상은 이처럼 쓸쓸하고 아득하다. 깊은 골짜기에 떨어지는 방울 소리 같고 안개 낀 물 위로 지나가는 고깃배 같고, 옛 우물의 검은 물 속으로 빠진 푸른 진주 같이 은은하고 아름답지만 손에 잡을 수는 없는 인상인 것이다. 그 애틋하고 아련한 인상은 또 땅거미 질 무렵 나무 가지 끝에 남아 있던 한 자락의 햇볕까지 거두어 간다. 그와 함께 얼굴에 떠돌던 시인의 미소까지 거두어 가버리는 것이다. 이처럼 쓸쓸한 적막감에 시인은 오열하지만, 그 오열조차 다시 쓸쓸한 적막감에 파묻히고 만다. 이처럼 암울하기 짝이 없는 내용이건만, 이 시를 다 보고 난 독자는 마치 실컷 울고 나서 느끼는 일종의 카타르시스를 맛보게 된다.

따이왕수의 시는 선배 시인인 리진파李金髮의 시처럼 난해하지 않으면서 동양인의 정서에 잘 맞는 현대주의 시풍을 갖고 있다. 평론가들은 그의 시가 전통적인 함축미와 서양의 상징미를 성공적으로 결합시켜 중국 현대시의 새 장을 열었다고 극찬한다. 이는 그의 시가 동양화가 갖는 여백과 서양화의 입체적인 밀도를 조화롭게 연결시켰기 때문으로 보인다. 따이왕수는 비록 살아 있는 동안 사랑하는 여성의 마음을 얻는 데는 실패했지만, 죽은 후 지금까지 순수한 서정시를 사랑하는 많은 독자들의 사랑을 한 몸에 받고 있는 성공한 시인이라고 할 수 있다.

아무튼 젊은 시절 개인적인 사랑에 몰두하던 그도 1937년, 중일전쟁이 터진 이후에는 다른 많은 시인들과 마찬가지로 일본에 대항하는 항일시를 쓰다가 투옥된다. 그는 감옥에서 「옥중에서 벽에 쓴 시」「망가진 손으로」 등 항일과 애국심을 주제로 한 시를 썼다고 전하는데, 이 시들에 대해서는 그리 높은 평가를 받지 못했다. 어쩌면 그의 실존적이고 개인적인 시가 항일을 염원하는 사회적 힘으로 자연스레 이어질 수 없는 태생적인 한계가 있었을지 모른다.

그에 비해 항일시로서 작품성을 높이 평가 받은 시인은 아이칭艾靑이다. 그는 따이왕수보다 5년 연하로, 처음에는 그도 따이왕수와 함께 현대파 시인으로 활동했다. 그 때문에 아이칭 또한 따이왕수처럼 초기에는 상징적이고 현대적인 시를 많이 썼다. 하지만 그다지 두각을 나타내지 못하다가 중일전쟁이 일어날 무렵부터 항일시인으로 두각을 나타내기 시작했다. 아이칭은 1938년 문협文協이라는 단체에 가입하여 커중핑柯仲平·까오란高蘭 등 시인과 함께 거리에서, 집회에서, 심지어 산간벽지에까지 가서 항일의식을 고취하는 시 낭송을 했다. 무한을 중심으로 시 낭송 활동을 하던 아이칭은 무한이 일본군에 함락되자, 중경·곤명 등지로 돌아다니면서 낭송활동을 계속했다.

그럼 아이칭의 시 「태양」을 감상해보자:

태고의 묘지로부터
암흑의 시대로부터
인류 사망의 흐름 저쪽으로부터
깊이 잠든 산맥을 뒤흔들며
불 바퀴가 모래언덕을 타고 내려오듯
태양이 나를 향해 굴러온다.

그것은 감추기 힘든 빛살로
생명을 호흡하게 하여,
큰 나무의 무성한 가지가 그것을 향해 춤추게 하고
강물이 미친 노래를 부르며 그것을 향해 내달리게 한다.

그것이 올 때, 나는 들었다.
겨울잠 자던 벌레가 땅 밑에서 꿈틀대고
군중이 광장에서 큰 소리로 떠들어대는 소리를.
도시가 먼 곳으로부터
전력과 강철로 그것을 부르는 소리를.

그리하여 나의 가슴은

화염의 손길에 찢기고
썩어문드러진 영혼은
강가에 내팽개쳐지고
나는 마침내 인류 재생에 대한 확신을 갖는다.

마치 영화를 보듯 생생한 시이다. 이 시의 시작은 태초이다. 태초의 암흑과 사망 속에서 한점 태양이 굴러 온다. 굴러오면서 산을 깨우고 나무들을 춤추게 하고 강물을 노래하게 한다. 그뿐인가? 태양은 굴러오면서 잠자던 땅 속 벌레들을 꿈틀거리게 하고 군중을 광장으로 모이게 하고 도시를 활기 있게 하는 것이다. 그런 다음 태양은 마지막으로 강가에 무력하게 서 있는 나에게 굴러와 그 뜨거운 불길로 얼어 있던 내 가슴을 헤치고, 내 썩은 영혼을 파내어 내팽개친다. 그리하여 나는 다시 소생한다. 나만 소생하는 것이 아니라 인류 전체가 다시 살아남을 확신하게 되는 것이다.

항일시인 아이칭

“나의 가슴이 화염의 손길에 찢기고, 썩어문드러진 영혼이 강가에 내팽개쳐지”는 등 마지막 표현이 좀 엽기적이기는 하지만 이 시는 전체적으로 매우 역동적인 그림이다. 죽었던 모든 생명이 태양의 에너지로 눈부시게 부활하는 모습이기도 하다. 또한 이 시를 낭독해 보면 점점 고양되는 감정을 느낄 수 있다. 반복법과 점층법의 효과이다. 이처럼 반복하면서 점점 감정을 고양시키는 아이칭 시의 선동적인 운율은 듣는 사람에게 점차 격앙되는 감정을 불러일으킨다. 바로 이점 때문에 그의 시가 항일의식을 고취시키는 데 탁월한 효과를 내는 시로 평가되는 것이다.

「태양」을 통해서 소생된 아이칭은 「그는 일어났다」에서 다음과 같이 쓰러졌다 일어나는 항일 전사를 찬미하고 있다:

그는 일어났다.
몇 십 년의 굴욕 속에서.
원수가 그를 위해 파놓은 깊은 구덩이 옆에서.

그의 이마는 피투성이고
그의 가슴도 피투성이지만
그는 웃고 있다.
그는 이제껏 이렇게 웃은 적이 없었다.

그는 웃고 있다.
두 눈은 앞을 보고 눈빛을 번득이며
찾고 있는 것 같다.
그를 땅에 쓰러뜨린 원수를.

그는 일어났다.
그는 일어나
모든 맹수보다 더욱 용맹하고
모든 인간보다 더욱 총명해질 것이다.

왜냐하면 그래야 하기 때문에.
왜냐하면 그는
원수를 죽임으로써
자기의 삶을 빼앗아 와야 하기 때문에.

이처럼 아이칭은 아군과 적군의 선을 긋고 항일 투사인 아군의 투쟁을 격려하기 시작한다. 실제로 이 시는 1937년 중일전쟁이 터진 지 몇 개월 되지 않은 때 발표된 것으로, 역시 한 편의 영화를 보는 것 같은 영상미가 있다. 또한 도치법과 반복법, 그리고 점층법을 사용하여 이 시를 낭송해보면 저절로 두 주먹이 불끈 쥐어질 만큼 박진감이 느껴지는 점도 「태양」과 비슷하다.

아이칭은 1910년 절강성 금화에서 지주의 맏아들로 태어났다. 난산 끝에 가까스로 태어난 그는 태어나자마자 부모에 의해 소작농에게 맡겨진다. 점쟁이가 그를 부모와 상극 관계라고 예언했기 때문이다. 그래서 아이칭은 소작농 따예허의 젖을 먹으며 다섯 살 때까지 농가에서 살았다. 실제로 그는 따예허를 어머니라 부르며 그녀의 우직한 사랑을 받으며 농민의 정서를 동일시해간다. 하지만 학교에 진학하기 위하여 친부모의 집으로 돌아온 아이칭은 갑자기 달라진 집에서 아버지를 아버지로 부르지 못하고 어머니를 어머니라 부르지 못하는 우울한 소년이 된다. 이처럼 태어나자마자 부모로부터 격리되었다가 다섯 살 때부터 친아버지를 아저씨로, 친어머니를 아줌마로 부르며 살아야 했던 소년의 슬픔이야말로 훗날 그의 창작 원천이 되었다고 할 수 있다.

점쟁이의 말 때문은 아니겠지만 아이칭은 끝내 부모와 사이가 좋지 않았다. 그는 아버지의 반대에도 불구하고 항주의 미술학교에 진학했고, 프랑스 유학까지 갔다. 하지만 아버지로부터 경제적 도움이 끊기자 1935년에 귀국하여 좌익미술가연맹에 가입한다. 이 또한 부모의 뜻을 거스르는 행위였음은 물론이다. 결국 좌익미술가로서 활동하던 아이칭은 국민당에게 잡혀 투옥된다. 그래도 아이칭의 부친은 맏아들인 그가 가업을 잇기를 바란다는 간절한 편지를 옥중에 있는 그에게 보내는 등 그에 대한 기대를 버리지 않았다. 하지만 옥중에서 더욱 깊어진 그의 저항 의식은 유모인 따예허에게 바치는 시를 비롯하여 피압박민중에 대한 애정과 일본군에 대한 항거를 고취하는 시로 이어졌다. 심지어 아이칭은 출옥한 후 고향에 갔을 때도 부모 형제는 찾지 않고, 자신의 이름을 부르며 임종한 유모 따예허의 무덤을 찾거나, 그녀가 생전에 자신을 업고 빨래를 했던 시냇가에 갔다고 전한다.

아이칭의 결혼생활 또한 순탄하지 않았다. 미술학교에 다닐 무렵 잠시 고향에 돌아가 부모의 뜻대로 혼인을 했지만, 루쉰이 그랬듯 그도 자신의 첫 아내를 무시했다. 그러다가 잠시 교편을 잡고 있던 학교에서 사제지간으로 만난 웨이잉과 결혼하여 네 자녀를 두었다. 하지만 그녀와의 결혼생활도 오래지 않아 파탄에 이르렀다. 국민당의 눈을 피해 연안 공산당 지구로 간 아이칭이 그곳에서 까오잉을 만나 재혼한 것이다.

띵링이 「부녀절 유감」이라는 산문에서 지적한 것처럼, 이 시절 연안의 공산당지구에는 조강지처를 버리고 새 장가를 드는 남성들이 많았다. 마오쩌뚱을 비롯한 공산당 간부만 그리 했던 것이 아니라 아이칭 같은 문인들도 그랬다. 따지고 보면 띵링 자신도 부득이하기는 했지만 두 세 차례 혼인한 경험이 있으니까 말이다. 현대 중국어에서 아이런愛人은 남편이나 아내를 가리키는 데, 이 단어가 연안 공산당 시절부터 사용되었다고 주장하는 사람이 있는 것도 바로 이 때문이다.

1942년에 연안 공산당 지구로 간 아이칭은 띵링과 마찬가지로 연안의 불평등한 생활에 불만을 느끼고 「작가를 이해하라, 작가를 존중하라」 같은 비판적인 산문을 썼다. 그 결과, 그 또한 공산당으로부터 호된 비판을 받고 자아비판에 처해졌다. 1949년 공산화된 중국에서도 그는 반우파운동과 문화혁명의 표적이 되어 많은 고통을 받았음은 물론이다. 그로 인해 아이칭은 말년에 심한 안질로 고생했다. 그럼에도 불구하고 그는 개혁개방 이후 모든 권리를 회복했고, 아흔 살 넘게 장수하며 글을 썼으며, 1985년 노벨문학상 후보에 오르기도 했다.

열여섯 번째 이야기

장아이링張愛玲의 소설

中 國 文 學 이 야 기

1940년을 전후하여 아이칭 등 많은 문인들이 항일이라는 목표를 향해 매진하고 있을 때, 어떤 정당에도 속하지 않고 어떤 정치적 입장도 가지지 않은 채 활동한 작가들도 있었다. 이들은 대부분 외세 점령지구인 상해나 홍콩에 살면서 작품 활동에만 몰두했는데, 샤오홍蕭紅·장아이링 등이 대표적인 작가들이다. 이들은 정치나 정당 활동에 관심이 없었을 뿐만 아니라 문인들 간의 논쟁에도 관심이 없었다.

이 무렵 문학에 대한 최대의 논쟁거리는 마오쩌뚱과 후펑에게서 나왔다. 그 내용을 잠시 소개하자면 1942년 5월 연안에서는 공산당을 이끄는 마오쩌뚱이 「문예강화」를 발표하여 작가들에게 인민대중을 위한 문예를 할 것을 촉구했다. 마오쩌뚱은 인민들이 즐길 수 있는 민요 형식에다가 공산당을 찬양하고 일본이나 국민당을 폭로하는 내용의 문예야말로 인민대중을 위한 문예라고 규정하고, 작가들에게 이 같은 문예를 실천하도록 한 것이다. 반면에 국민당 지구인 중경에 있던 후펑胡風은 1944년에 「주관론」을 발표하여, 작가가 정치가로부터 문예의 형식과 내용을 지시받아 작품을 쓰는 게 아니라 작가 스스로 각성하고 분발해서 인민대중을 위한 문예를 할 뿐이라고 응수했다. 문예에 대한 이 같은 마오쩌뚱과 후펑의 입장은 점차 친 국민당 문인들과 친 공산당 문인들 사이에까지 번져 이후 양측간에 끊임없는 논쟁이 벌어지게 된다.

하지만 장아이링은 이 같은 논쟁 밖에서 사랑과 정의, 진실과 삶 같은 인간 본연의 주제를 가지고 독특한 작품세계를 구축한다. 어떤 학자들은 장아이링을 상해에서 대중적이고 통속적인 소설을 쓴 '해파海派' 작가로 분류한다. '해파'는 북경에서 향토적이고 순박한 소설을 쓴 선총원沈從文 등 '경파京派'와 대비시킨 것으로, 여기서 해파는 상해파를, 경파는 북경파를 말한다. 하지만 엄밀히 말해서 장아이링은 어떤 파벌 활동도 하지 않은 작가로, 어쩌면 자신이 해파로 분류되고 있다는 사실에 대해서도 무심했을지 모른다.

장아이링은 1921년 상해에서 태어났다. 어린 시절 부모를 따라 북경과 천진 등 북방의 대도시에서 살다가 1929년에 다시 상해로 돌아왔다. 여덟 살 무렵부터 1952년 홍콩으로 이주하기까지 23년을 상해에서 살았으니, 그녀를 상해인으로 불러도 무방할 것이다. 물론 중간에 잠깐 영국 유학을 갔던 시기도 있고, 홍콩에 가 있을 때도 있었다. 즉 1937년 중일전쟁이 일어나 많은 열혈청년들이 항일을 부르짖고 있을 때 장아이링은 영국 런던대학으로 유학을 갔다. 하지만 전쟁으로 인해 송금이 어려워지자 이내 홍콩대학으로 학적을 옮겼다. 그러나 그것도 잠시, 뜻하지 않은 부모의 이혼으로 더 이상 학업을 계속할 수 없게 되자, 상해로 돌아와 전업 작가가 된 것이다.

빼어난 미모의 장아이링은 40년대에 「패왕별희」「색, 계」 등 단편소설과 『도시를 무너뜨리는 연애』『금 자물쇠 이야기』 등 중편소설을 써서 주목을 받았다. 이 가운데 「패왕별희」나 「색, 계」는 영화화되어 한국에서도 많은 관객을 끌었다. 하지만 여기서는 장아이링의 『도시를 무너뜨리는 연애』와 『첫번째 향로』에 대해서 이야기하기로 한다. 먼저 『도시를 무너뜨리는 연애』의 한 대목을 소개한다:

> 리우수는 이불을 끌어안고 앉아서 처량한 바람소리를 듣고 있다. 그녀는 천수만 근처에 회색 벽돌 담장이 아직도 그 자리에 있음을 분명히 안다… 그녀가 마치 꿈꾸는 것처럼 담장 밑으로 가자, 맞은편에서 리우위엔이 왔다… 이 끊임없이 동요하는 세상에서 금전이나 부동산, 심지어 하늘과 땅 같이 영원한 것도 다

장아이링(장애령)

믿을 수 없는 것들이다. 오직 믿을 수 있는 단 한 가지는 그녀의 가슴 속에 있는 사랑과 그녀 옆에서 자고 있는 리우위엔 뿐이다. 그녀는 갑자기 리우위엔 곁으로 바짝 다가가 이불을 덮고 있는 그를 끌어안았다. 그가 이불 속에서 손을 내밀어 그녀의 손을 쥐었다. 그들은 서로를 뚫어지게 바라보았다. 그저 한 찰나의 사랑에 불과할 테지만 이 한 찰나의 사랑이 그들을 한 7·8년간 사이좋게 살 수 있게 해줄 것이다.

잠든 연인의 곁에 앉아서 시간과 공간을 넘어, 과거 천수만 부근 회색 벽돌 담장에서 둘이 만나던 광경으로 돌아갔다가 다시 돌아오는 대목이다. 이 같은 의식의 흐름이 활동사진처럼 펼쳐지는 이 소설은 사실 청상과부 리우수와 바람둥이 리우위엔의 사랑 놀음을 그리고 있다. 이들의 사랑 놀음은 결국 금전과 욕정의 추구라는, 끝이

빤히 보이는 애정 행각인 것이다. 그럼에도 불구하고 여주인공 리우수는 금전은 물론 하늘과 땅 같은 자연보다 리우위엔에 대한 자신의 사랑을 믿는다고 한다. 하지만 리우수는 리우위엔에 대한 자신의 사랑 또한 7·8년 정도밖에 유효하지 않음도 잘 알고 있다. 참으로 놀라운 사랑의 유효기간 분석이다.

장아이링의 소설은 대부분 상해라는 도시를 배경으로 벌어지는 남녀의 연애와 결혼 이야기인데, 그녀의 애정소설은 비슷한 시기에 나온 다른 작가들의 애정소설과는 다른 독특한 매력이 있다. 평론가들은 그 매력을 그녀만의 독특한 스타일, 즉 문체에서 찾는다. 이를 요약하면 그녀의 소설이 동서고금, 즉 과거와 현재, 동양과 서양 문학의 장점을 잘 살리고 있다는 것이다. 즉 그녀의 소설에는『홍루몽』같은 전통 소설이 갖는 탄탄한 구조와 성실한 묘사에다가 버지니아 울프의『등대』같은 서양의 현대소설에서 맛볼 수 있는 의식의 흐름과 심리 분석이 알맞게 어우러져 있다.

또 한 가지 장아이링의 소설이 갖는 특징은 비극성이다. 사실 인생은 기본적으로 비극이다. 사람이 아무리 즐겁고 행복하게 산다 하더라도 죽음으로 끝날 수밖에 없기 때문이다. 게다가 사는 동안 늘 그렇게 기쁘고 행복하지만도 않다. 몸과 마음이 병들고 온갖 관습과 욕망에 찌들기도 하는 것이다. 그래서 셰익스피어의 작품도 희극이 아닌 비극에 더 많은 찬사를 보내는 것이다. 인생의 진실은 슬픔이고, 이 슬픔을 담은 비극을 통해 사람들은 카타르시스, 즉 정화되는 느낌을 느낀다. 그 때문에 흔히 희극보다 비극에 문학적으로 더 많은 점수를 주는 것이다.

장아이링 소설의 주인공들은 대부분 비극적이다. 예를 들어 한 남자가 자기 딸의 친구와 사랑하는 「심경」이라든지, 한 순진한 처녀가 홍콩에 가서 사교계의 꽃 노릇을 하다가 유부남의 첩이 되는 「첫 번째 향로」 등등. 『금 자물쇠 이야기』는 더욱 가관이다. 이 소설의 여주인공 차오치챠오는 장애인의 아내 노릇을 하며 미쳐간다. 빗나간 물욕과 정욕으로 인하여 그녀는 온갖 수단을 동원하여 아들의 결혼 생활을 망치고 며느리를 죽음으로 몰고 간다. 하지만 이를 반성하기는커녕, 이번에는 딸의 애정생활까지 망치려든다. 다음은 미쳐가는 차오치챠오가 거울을 보는 대목이다:

바람이 창문으로 들어와 맞은 편 벽에 걸려 있는, 테두리에 시가 새겨진 기다란 칠 거울에 불자, 거울이 흔들리며 까딱까딱 벽을 두드린다. 치챠오가 두 손으로 거울을 누른다.

그러자 거울 속의 푸른 색 대나무 주렴과 녹색의 산수화 족자가 옛날처럼 바람 속에서 흔들리고 있다. 한참을 바라보고 나니 배 멀미하는 느낌이 난다. 다시 눈을 모아 바라보니 푸른색 대나무 주렴은 이미 빛이 바랬고, 녹색의 산수화 족자도 남편의 영정으로 바뀌었다. 거울 속의 사람 또한 10년은 늙었다.

이 대목에서는 테두리에 시가 새겨진, 기다란 칠 거울이라든지, 푸른 색 대나무 주렴, 그리고 녹색의 산수화 족자 등 1940년대 상해 소시민의 인테리어를 볼 수 있다. 40년대 상해의 한 소시민 가정의 거실에서 차오치챠오가 10년 세월을 이처럼 왔다 갔다 하는 것이다. 바람에 거울이 까딱까딱하듯이 말이다. 이 소설의 제목인 『금 자물쇠 이야기』는 사실 명나라 엽헌조가 지은 소설의 제목이기도 하다. 장아이링은 자신의 소설집 제목도 당나라의 소설 명칭인 전기傳奇, 즉 기이한 이야기를 그대로 사용할 만큼 중국 전통 문학에 깊은 뿌리를 내리고 있다. 그 때문에 그녀는 배경과 감정이 합쳐지는 정경융합

情景融合과 시적인 정서가 그림처럼 그려지는 시정화의詩情畵意 등 동양의 미학을 잘 운용하고 있다. 여기에다가 의식의 흐름, 이미지의 부각, 심리분석 등 서구적인 기법을 가미함으로써 세련되고 현대적인 느낌을 주는 것이다.

뿐만 아니라 장아이링의 소설에 등장하는 인물들은 대부분 독자에게 끊임없는 긴장감을 준다. 이야기가 진행될수록 인물의 내면적 갈등이 심화되고 증폭되어 거의 폭발할 것 같은 긴장감을 주는 것이다. 특히 여주인공들은 대개 이쪽도 아니고 저쪽도 아닌 양쪽의 경계 지점에 서서 끊임없이 갈등을 생산해낸다. 그녀들은 전통적인 여성상인 현모양처도 아니고, 남성과 동등한 능력과 권리를 추구하는 당당한 여장부도 아닌, 애욕과 물욕을 추구하는 보통 여성들이다. 하지만 그녀들이 추구하는 금전과 애정은 그리 쉽게 획득되어지는 것이 아니다. 그 때문에 욕망을 추구하는 여주인공들은 대부분 매우 왜곡되고 심지어 미친 모습으로 그려지고 있는 것이다.

앞서 언급한 『금 자물쇠 이야기』의 차오치챠오는 강자에 의해 자신의 욕망이 억눌리게 되자 한편으로는 침묵하면서 다른 한편으로는 스트레스를 발산할 약한 대상을 찾는다. 그리하여 남편으로부터 받은 스트레스를 아들과 며느리, 및 딸에게 푸는 것이다. 「도시를 무너뜨리는 연애」의 리우수나 『첫 번째 향로』의 거웨이룽도 이처럼 은밀한 교란과 반란을 꿈꾸는 여주인공들이다. 요컨대, 장아이링이 형상화한 여성상은 남편에게 구원의 손길을 내미는 천사 같은 아내라든지 자식들에게 헌신적인 어머니가 아니라, 남편과 자식들에게 자신의 욕망을 직접 간접으로 드러내는 평범한 여성이다.

이 같은 여성상은 오늘날 한국의 소설이나 텔레비전 드라마 또는 연극 · 영화에서 쉽게 만날 수 있다. 한국 소설의 경우, 딸보다 더 철이 없는 엄마를 그린 소설 『마요네즈』가 그 대표적인 작품이다. 또한 2000년대에 나온 중국의 소설 『까마귀』는 이보다 조금 더 왜곡된 욕망의 여성상을 그리고 있다. 장아이링은 1940년대 동서간의 서로 다른 이데올로기에 따른 냉전이 한창이던 차가운 흑백논리의 사회에 살면서 이 같이 불같은 개인의 감정 묘사에 몰입했던 것이다.

1940년 당시 중국을 비롯한 세계 여러 나라들은 제2차 세계대전의 포화 속에 있었다. 그 때문에 중국을 비롯한 세계 여러 나라의 분위기는 개인보다 국가가, 감정보다는 주의주장이, 여성보다는 남성이 주도하였다. 이 같은 살얼음판에서 여성의 개인적인 감정에 몰입한 장아이링의 소설은 분명 시대를 앞서간 면이 있었다. 그런 의미에서 그녀는 페미니즘과 포스트모더니즘의 기수로 평가되기도 한다.

장아이링은 중국이 공산화된 3년 후인 1952년, 영국 땅인 홍콩으로 이주하였다. 하지만 공산당의 지배가 노골화되면서 중국 대륙에서 살기가 불안했던 그녀는 4년 후인 1956년, 미국으로 이민을 간다. 35세의 비교적 젊은 나이로 미국에 간 장아이링은 1995년까지 39년간 그곳에서 살았다. 미국에 건너간 후에 그녀는 대만의 출판사와 연계하면서 그간 썼던 소설들을 묶어냈고, 틈틈이 서문이나 후기 같은 산문도 발표했다. 뿐만 아니라 그녀는 『홍루몽』에 대한 평론을 쓰거나 고대 소설에 주석을 다는 등 학술적인 논저도 남겼다. 장아이링은 74세의 나이로 뉴욕의 한 아파트에서 작고했다고 전한다.

당연하게도 1949년 공산화된 중국에서 장아이링은 잊혀진 인물이었다. 약 30년간 중국 대륙에서 출판된 중국현대문학사에는 장아이링이라는 이름이 아예 없거나, 있어도 인민의 적敵인 부르조아 소설가로 기록되어 있다. 이처럼 그녀가 30년 넘게 살았던 조국에서 철저히 배제된 이유는 물론 그녀가 평생 공산당과 사회주의 혁명을 지지하지 않았던 자유주의 작가였기 때문이다. 반면에 중화인민공화국이 유일한 중국으로 유엔에 가입하던 1971년까지 자유중국이라는 나라로 독립해 있던 대만의 문예계에서는 장아이링과 그녀의 소설을 줄곧 높이 평가해왔다. 다행히 중화인민공화국에서도 1979년 이후부터는 덩샤오핑의 개혁개방 정책에 힘입어 장아이링의 작품에 대한 재평가가 이루어졌고, 이제는 그녀의 모든 작품이 수록된 전집까지 출판되어 있다.

열일곱 번째 이야기

마오쩌뚱毛澤東의 신 문예운동

마오쩌뚱(1893-1976)은 누구보다도 문예의 중요성을 잘 알고 있었던 정치가이자 문인이었다. 그런 의미에서 그는 문학으로 정치의 도를 펼쳐야 한다고 한 옛날 삼국시대 위나라의 왕 조비와도 같다고 할 수 있다. 실제로 마오쩌뚱은 많은 지식인과 문인의 존경을 받고 있는 저우언라이周恩來를 앞세워 일찍이 1930년대부터 문인들을 공산당에 영입하는 데 공을 들였다. 마오쩌뚱의 이 같은 문예정책은 루쉰을 대표로 추대한 좌익작가연맹으로부터 시작되어, 많은 애국적이고 열정적인 작가들을 공산당 쪽으로 기울게 한 것이 사실이다.

1949년 초, 공산당이 북경에 입성했을 때에도 마오쩌뚱은 제일 먼저 문인들을 집결시켜 문인대회를 열었다. 꾸어모루어 등 7·8백 명의 문인들이 참가한 이 대회는 17일간 진행되었는데, 다섯째 날에는 마오쩌뚱이 몸소 참석하여 문인들이 인민의 문인임을 상기시켰다. 이 자리에서 저우언라이는 마오쩌뚱의 문예관을 더욱 구체화시켜서 다음과 같은 요지의 주제발표를 했다. 즉 정신노동자인 작가들은 육체노동자인 농민과 노동자에게 배워야 한다. 그러기 위해서는 먼저 노동자와 농민을 잘 알아야 한다. 더구나 지금은 작가가 인민대중이 좋아하는 작품을 더 많이 써야 하는 때이다. 그 때문에 작가들은 인민이 좋아하는 구형식의 문예, 즉 민요 같은 민족형식의 문예를 해야 한다는 것이다. 이는 모두 마오쩌뚱이 1940년대 초부터 주장했던 내용들이다.

이어서 꾸어모루어·마오뚠·저우양 등 문인들이 차례로 발언을 했는데, 이들의 발언을 종합하면 한마디로 1942년 마오쩌뚱이 연안에서 발표한 「문예강화」를 충실히 따르자는 것이다. 이에 따르면 문예는 정치에 봉사해야 하며, 문인은 노동자·농민, 및 병사를 위한 문예를 하되, 인민 대중을 교육하기보다 찬양해야 하며, 인민대중이 좋아하는 민간문학을 해야 한다. 이는 저우언라이가 발표한 내용을 더욱 더 구체화한 것이다.

그런 다음, 마오쩌뚱은 모든 문인과 예술가들을 사회주의혁명을 위해 봉사하는 공산당의 선전부에 소속시켰다. 이는 사실상 작가의 신분을 당 선전부의 선전대원으로 묶어두는 것으로, 이후 작가들은 당으로부터 내려오는 문예지침에 따라 작품을 써야 됨을 뜻했다. 선전대원이 된 문인들이 받은 첫 번째 문예지침은 다음 세 가지이다. 첫째, 모든 작품은 노동자 · 농민 · 병사를 주인공으로 삼아야 한다. 둘째, 작품에 지식인도 등장시킬 수 있지만, 주요 인물이 아닌 주변 인물로 한정시켜야 한다. 셋째, 노동자 · 농민 · 병사 등 주요 인물은 긍정적으로 묘사해야 하고, 지식인 등 주변인물은 부정적으로 그려야 한다.

이처럼 작가들을 선전대원으로 삼아 사회주의 중국을 건설해가던 마오쩌뚱은 한국전쟁 참전과 스탈린의 사망으로 국내외적인 위기를 맞았다. 이 같은 위기를 타개하기 위하여 마오쩌뚱은 또 한번 문인대회를 연다. 1953년 9월말 2주간에 걸쳐 진행된 이 대회는 마오쩌뚱이 대회와 일정을 구체적으로 지시했다고 한다. 이에 따라 저우언라이는 문인과 예술가들에게 사회주의혁명의 완성을 위한 작품을 쓸 것을 강조했다. 흔히 사회주의리얼리즘, 즉 사회주의현실주의라고 하는 공산당의 문예사조를 실천하라는 말이다. 이어서 저우양은 저우언라이가 말한 사회주의현실주의의 구체적인 창작 방법을 다음과 같이 이야기했다. 그는 먼저 작가들이 노동자 · 농민 · 병사 등 주요 인물 가운데서도 특별히 우수한 영웅 인물을 내세워야 한다고 했다. 그에 따르면 문인들은 모든 반동 세력과 투쟁해서 승리하는 인민의 영웅인물을 작품 속에서 부각시켜야 한다는 것이다.

사실 이 같은 공산당의 문예지침을 접한 문인들은 얼마간 당황했을 것이다. 일본을 몰아내고 독립하기 위해서 공산당에게 우호적이었던 작가들은 일본으로부터 해방된 중국에서 이 같이 심한 속박을 계속 당하게 될 줄은 몰랐을 것이다. 그래서 마오뚠 등 많은 작가들은 이 같은 공산당의 문예 지침에 따라 작품을 쓰면 생동감 없는, 판에 박은 작품이 될 것이라는 우려를 나타냈다. 하지만 마오쩌뚱은 마오뚠의 견해를 묵살했을 뿐 아니라, 이 같은 생각을 하고 있는 문인과 작가들을 향한 대대적인 비판에 착수한다. 영화 『무훈전』비판, 학술 논저 『홍루몽연구』비판, 「주관론」의 저자 후펑 비판 등이 그것이다.

먼저 영화 『무훈전』비판을 보자. 이 작품은 청나라 말에 실존했던 무칠이라는 사람의 전기이다. 원래 무칠은 산동성 당읍현 출신으로, 집안이 가난하여 온갖 궂은일을 하다가 스무 살 무렵, 자기처럼 돈 없는 농민을 위해 학교를 세우겠다는 뜻을 세운다. 그는 헌 절간에서 살면서 구걸을 시작했다. 배고프면 기와조각을 씹고 목마르면 더러운 물을 마시며 구걸한 돈을 모은 그는 30년 후 드디어 학교를 세 개나 세운다. 뿐만 아니라 종자돈을 굴려서 자기가 뜻한 대로 가난한 농민의 자제들이 무료로 공부할 수 있게 했다. 이 같은 선행이 청나라 황실에 알려져 무칠은 황제로부터 상을 받고 사람들에게 추앙을 받았다.

이 같은 무칠의 이야기가 미국 유학을 마치고 돌아온 교육학자 타오싱즈의 심금을 울렸고 마침내 그에 의해 초등학교 교과서에 수록되었고, 이를 본 화가 두안칭저가 교과서의 내용을 그림책으로 만들었다. 이후 미국에서 영화학을 공부하고 돌아온 순위가 이 그림책을 보고 감동하여 만든 영화가 바로 『무훈전』이다. 1950년 12월부터 북경 등 대도시에서부터 상영된 이 영화에 대한 관객의 반응은 매우 좋았다. 언론의 반응도 폭발적이어서 영화가 상영된 지 4개월도 되지 않아 신문 잡지에 이 영화를 호평하는 글이 수 십 편이나 발표될 정도였다.

이렇게 전국적으로 좋은 평판이 있는 영화를 마오쩌뚱이 돌연 비판하고 나섰다. 그는 다음 네 가지 이유를 들어 『무훈전』을 비판했는데, 첫째, 무훈(무칠)은 투쟁이 아닌 구걸을 통해 돈을 모은 반동분자이다. 둘째, 그는 농민봉기를 일으킨 은인에게 도움을 주지 않은 반혁명분자이다. 셋째, 그는 청나라 봉건 황제로부터 상을 받았으니, 그 또한 봉건주의자이다. 넷째, 그는 종자돈을 불린답시고 고리대금업을 했으니 자본주의자이다. 마오쩌뚱에 따르면 무훈은 인민의 영웅이 아니었다. 그러니 무훈은 찬양의 대상이 아니라 폭로의 대상이라는 것이다.

마오쩌뚱은 나아가 이 같은 영화를 만든 사람이나 이 영화에 좋은 평가를 해준 사람들은 모두 비판 받아 마땅하다고 했다. 그 결과, 이 영화의 각본을 쓰고 감독을 했던 순위를 비롯하여 이 영화를 호평했던 많은 문인과 작가들이 차례로 자아비판을 했다. 아니 스스로 자아비판을 했다기보다 자아비판을 강요당했다고 하는 게 옳다. 자아비판 후 이들은 공장과 농촌, 및 부대로 보내져 노동자와 농민, 및 병사들에게서 배워야 했으니 말이다.

다음으로 『홍루몽연구』비판을 보자. 앞서 아홉 번째 이야기로 다

『홍루몽』의 저자 조설근

룬 소설 『홍루몽』은 『삼국지』·『서유기』·『수호전』과 함께 중국인들이 가장 애독하는 소설이다. 그래서 예로부터 많은 학자와 연구가들이 이 소설을 연구했다. 『홍루몽연구』도 위핑보라는 학자가 『홍루몽』을 연구하여 낸 저서이다. 위핑보는 북경대학에서 후스의 지도를 받고, 영국 유학 후 돌아와 북경대학의 교수로 재직하며 이 연구저서를 썼다.

위핑보는 풍부한 고증과 비교, 및 분석과 종합을 통하여 이 소설에 대해 다음 다섯 가지 결론을 내렸다. 첫째, 『홍루몽』은 청나라 말 몰락한 귀족이었던 저자 조설근의 자전적인 소설이다. 둘째 이 소설의 주요 사상은 노장 사상의 도이고, 불교의 색즉시공이다. 이는 이 소설이 한 개의 돌이 도사의 원력으로 사람으로 화하는 것으로 시작되어, 사람이 다시 돌로 돌아가는 것으로 마무리되어 있기 때문이다. 다음 셋째, 소설의 여주인공 임대옥과 설보채의 관계는 대립 관계라기보다 보완 관계이다. 이는 이 두 여성이 비록 가보옥이라는 남자를 사이에 둔 연적이기는 하지만, 상대가 아프면 약도 지어다 주는 등, 서로의 가치를 인정해주기 때문이다. 넷째 결론은 셋째와 비슷한 것으로, 소설에 등장하는 여러 인물들은 각자 한을 가지고는 있지만, 분노하지 않는 고상한 품격이 있다고 보았다. 이는 청나라 귀족의 기품을 인정한 것이다. 마지막으로 다섯째, 이 소설은 중국의 고전인 「이소」·『서상기』·『금병매』의 맥을 잇는 소설이다. 이는 물론 이 소설이 전통 문학을 계승했다는 뜻이다.

이 같이 다섯 가지 결론을 내린 위핑보의 『홍루몽연구』는 나오자마자 언론사와 출판사, 및 학자들에게 높은 평가를 받았다. 특히 『문예보』의 편집장이자 문인인 펑쉬에펑은 이 연구 저서를 극찬했다. 그런데 이 무렵 리시판과 란링이라는 두 명의 젊은 문학평론가가 이 저서를 비판하는 글을 『문예보』에 기고했다. 이들 글의 대체적인 내용은 위핑보의 『홍루몽연구』가 공산주의 사회가 요구하는 유물론적 관점이 아니라 유심론적 관점으로 연구되었기 때문에 비판받아야 한다는 것이었다. 하지만 이들의 비평문은 『문예보』에 실리지 않았다.

얼마 후 다른 잡지에 실린 리시판과 란링의 비평문을 본 마오쩌뚱이 두 젊은 평론가의 편을 들며 위핑보의 『홍루몽연구』에 비판의 포문을 열었다. 이로 보아 어쩌면 두 젊은 문학평론가들에게 『홍루몽연구』에 대한 비판의 글을 쓰게 한 것도 마오쩌뚱이었을지 모른다. 영화『무훈전』비판 때와 마찬가지로, 그는 아직도 대다수의 문인 · 학자 · 언론인들이 공산사회주의 관점을 가지지 못하고 있다고 보았을 것이다. 그래서 그는 또 다시 문학을 연구하는 학자 · 비평가 · 신문 잡지 편집인 등을 단도리해 둘 필요를 느꼈을지 모른다. 그는 곧 이들을 소집하여 『홍루몽연구』의 관점에 대해 토론을 시켰다. 1953년 10월에 벌어진 이 토론회에는 리시판과 란링이 정중히 초대되었음은 물론이다.

약 70명이 참가하여 벌인 이 토론회는 위핑보가 낸 다섯 가지 결론에 대해 다음과 같이 조목조목 반박했다. 즉 첫째, 『홍루몽』은 조설근의 자전적인 소설이 아니라 사회비판 소설이다. 이는 소설 안에 청나라 귀족사회의 매관매직 등 부정부패에 대한 비판이 있기 때문이다. 둘째, 이 소설의 주제 사상은 도교의 도道나 불교의 공空이 아니라 봉건사회에 대한 비판의식이다. 셋째, 소설의 두 여주인공인 임대옥과 설보채의 관계는 보완 관계가 아니라 극한적인 대립 관계이다. 넷째, 소설에 등장하는 여러 인물들은 고상한 품격을 갖추고 있는 게 아니라 서로 모순을 일으키며 충돌하는 한심한 인간들이다. 다섯째, 이 소설은 전통문학의 계승이 아니라 전통문학과 단절된 사회주의 현실주의 소설이다.

마오쩌뚱은 오랜 세월 동안 인민의 사랑을 받고 있는 『홍루몽』을 이처럼 유물론적인 사회소설로 변신시키고, 위핑보 등 『홍루몽연구』에 관련된 문인 · 학자 · 편집장들을 차례로 비판대에 올렸다. 무려 두 달에 걸쳐 진행된 이 토론회에서는 『홍루몽연구』에 찬사를 보냈던 많은 지식인들이 자산계급의 유심론자들로 성토된다. 이로써 중국의 문인 · 작가 · 예술가 · 언론인에 이어 학자와 연구가들까지도 유물론적 사회주의 현실주의라는 좁은 틀 안으로 몰리게 되는 것이다.

마지막으로 마오쩌뚱이 시작한 후펑胡風 비판은 사실 일찍부터 예견된 비판이었다. 후펑은 일찍이 1940년대 전반부터 마오쩌뚱의 「문예강화」에 「주관론」이라는 직격탄을 날렸던 문인이기 때문이다. 후펑(1902-1985)은 북경대학과 청화대학, 및 일본 게이오대학을 다닌 지식인으로, 일본유학 당시부터 공산주의 활동을 했다. 귀국 후 그는 루쉰과 만나게 되면서, 그를 존경하여 1936년 루쉰이 죽을 때까지 그 곁을 지켰다.

「주관론」으로 마오쩌뚱에게 맞서다 25여년간 옥살이 한 후펑

후펑이 마오쩌뚱의 눈엣가시가 된 건 이때쯤부터였을 것이다. 그는 마오쩌뚱이 국방문학을 하자며 좌련 소속 문인들에게 통일전선의 노선을 따르라고 했을 때 루쉰과 함께 이를 결사적으로 반대했기 때문이다. 여기서 말하는 공산당의 통일전선은 일본에 대항하기 위해 좌련의 문인들은 국민당의 문인들과 무조건 통합하라는 전략을

말한다. 후펑은 통일전선을 따르지 않았을 뿐 아니라 마오쩌뚱이 인민대중을 위해 민족형식의 문학을 하라고 했을 때도 이를 거부했다. 후펑은 마오쩌뚱이 루쉰 등 문인들이 애써 가꾸어 온 구어체 문학을 송두리째 부정한다고 본 것이다. 당연하게도 그는 마오쩌뚱의 「문예강화」도 받아들이지 않았다. 마오쩌뚱이 문학을 정치의 도구로 삼고, 문인이 누려야 할 창작의 자유를 빼앗으려 한다고 본 것이다. 이 같이 마오쩌뚱에게 맞선 후펑은 마오쩌뚱의 공산당이 중국 대륙을 차지한 후에도 자신의 주장을 굽히지 않았다. 오히려 그는 공산당이 창작의 자유를 뺏는 다섯 자루의 칼을 문인들의 머리에 꽂고 있다고 비판하였다.

그러자 마오쩌뚱은 후펑을 옥죄기 시작했다. 이미 1952년부터 후펑문예사상토론회를 열어 후펑 비판에 착수한 그는 1955년 2월, 후펑이 가장 아끼는 제자 수우에게 스승과 주고받은 사적인 편지들을 공개하도록 한 것이다. 이어서 마오쩌뚱은 후펑비판대회를 대대적으로 소집하여 후펑을 궁지로 몰았다. 막다른 골목으로 몰린 후펑은 생명의 위협을 느끼고 비로소 자아비판을 한다.

결국 1955년 5월, 후펑은 '반혁명집단의 괴수이자 국민당 간첩'이라는 죄명으로 체포되었다. 이어서 조금이라도 후펑에게 동조했던 작가 78명이 체포되었고, 이들과 연루된 약 1000명의 지식인들도 자아비판을 했다. 그 후 후펑은 재판에 붙여져 단 한 차례의 변명도 못한 채 '반혁명집단의 괴수이자 국민당 간첩'이라는 죄명 그대로 투옥된다. 이후 후펑은 25년간 옥살이를 했으며, 1980년 덩샤오핑 정권에 의해 겨우 풀려나게 된다.

영화 『무훈전』 비판과 『홍루몽연구』비판, 및 후펑 비판으로 이어진 마오쩌뚱의 문학비판운동은 문예계와 학술계를 복지부동하게 만들었다. 문인들과 연구가들, 및 편집인들이 납작 엎드린 채 더 이상 아무 글도 발표하지 않는 것이다. 이 같은 복지부동의 상황을 타개하기 위하여 1956년 마오쩌뚱은 지식인의 존경을 받고 있는 저우언라이周恩來를 시켜 "백가쟁명, 백화제방"의 쌍백운동을 일으켜 지식인들을 어르기 시작한다. 이제 모든 비판은 끝이 났으니 마치 온갖 새들이 다투어 울고(백가쟁명), 온갖 꽃들이 나란히 피듯이(백화제방) 문인과 학자들이 말하고 쓰라는 것이다. 하지만 많은 문인과 학자들이 좀처럼 움직이지 않자, 이듬해인 1957년 2월, 마오쩌뚱이 직접 나서서 문인과 학자들을 독려한다.

이제 아무런 말도 하지 않으면 오히려 반동분자로 몰릴지도 모른다는 불안감이 돌면서 문인과 학자들은 하나 둘 말문을 열기 시작한다. 젊은 문인들로부터 트인 말문은 점차 원로 지식인들로 이어졌고, 그 내용도 점차 후펑을 옹호하고 공산당을 비판하는 수준까지 올랐다. 그러자 기다렸다는 듯이 마오쩌뚱은 그해 말부터 문인과 학자들에 대한 대대적인 비판 작업에 착수한다. 그런 의미에서 볼 때 마오쩌뚱이 문인과 학자들에게 창작과 표현의 자유를 독려한 것은 후펑 비판 이후에도 여전히 남아 있는 반모택동·반혁명 지식인들을 색출하기 위한 덫이었다고 할 수 있다. 이 덫에 걸린 지식인들은 띵링·펑쉬에펑 등을 포함하여 약 55만 명으로, 이들은 공산당 당적을 박탈당한 채 직장에서 쫓겨나 투옥되거나 농촌 또는 공장으로 보내졌다.

이 같은 작업을 끝낸 후 마오쩌뚱이 전국적으로 일으킨 운동이 바로 대약진운동이다. 북한의 천리마운동을 연상케 하는 대약진운동은 마오쩌뚱이 국외적으로 몰린 위기상황을 타개하기 위해 벌인 일종의 자력갱생운동이기도 하다. 유일한 동맹국이었던 소련의 후루시초프와 노선 차이로 결별하고 돌아온 마오쩌뚱은 소련의 도움 없이 나라를 발전시켜야 했기 때문이다. 그래서 마오쩌뚱은 중국 인민으로 하여금 허리띠를 졸라매고 새벽부터 밤늦게 까지 일하게 하는 대약진운동을 벌인 것이다. 대약진운동은 낮에는 논밭에서 밤에는 마을의 공장에서 일한다는 점에서 1960년대 후반 한국의 새마을운동과도 비슷하다.

대약진운동을 성공적으로 일궈내기 위해서 마오쩌뚱은 인민대중이 혁명투쟁이라는 대의로 정신무장을 해야 한다고 생각했다. 이 같은 정신무장은 단순한 사상교육으로 될 수 있는 일이 아니라고 생각한 마오쩌뚱은 민중이 신명나게 일할 수 있게 하는 무엇이 필요하다고 보았다. 인민의 감정을 움직일 수 있는 그 무엇이 다름 아닌 신 민요라고 결론지은 마오쩌뚱은 문인 · 작가들에게 신 민요를 지으라고 요구했다. 마오쩌뚱에 따르면 신 민요는 민중이 잘 아는 민요의 가락에다가 현실주의적 낭만주의 가사를 결합한 노래로, 이를 통해 인민이 신명나게 사회주의 혁명을 위해 일할 수 있다는 것이다.

이 같은 주문을 받은 문예계는 당황했다. 왜냐하면 문예사조상으로 볼 때 현실주의와 낭만주의는 사실상 서로 반대되는 사조이기 때문이다. 흔히 고전주의에 반발해서 낭만주의가 나오고, 낭만주의에 반발해서 현실주의가 나왔다고 보기 때문이다. 이처럼 문인들이 할 말을 잃고 있을 때, 마오쩌뚱이 앞장서서 시범을 보였다. 『문예보』에 자신이 지은 신 민요 「접련화」를 발표한 것이다:

> 나는 당당한 양카이후이를 잃었고, 그대는 리우즈쑨을 잃었다
> 양카이후이와 리우즈쑨은 가뿐히 날아올라 하늘나라로 올라갔다
> 달의 신 오강에게 이들이 어디 있냐고 따져 물으니
> 오강이 월계화 술을 높이 받쳐 든다.
>
> 적막한 달의 신 상아가 넓은 소매 펼치어
> 만리 창공에서 충성스런 두 영혼을 위해 춤을 춘다.
> 문득 인간세상으로부터 호랑이를 굴복시켰다는 보고를 받고
> 눈물이 휘날려 순식간에 억수같은 비가 된다.

「접련화」는 옛날부터 전해져 내려오는 가요의 이름으로, 나비가 꽃을 그리워한다는 뜻이다. 이 사랑 노래는 중국 민중이 잘 아는 곡으로, 마오쩌뚱은 이 곡에다가 공산혁명 과정 중에 죽은 두 남녀를 추모하는 가사를 붙인 것이다. 양카이후이는 마오쩌뚱의 첫 번째 아내로, 그녀는 1930년 국민당에게 잡혀서 처형되었다. 또 첫 행의 '그대'는 바로 죽은 아내 양카이후이의 절친한 친구 리수이로, 그녀의 남편 리우즈쑨 또한 국민당에 의해 죽임을 당한 혁명 열사였다. 이처럼 마오쩌뚱과 리수이는 똑 같이 혁명 중에 사랑하는 반쪽을 잃은 슬픔을 가진 사람들이었다. 그 때문에 마오쩌뚱은 이 신 민요를 씀으로써 먼저 떠난 두 넋(양카이후이와 리우즈쑨)을 기리는 동시에 살아남은 자기 둘(마오쩌뚱과 리수이)을 위로하고 있는 것이다. 아울러 마지막 부분의 "호랑이를 굴복시켰다'는 대목을 통해 공산당의 승리를 노래하고 있다. 여기서 호랑이는 물론 국민당 세력을 빗댄 표현이다.

이 노래가 왜 현실주의와 낭만주의가 혁명적으로 결합된 것인지는 다음과 같은 이유에서이다. 즉 마오쩌뚱의 첫 부인인 양카이후이와 리수이의 남편 리우즈쑨은 모두 사회주의 공산 혁명을 위해 목숨

을 잃은 사람들로, 이들의 행적을 그린 것은 사회주의현실주의 수법이다. 또한 마오쩌뚱이 하늘로 올라가 달의 남신 오강에게 말을 걸고, 오강이 월계화술을 받쳐 든다는 것은 낭만주의적 표현이다. 달의 여신 상아가 충성스런 두 영혼을 위해 춤을 춘다는 것도 마찬가지로 낭만주의 수법인 것이다.

하지만 이 노래 가사는 조금 억지스럽다. 달의 신 오강이 공산혁명의 승리를 상징하는 월계화 술을 받쳐 든다든지, 역시 달의 신 상아가 공산당에 충성한 두 영혼을 위해 춤을 춘다니 말이다. 달의 남녀 신들조차 공산혁명을 위해 목숨을 잃은 남녀 인간을 위한 의식에 동원되다니 쓴웃음을 금할 수 없는 것이다. 아무튼 신 민요의 본보기가 되어버린 마오쩌뚱의 「접련화」를 꾸어모루어는 현실주의와 낭만주의를 성공적으로 결합시킨 우수작이라고 극찬했다. 그에 따르면 이 노래가 혁명이라는 현실세계와 달의 신이라는 낭만 세계를 잘 조합했다는 것이다.

사실 이 같은 현실주의와 낭만주의의 기이한 결합은 그로부터 7년 전인 1951년 양사오쉬엔의 연극 대본 『신 견우직녀 이야기』에서부터 시도되었었다. 이 연극 대본은 육이오동란, 즉 한국전쟁을 배경으로 견우와 직녀 전설을 다음과 같이 각색했다. 즉 이 작품에서는 견우와 직녀가 서로 만날 수 있게 다리를 놓아준 까치를 비둘기로 바꿔 중공군을 상징한 반면, 원작에는 없는 부엉이를 등장시켜 미국군을 상징했다. 내용은 견우와 직녀의 만남을 방해하는 부엉이 미군을 평화의 수호자인 비둘기 중공군이 물리치고 견우와 직녀를 상봉하게 해준다는 것이다. 이는 평범한 남녀의 사랑까지도 중국 공산당이 개입해야 성사된다는 뜻으로, 이 또한 한국전쟁이라는 현실과 견우직녀의 전설이라는 낭만을 결합한 작품이라고 할 수 있다.

아무튼 마오쩌뚱의 「접련화」 발표 이후 꾸어모루어와 저우양 등은 앞장서서 신 민요 운동을 펼쳤다. 그 결과, 허징즈를 비롯한 작가들 및 많은 농민·노동자들도 민요 가락에다가 사회주의 혁명과 사랑을 찬양하는 내용의 가사를 붙이기 시작했다. 이렇게 퍼지기 시작한 신 민요는 급기야 1960년 7월에 열린 전국문인대회에서 혁명문학의 새로운 장르로 채택되기에 이른다. 이 시기의 작품 가운데 지은이가 알려지지 않은 하남 지방의 신 민요 「인민공사에 들어가니 마치 하늘에 오른 듯」을 소개하면 다음과 같다:

> 인민공사에 들어가니 마치 하늘에 오른 듯
> 하룻밤이 몇 천 년보다 낫구나!
> 사유재산제의 뿌리를 날카로운 칼로 베어버리니
> 역사의 신세기가 열렸구나!

이 노래는 인민이 공동으로 생활하고 공동으로 일하는 인민공사를 천국으로 묘사하고 있다. 한마디로 혁명 낭만주의의 극치이다. 사유재산제를 베어버리고 공유재산제를 세운 인민공사에서의 하룻밤이 몇 천 년보다 낫다는 표현은 섬뜩하기까지 하다. 다음으로, 남경 농장의 정취엔싱이 지었다는 「우리의 강철주먹을 조심해라」를 보자:

> 가슴을 펴고 손을 흔들면
> 하늘 땅 해와 달이 나를 따라 걷는다
> 미 제국주의자가 겁도 없이 또 전쟁을 벌이느냐
> 우리의 강철주먹을 조심해라

중국의 인민이 가슴을 펴고 손을 흔들며 걸으면 하늘과 땅, 해와 달도 그를 따라 걷는다는 노래가사이다. 이 노래는 하늘 땅 해와 달도 중국인민의 혁명을 돕는 마당에 미국 제국주의자들이 감히 전쟁을 걸어온다면 큰 코 다칠 거라고 경고하는 내용이다. 요컨대, 중국의 공산 사회주의 혁명이라는 강철 주먹 앞에서는 미국 제국주의가 용납될 수 없다는 것이다. 이쯤 되면 대약진운동 이후에 박차를 가한 마오쩌뚱의 사회주의 공산혁명은 중국 인민에게 있어서 어떤 종교적 믿음보다 위대한 신앙이었다고 할 수 있다. 신 민요는 그 신앙을 고백하는 찬송가였던 셈이다.

열여덟 번째 이야기

문화혁명文化革命 문학

中 國 文 學 이 야 기

문화혁명은 대약진운동이 실패로 끝나 상해로 내려온 마오쩌뚱이 부인 지앙칭江青・캉성 등과 더불어 리우샤오치劉少奇・덩샤오핑鄧小平 등에 대항하여 일으킨 권력탈환 투쟁이다. 공식적인 통로에 의해서 다시 최고의 권력을 잡기가 불가능하다고 판단한 마오쩌뚱이 중고등학생과 젊은 노동자를 주축으로 반란을 일으켜 성공한 정변이 바로 문혁인 것이다. 대략 1966년에 일어나 1976년에 마무리되어 10년 동란이라고도 불리는 문화혁명은 특히 처음 3년 동안은 홍위병의 난동으로 전 중국이 거의 초토화되다시피 했다.

문화혁명 초기 홍위병들이 반동서적과 그림을 불태우는 장면

대부분 중 고등학생이나 노동자들로 구성된 홍위병들은 마오쩌뚱과 린뺘오林彪의 인가를 얻어 자금성 등 유서 깊은 사적지와 고서점, 및 골동품 상점에 몰려가 귀중한 서적을 불태우거나 파괴했다. 불교 사원이나 기독교 교회에 들어가 불화나 신상을 깨뜨리기도 했다. 영화『인생』에서 보듯 홍위병들은 정치가·교수·문인·예술가·과학자 등 사회저명인사들을 잡아다가 고깔과 팻말을 씌워 거리를 끌고 다녔다. 이 와중에서 자오수리趙樹理·라오서老舍 등 수많은 문인들이 스스로 목숨을 끊거나 죽임을 당했다.

이 시절 무임승차와 무료급식을 받으며 거리를 헤집고 돌아다니는 홍위병들로 인해 전국의 기관과 산업체·극장·병원 등이 문을 닫았다. 당연한 일이지만 처음 4년 동안에는 거의 모든 학교가 폐쇄되거나 마비되었다. 학생들이 학교에 와서 선생님들을 비판하고 강단에서 끌어내려 침 뱉고 심지어 때리는 등 모욕을 가했기 때문이다. 그나마 문을 연 학교에서는 학과 공부 대신 마오쩌뚱의 어록을 외우거나 "공산당 만세!" "마오쩌뚱 만세!" 등의 구호를 외치면서 시간을 보냈다. 그리고 남는 시간에는 학교 땅에서 농사를 지었다.

결국 마오쩌뚱은 홍위병의 힘을 빌어 1968년 리우샤오치와 덩샤오핑을 비판대에 올린 후 투옥시켰다. 마오쩌뚱은 이처럼 리우샤오치를 당에서 영구 제명한 후에야 비로소 언제 어디로 튈지 모르는 메뚜기 같은 홍위병을 해산시킨다. 뿐만 아니라 1973년에는 투옥시켰던 덩샤오핑을 다시 기용했다. 그럼에도 불구하고 지앙칭江靑·야오원위엔姚文元·장춘챠오張春橋·왕홍원王洪文 등 사인방이 체포된 1976년까지 정치적인 불안감은 면면히 지속되었다. 특히 마오쩌뚱과 문혁을 일으킨 동지이자 마오쩌뚱의 후계자로 지목되었던 린뺘

오가 돌연 사망한 사건이 일어난 1971년의 정치상황은 불안하기 짝이 없었다. 또한 1974년에 사인방에 의해 벌어진 비림비공批林批孔운동, 즉 린뺘오와 공자孔子를 싸잡아 비판하는 운동 때도 그랬다. 뿐만 아니라 1975년, 덩샤오핑의 모든 직무를 정지시켰을 때도 그랬다.

비록 1970년에 대학입시가 부활되었지만, 이는 시험제도가 아닌 추천제도였다. 그래서 필기시험을 통해 공부 잘하는 학생들을 뽑은 게 아니라, 출신 성분이 좋은 노동자 · 농민의 자녀들이 마을 이장의 추천을 받아 대학생으로 선발되었다. 학생뿐 아니라 교수들도 추천에 의해 임용되었기 때문에 제대로 가르칠 능력이 없었다. 유능한 교수들은 모두 비판을 받고 농촌으로 보내졌기 때문이다.

이에 대해서는 다음과 같은 일화가 전해진다. 즉 어느 대학에서 학생들에게 필기시험을 보게 했는데, 한 농촌 출신 학생이 백지를 내고도 A+를 받았다. 그 이유는 교수가 학생의 사상이 양호하고 마음이 백지처럼 깨끗하다고 평가했기 때문이었다는 것이다. 당시에는 교원이 턱없이 부족하여 대학교를 갓 졸업했거나 심지어 제대로 졸업하지 못한 사람이 교수가 되는 경우도 있었다. 마찬가지로 초등학교를 막 졸업한 학생이 초등학교 선생이 되고, 중 고등학교를 갓 마친 졸업생이 중 고등학교 선생 노릇을 했다. 잘 알다시피 영화 『책상서랍 속의 동화』는 초등학교 졸업생이 초등학교 선생 노릇을 하는 이야기이다.

따지고 보면 문화혁명은 마오쩌뚱의 부인 지앙칭이 기획한 문예비판으로부터 시작되었다고 해도 과언이 아니다. 그녀가 대약진운동의 실패로 인하여 궁지에 몰려 있던 마오쩌뚱에게 역사극 『해서가 관직에서 파면되다』를 비판할 것을 건의했기 때문이다. 이 작품에

『모택동어록』을 높이 쳐들고 있는 지앙칭

나오는 해서는 명나라 세종 때의 청렴한 관리로, 그는 황제가 정사를 돌보지 않자 상소를 올려 간곡히 간하다가 황제의 진노를 사서 관직에서 파면되고 투옥된 청백리였다. 이 역사극을 쓴 작가 우한吳含은 북경시 당위원회 소속으로, 그는 대약진운동의 문제점을 들어 마오쩌뚱을 궁지로 몬 리우샤오치 계열의 정치인이기도 했다. 지앙칭은 마오쩌뚱의 실패를 비판하는 세력이 북경시 당위원회·중앙당선전부·리우샤오치·덩샤오핑, 및 상당수의 지식인들임을 포착하고 먼저 북경시 당위 소속의 우한을 표적으로 삼은 것이다. 결국 그녀는 1965년 11월, 마오쩌뚱의 동의 하에 사인방의 하나인 야오원위엔을 시켜 우한의 『해서가 관직에서 파면되다』에 대한 비판문을 쓰게 한다. 비판의 요지는 해서가 청렴한 관리가 아니라 사회주의 혁명을 반대하는 자산계급이라는 것이었다.

그러자 마오쩌뚱이 야오원위엔의 비판문을 지지하며 다음과 같이 말했다: "명나라 황제가 해서의 관직을 파면했고, 1959년에는 우리가 펑더화이彭德懷를 파면했으니, 이 작품은 우리가 펑더화이를 파면한 것을 비판하자는 것이다." 펑더화이는 1959년 마오쩌뚱의 대약진운동에 문제를 제기하다가 마오쩌뚱에 의해 파면된 정치가였다. 그때문에 마오쩌뚱은 북경시 당위원회 위원인 우한이 쓴 이 극이 자신을 공격하기 위한 음모라고 주장한 후, 즉각 우한을 파면시키고 연극에 참가했던 연극인들을 체포하여 투옥시켰다. 뿐만 아니라 이 역사극의 총 연출자를 핍박하여 죽음에 이르게 하였다.

이처럼 마오쩌뚱에게 문화혁명의 도화선을 제공한 지앙칭은 문혁이 시작되자마자 팔을 걷어붙이고 그때까지 발전해온 문학과 예술을 철저히 파괴하기 시작했다. 그녀 자신이 연극영화인이기도 했던 지앙칭은 1966년 2월, 문인·작가들을 상해로 소집하여 좌담회를 개최했다. 다른 한편으로 그녀는 수차례에 걸쳐 자기 말을 들을만한 비교적 젊은 문인들과 개별 면담 또는 집단 면담을 하며 마오쩌뚱에 대한 절대 충성을 서약하게 했다. 지앙칭은 이들과 함께 직접 수십 편의 영화와 연극을 감상한 후, 이들에게 반동적인 작품을 선별해내도록 요구하였다.

지앙칭이 말하는 반동적인 작품이란 다음 여덟 가지 반동 이론을 갖춘 문예작품들을 의미했다:

> 첫째, 진실을 써야 한다.
> 둘째, 사회주의현실주의의 지평을 넓혀야 한다.
> 셋째, 사회주의현실주의를 심화시켜야 한다.
> 넷째, 주제를 미리 정해놓지 않는다.
> 다섯째, 보통 사람을 주인공으로 쓸 수 있다.

여섯째, 전쟁에 반대한다.
일곱째, 시대정신을 화합시킨다.
여덟째, 마르크스레닌주의와 마오쩌뚱 사상을 문자 그대로 따라가지 않는다.

위 여덟 가지는 모두 반동적인 문예 이론이니, 제대로 된 작품을 쓰려면 딱 반대로 나가면 되는 것이다. 즉 지앙칭에 따르면 진실이라고 다 써서는 안 되고, 사회주의현실주의에서 한 치도 벗어나면 안 된다. 또 사회주의현실주의의 지평을 넓히고 심화시킨답시고, 영웅이 아닌 보통사람을 주인공으로 쓰거나 혁명의 부작용 같은 것을 쓰면 안 된다. 또한 제대로 된 문예작품은 반드시 공산 혁명의 성공이라는 주제를 미리 정해놓고, 보통사람이 아닌 인민의 영웅만을 주인공으로 써야 한다. 그러기 위해서는 당연히 자산계급과 무산계급 간의 화합이 아닌 투쟁을 해야 하는 것이다. 또 그러기 위해서는 마르크스레닌주의와 마오쩌뚱사상을 토씨 하나도 바꾸지 않고, 문자 그대로 따라가야만 한다는 것이다.

이 같은 기준으로 지앙칭 등은 중공 수립 이후 나온 약 16년간의 문예작품을 검토한 끝에 거의 모든 작품들이 반공산당・반사회주의 반동문예 작품이라는 결론을 얻었다. 그녀에 따르면 문예작품들이 대부분 진실을 쓴답시고 사회주의현실주의를 지나치게 넓히고 심화시켰다. 또한 사회주의 혁명의 성공이라는 주제를 미리 정해 놓지도 않고, 인민의 영웅이 아닌 보통사람을 주인공으로 등장시켰다. 뿐만 아니라 이 작품들은 화합을 강조하고 전쟁을 반대하는 등, 마르크스레닌주의와 마오쩌뚱 사상을 변질시켰다는 것이다. 이에 따라 이 같은 반동 문예 작품들을 써낸 문인과 작가들에 대한 비판 운동이 시작되었다. 지앙칭에게 반동 문인과 작가들로 뽑힌 이들은 물론 대부분 오래 전부터 마오쩌뚱에게 반기를 들었거나 마오쩌뚱을 배신한 리우샤오치의 노선을 직접 또는 간접으로 지지한 작가들임은 두 말할 필요도 없다.

제일 먼저 소련과 내통한 수정주의자이자, 반공산당분자·반사회주의자·반혁명분자로 낙인찍힌 저우양이 비판대에 올랐다. 저우양은 1930년부터 마오쩌뚱의 신임을 얻은 문인으로, 오랫동안 그의 입노릇을 해 왔는데, 1962년 무렵부터는 리우샤오치 노선으로 전환한 문인이었다. 이어서 비판대에 오른 『낙타 시앙즈』의 저자 라오서는 비판을 받다가 목숨을 잃었고, 『포위된 도시』의 저자 자오수리는 박해를 견디지 못하고 스스로 목숨을 끊었다. 이처럼 문혁 전반기에 핍박을 받아 사망한 문인들은 약 200명에 이르렀다. 투옥되거나 강제노동에 처해진 작가는 그 수를 헤아릴 수 없다. 그 가운데는 군중에게 끌려가 온갖 모욕과 구타를 당한 끝에 '외양간'에 갇힌, 희곡 『우뢰비』의 저자 차오위를 비롯하여 띵링·아이칭 등이 있다.

문예 작품과 그 작품을 쓴 작가들에 대한 판정을 끝낸 후, 지앙칭 등은 마지막으로 이들 작가들이 작품 활동을 해온 각종 문예지를 폐간시키고, 문예 단체들을 해산시켰다. 이에 따라 문예지로는 오직 지앙칭 등 문혁 세력의 입노릇을 할 『해방군문예』만 남고 나머지는 다 사라졌으며, 문예 단체도 문혁의 선전부대만 남고 나머지는 죄다 없어졌다. 이처럼 기존의 문학을 철저히 궤멸시킨 후 지앙칭 등 사인방이 새로이 정립한 문학은 다름 아닌 문화혁명집단문학이다.

문화혁명문학은 바로 이 사인방의 집단문학을 말한다. 문화혁명문학의 주요이론은 대략 근본임무론·삼돌출원칙·주제선행론·주자파와의 투쟁 등 네 가지로 압축된다. 먼저 근본임무론이란 문인의 임무는 혁명의 주체인 인민대중에게 봉사하기 위하여 근본적으로 노동자 · 농민 · 병사의 투쟁을 형상화하는 것이다. 이는 1942년 마오쩌뚱이 말한 「문예강화」에서 "문인은 노동자와 농민, 및 병사들을 위해 이들의 투쟁을 표현해야 한다."를 심화시킨 내용이다. 즉 지식인이나 소자산계급이 아닌 노동자 · 농민 · 병사의 투쟁을 묘사하는 게 작가들에게 부여된 근본 임무라는 것이다.

다음으로 삼돌출원칙은 세 인물을 돌출시키는 원칙이다. 여기서 돌출이란 말은 부각시킨다는 뜻으로, 이 원칙은 모든 등장인물 가운데 세 인물을 차례로 부각시키는 이론이다. 이 이론에 따르면 첫째, 부정 인물이 아닌 긍정 인물을 부각시키고, 둘째, 긍정 인물 중에도 영웅 인물을 부각시키고, 셋째, 영웅 인물 가운데서도 중심 영웅인물을 부각시킨다. 다시 말해서 작가는 작품 속에서 반드시 긍정인물 · 영웅인물 · 중심 영웅인물을 부각시키되, 그 강도가 점점 강화되어야 한다. 특히 부정 인물은 긍정 인물을 부각시키기 위해 존재하는 만큼, 언제나 긍정 인물의 기세에 압도당해야 한다. 또 가장 중요한 중심 영웅인물은 여러 단계에 걸쳐 여러 측면에서 될 수록 많이 묘사해야 하고 처음부터 기선을 제압하는 식으로 이끌어가야 한다. 그러기 위해서 중심 영웅인물은 언제나 고상하고 완벽해야 하며, 추호의 결점도 드러나서는 안 된다. 연극의 경우라면 중심 영웅인물은 언제나 무대의 중앙에 배치되어야 한다.

세 번째 주제선행론은 이처럼 신격화된 중심 영웅인물이 혁명을 승리로 이끈다는 주제를 미리 정해놓고 작품을 써야 한다는 이론이다. 그 때문에 작가는 어느 시대 어느 장소를 배경으로 작품을 쓴다 하더라도 무조건 공산주의혁명의 성공이라는 주제를 벗어날 수 없었다. 중심 영웅인물의 패배는 있을 수 없는 일이기 때문이다.

마지막으로 주자파와의 투쟁인데, 여기서 주자파란 자본주의를 향하여 가는 사람들이라는 뜻이다. 하지만 공산당이 지배하는 당시 중국에 자본주의의 길을 가는 주자파를 자칭하는 사람들이 있을 리 없는데, 지앙칭 등 사인방이 말하는 주자파란 어떤 세력을 지칭했을까? 사인방이 지칭한 주자파는 공산당 내에서 자본주의 노선을 가는 리우샤오치 · 덩샤오핑, 및 군 원로들이었다. 일찍이 "검은 고양이든 흰 고양이든 쥐만 잘 잡으면 된다."고 말하며 경제적 생산성을 중시한 덩샤오핑 등 실용주의자를 주자파로 본 것이다. 당시 중국에서는 공산혁명을 상징하는 붉은 색이 아닌 검은 색이나 흰 색은 반동적인 색깔로 간주했기 때문에, 덩샤오핑의 "검은 고양이 흰 고양이" 발언은 문제를 일으킬 만 했던 것이다.

문화혁명문학이란 이처럼 근본임무론 · 삼돌출원칙 · 주제선행론, 및 주자파와의 투쟁 등 네 가지 문예이론을 바탕으로, 여러 문인들로 구성된 집단 창작조에 의해 씌어진 문학을 말한다. 예를 들어 『홍남작전사』는 상해대학 창작조에 의해서 씌어진 희곡이다. 문혁 기간 동안 가장 많이 씌어진 문예 장르는 희곡으로, 이는 지앙칭 자신이 연극배우 출신이기도 했고, 극본을 가지고 연출하는 연극이 인민대중에게 끼치는 영향이 가장 컸기 때문이기도 했다. 특히 문혁 시기에는 모범극이라고 부르는 혁명극이 대대적으로 유행했는데, 이 극은 물론 지앙칭이 주도했다. 전통극인 경극京劇과 신파조新派調 연극을 적절히 섞은 모범극은 대부분 신과 같은 중심 영웅인물이 악마와 같은 자산계급 지주를 통쾌하게 무찌르는 내용으로 되어 있다.

『홍남작전사』가 그렇듯이 혁명 모범극은 대개 선량한 인민이 중심 영웅인물로 등장하여, 지주 같은 자산계급과의 투쟁에서 적군을 깡그리 섬멸하고 아군을 전원 구출하는 불사신을 그리고 있다. 마치 헐리웃 영화에 나오는 람보나 네오 같은 존재가 바로 그들인 것이다. 이들 무산계급의 영웅은 자산계급과의 계급투쟁에서 승리하여 결국 주자파를 처단하고 마는 절대 신으로 그려진다.

혁명 모범극 말고 문혁 시기에 유행한 문예로는 어록가語錄歌와 앙가秧歌·앙가무秧歌舞, 및 앙가극秧歌劇 등이 있다. 어록가는 물론 모택동의 어록에서 몇 대목을 뽑아 노래 가사를 삼은 것이다. 대개는

철도노동자를 영웅으로 만든 모범극 「홍등기」의 한장면

농민과 노동자, 및 병사들의 사회주의 혁명을 찬미한 것인데, 주로 학생들에게 부르게 했다. 다음으로 앙가의 앙은 모내기 앙 자로, 원래는 농민들이 모내기를 하면서 부르는 일종의 노동요였다. 하지만 지앙칭 등 문혁문학 주도 세력은 이 모내기 노래의 가사를 혁명적인 것으로 바꿔서 부르게 했다. 또 모내기 노래를 하면서 추는 춤인 앙가무의 춤사위도 전투적인 춤사위로 바꿨다. 뿐만 아니라 모내기 노래를 하면서 즉흥적으로 연출했던 앙가극도 혁명을 찬양하는 내용으로 바꿔 집단적으로 연출하게 했다. 그런 의미에서 앙가극은 앞서 설명한 혁명 모범극과 비슷하다.

이처럼 공산혁명의 찬양이라는 내용을 판에 박은 듯한 전투적 양식으로 표현한 문화혁명문학은 현대중국문학 학자들에게 그리 좋은 평가를 받지 못하고 있다. 문학을 너무나 철저히 정치의 도구로 이용했기 때문이다. 그래서 중국현대문학사에는 이 시기의 문학으로 소개되거나 인용된 작품이 거의 없다.

하지만 오늘날 중국의 부녀회나 청년회 회원들이 새벽이나 저녁무렵 공원이나 광장에서 북이나 깃발, 또는 바라 같은 악기나 소품을 들고 일사분란하게 춤을 추는 모습에서 문혁의 앙가무를 엿볼 수 있다. 물론 오늘날 중국 대도시의 부녀회 소속 부녀들과 농촌의 청년회 소속 청년들은 이제 더 이상 공산주의 혁명을 북돋우기 위해 노래하거나 춤을 추지 않는다. 그저 태극권이나 기공처럼 운동 삼아 또는 취미 삼아 모여서 심신을 단련하는 것이다. 다만 이들의 일사분란하고 절도 있는 몸짓과 엄숙한 표정에서 문화혁명 당시의 전투적인 흔적을 찾아 볼 수 있다.

사실 문혁 후반기에는 농촌으로 보내진 원로 시인들이나 젊은 대학생들을 중심으로 은밀한 문학 활동이 있었다. 하지만 사인방 등 문혁 주도세력이 판을 치는 상황에서 이들의 작품은 출판되지 못하고 묻혀져 있다가 문혁이 종결된 이후에 출판된다. 이처럼 지하에 묻혀져 있었다고 해서 지하문학이라고 불리는 작품으로는 무단·꾸어샤오추안 등 원로시인들의 시 및 수팅·베이따오·장양·리펑 등 청년들의 시와 소설이 있다.

특히 수팅·장양 등 젊은이들의 작품은 일일이 손으로 베껴 써서 돌려 읽을 만큼 청년들에게 인기가 있었다. 비록 1973년과 1975년, 이들의 작품 활동이 사인방에게 발각되어 주모자들이 체포·구금되기도 했지만, 이들의 지하문학은 근절되지 않았다. 또한 문혁 말기인 1976년 4월 5일, 저우언라이의 서거를 애도하는 청년들이 천안문에 몰려들어 벽이나 광장 바닥에 써 붙인 추도시들도 있었다. 하지만 이 작품들은 대부분 문혁 이후에야 정식으로 출판되어 알려지게 되었으므로, 이에 관해서는 다음 이야기에서 다루기로 한다.

열아홉 번째 이야기

베이따오北島와 수팅舒婷의 시

사인방이 체포되고 1977년, 당무에 복귀한 칠전팔기의 오뚝이 덩샤오핑은 문화혁명 10년의 과오를 물어 사인방을 재판대에 올린다. 그 결과 1981년에 열린 사인방의 선고 공판에서 지앙칭과 장춘챠오는 사형과 집행유예 2년, 왕홍원은 무기징역, 그리고 야오원위엔은 20년형을 선고받았다. 1983년, 2년의 집행유예 기간이 지나 지앙칭과 장춘챠오도 무기징역으로 감형되었다. 하지만 마오쩌뚱 만큼은 처음부터 면죄를 받았다. 덩샤오핑이 그렇게 할 수 밖에 없었던 것은 만약 마오쩌뚱을 부정하면 공산당과 중공을 부정하게 되고, 그렇게 되면 결국 마오쩌뚱을 도와 중공을 건설한 자기 자신을 부정하는 셈이 되기 때문이다. 그 때문에 비록 자기를 두 번이나 욕보인 그였지만, 덩샤오핑은 마오쩌뚱을 건국의 영웅으로 모시지 않을 수 없었던 것이다.

덩샤오핑이 수많은 문인·학자들을 생매장하다 시피 한 마오쩌뚱의 잘못까지도 모두 사인방에게 전가하고 그를 떠받들 수밖에 없었던 이유는 또 있었다. 우선 당 안팎에서 마오쩌뚱을 추종하는 무리가 여전히 많았고, 무엇보다 지나치게 민주와 자유 바람을 타는 문인과 지식인의 발목을 묶어둘 필요가 있었던 것이다. 1979년, 문화혁명 당시 해산되었던 작가협회가 다시 모이고, 정간되었던 『문예보』 등 문예 잡지가 복간되자, 진보적인 지식인들이 "민주를 원한다." "자유를 달라." 같은 대자보를 붙이기 시작한 것이다. 이 같이 다소 성급한 지식인들의 바람은 덩샤오핑에 의해 제동이 걸린다. 마오쩌뚱과 공산당을 비판한 죄목으로 웨이징성 등 민주화운동 지도자들이 체포되어 15년 형을 받은 것이다. 1980년 말에 영화화된 바이화의 시나리오 『짝사랑』도 사회주의 중국의 쇠망을 그렸다는 덩샤오핑의 지적을 받고, 바이화가 자아비판을 했다.

사실 덩샤오핑은 1979년부터 현대화와 개혁개방 정책을 표방하면서 자오즈양·후야오방 등 합리적이고 능력 있는 자들을 요직에 앉히는 한편 문인·작가들의 숨통도 터주었다. 그래서 앞서 언급한 대로 각종 문예단체와 문예잡지도 제 자리를 찾은 것이다. 그 결과, 많은 작가들이 문혁의 상처를 토로하는 솔직한 작품들을 많이 썼다. 하지만 덩샤오핑도 문혁과 사인방에 대한 비판의 수위를 넘어 공산당과 사회주의 중국에 대한 비판은 허용하지 않았다. 그 때문에 팡리즈·리우빈옌·까오싱지엔 등 학자와 작가들의 민주화운동과 대학생들의 자유화 시위에 대해 제재를 가했던 것이다.

베이따오와 수팅이 시를 써서 발표한 시기는 바로 이 같은 때였다. 앞서 문화혁명문학의 끝 부분에서 잠깐 언급했듯이, 이들 시인들은 사실 문혁 후반기부터 은밀히 시를 썼다. 그러다가 문혁이 막을 내리자 베이따오는 수팅·지앙허 등과 함께 『오늘』이라는 시 잡지를 통해 시를 발표하기 시작한 것이다. 그럼 먼저 1979년에 발표한 베이따오의 시 「대답」을 감상해보자:

비열은 비열한 사람의 통행증이고
고상은 고상한 사람의 묘지명이다.
보라. 도금한 하늘 가운데서
무수히 떠도는 죽은 이들의 거꾸로 된 그림자들을.

빙하기는 이미 지나갔건만
어찌하여 곳곳마다 얼음 덩어리인가?
희망봉은 발견되었건만
어찌하여 죽은 바다에서 뭇 배들이 다투는가?

나는 이 세상에 왔다.
종이와 새끼줄과 그림자만 가지고.
판결이 선고되기 전
판결 받은 목소리를 낭독하기 위해.

너에게 고한다. 세계여!
나는-믿지-않는다.
만약 네 발 앞에 천 명의 도전자가 있다면
나를 천한 번째 도전자로 삼아다오.

베이따오北島

"비열은 비열한 사람의 통행증이고, 고상은 고상한 사람의 묘지명이다"는 이 세상이 비열한 사람들이 판을 치며 돌아다니는 세상이고, 고상한 사람은 죽어서 묻힐 수밖에 없음을 토로한 것이다. 또한 그럴듯하게 도금된 하늘에는 억울하게 죽은 수많은 사람들의 영혼이 떠돌고 있고, 문혁이 끝난 중국에 빙하기처럼 얼음덩이가 널려 있으며, 마치 희망봉이 없는 바다에서처럼 배들이 갈 길을 몰라 우왕좌왕한다.

이 같은 암흑의 세상에 시인이 온 것이다. 하지만 "종이와 새끼줄과 그림자만 가지고"의 의미는 무엇일까? 얼른 뜻이 잡히지 않는다. 다만 "판결이 선고되기 전, 판결을 받은 목소리를 낭독하기 위해"는 부당한 재판관의 판결이 선고되기 전에 무고한 자의 목소리를 큰 소리로 알리겠다는 뜻으로 보인다. 이는 마지막 연에서 강조된 대로, 세계에 대한 나의 도전인 것이다. 이처럼 시인인 나는 사회주의 중국을 향해 불신을 선언한다. 그래서 자신을 천한 번째 도전자라고 말하는 것이다. 시인 자신 말고도 이미 천 명의 도전자가 있었다는 말은 자기 말고도 수많은 반항아들이 있다는 뜻이다.

베이따오는 또 다른 시에서 자신의 반항과 불신이 철두철미함을 다음과 같이 토로했다:

> 나는 하늘이 쪽빛임을 믿지 않는다.
> 나는 천둥의 메아리를 믿지 않는다.
> 나는 꿈이 가짜임을 믿지 않는다.
> 나는 죽은 후 인과응보가 없다는 것을 믿지 않는다.

베이따오는 하늘이 쪽빛처럼 파랗고 천둥이 메아리 되어 울리고 꿈이 현실이 아닌 가상이라는 엄연한 현실을 부인한 것이다. 이는 자연과 상식조차 믿지 않겠다는 뜻이다. 하늘도 검정빛일 수 있고, 천둥도 메아리로 들리지 않을 수 있고, 꿈도 생시일 수 있다는 것이다. 죽고 나면 끝이라는 유물론도 부인한다. 그래서 죽고 나서도 귀신이나 영혼의 형태로 인과응보가 진행된다고 보는 것이다.

앞의 「대답」에서도 그랬지만 위 시에도 사회주의 중국에 대한 베이따오의 강한 저항의식을 느낄 수 있다. 하지만 구체적으로 비열한 사람은 누구이고 얼음덩어리의 실체는 무엇이며, 판결을 선고하는 자는 누구인지는 나와 있지 않다. 또한 종이와 새끼줄과 그림자만을 갖고 왔다는 시인 자신은 왜 그것들을 갖고 왔는지가 분명하지 않다. 그저 시를 쓰기 위한 종이와 세상을 견책하기 위한 새끼줄을 가지고 그림자처럼 실체 없이 왔다는 뜻이 아닐까 생각해볼 뿐이다. 하지만 그것도 판결 받은 자의 목소리를 낭독하기 위함이라고 하는 대목에 이르면 고개를 갸우뚱하게 된다.

이처럼 해석이 애매모호한 시를 당시의 시 평론가들은 '몽롱시'라고 했다. 하지만 당시 몽롱시에 대한 평가는 엇갈렸다. 예를 들어 띵리는 몽롱시가 난해하고 괴상하다며 부정적인 평가를 했고, 시에미엔은 구름 속의 달이나 안개 속의 꽃 같은 함축적인 아름다움이 있다고 했다. 띵리가 몽롱시를 '암세포'라는 극한적인 표현을 쓰며 혹평한 것은 그가 오랜 세월 사회주의 현실주의 문학에 익숙해 있었기 때문으로 보인다. 이는 그가 흑백논리가 분명한 문화혁명문학에 물든 보수적 시각을 갖고 있었다는 뜻이다. 그 때문에 사회가 아닌 개인이 강한 감정을 표출하는 이 같은 시를 부정적으로 평가한 것이다. 반면에 시에미엔은 흑백논리를 떠난 비교적 진보적 시각을 지닌 평론가였다. 그 때문에 억눌린 자아의 감정이 표출된 시를 긍정적으로 본 것이다.

베이따오는 개인의 감정보다는 사회의 혁명을 추구하는 사회주의 세계에 대해 불신을 표현하고 싶었던 것 같다. 개인의 이상을 담은 꿈은 가짜이고, 중국 사회의 현실만이 진짜라고 주장하는 사회주의 현실주의의 세상을 부정하고 싶었을 것이다. 그래서 이 시에는 사후 세계를 인정하지 않는 유물론적 세계를 거부하는 몸짓이 있다. 그렇지만 만약 이를 구체적으로 드러내면 문혁의 잔당과 보수 세력에게 덜미를 잡혀 감옥에 갈지 모르니까 그냥 두루뭉수리하게 세계라고 말했을 것이다.

앞에서도 이야기했지만 이 당시 중국은 진보와 보수가 함께 있었다. 어떤 면에서는 작가들에게 자유를 주었지만 또 다른 면에서는 여전히 속박했다. 덩샤오핑의 문예정책이 그러했다. 그랬기 때문에 시인들은 하고 싶은 말을 상징과 은유로 애매하게 표현하면서 칼날을 비켜갔다. 그럼에도 불구하고 베이따오는 문예 당국에 의해 요주의 문인으로 찍혀서 감시를 당하다가 해외를 떠돌았지만 말이다.

또 한 사람의 몽롱시인인 수팅은 베이따오에 비해 부드럽고 섬세한 시어로 많은 독자들의 사랑을 받았다. 그럼 먼저 그녀의 시 「자화상」을 감상해보자:

> 그녀는 그의 어린 음모가
>
> 대답해달라고 빌 때는 한마디도 안하다가
> 침묵해야 할 때에는 도리어 웃고 떠들어
> 사람을 아찔하게 한다.
> 그녀는 평형을 파괴하고

그녀는 개념을 경시하고
그녀는 멋대로 사는 숲의 요정처럼
괴상한 춤을 추며 그의 주위를 맴돈다.

그녀는 그의 어린 음모가

그가 자나깨나 구하는 건 주지 않으면서
그가 전혀 바라지 않는 걸 억지로 받으라 한다.
부드러운 마음에 끌렸으면서도 표현하지 않고
아직 얻지 못한 것을 잃을까 두려워한다.
스스로 하나의 소용돌이면서
또 다른 소용돌이를 만들어내는
그녀의 마법은 아무도 모른다.

그녀는 그의 어린 음모가

부르면 오지 않고 보내면 가지 않고
가까운가 하면 가깝지 않고, 끝내려 해도 끝내기 힘들다.
때로는 얼음 산 같고
때로는 불 바다 같다.
마치 가사 없는 노래와도 같이
귀 기울이면 참인지 거짓인지 알 수 없고
맛을 보면 달콤한지 매운지 분간할 수 없다.

그의, 그의
그녀는 그의 어린 음모가.

"그녀는 그의 어린 음모가"로 시작해서 끝나는 이 시는 시인 수팅의 자화상이니 마땅히 '나'를 써야 할 텐데, 3인칭인 '그녀'를 쓰고 있다. 대상 또한 '너'가 아니라 '그'이다. 이는 자신과 상대를 드러내지 않고 감추고 싶은, 어쩌면 피하고 싶은 심리를 드러낸다. 바로 이점 때문에 수팅 또한 베이따오처럼 몽롱시를 쓴 시인으로 분류되는 것이다.

수팅(舒婷)

이 시에서 그녀는 청개구리처럼 그의 요구를 무시하고, 그가 원하지 않는 방향으로 나아간다. 그녀는 균형을 파괴하고, 개념을 경시한다. 숲의 요정이기도 하고 마법을 부리기도 하는 그녀는 무수한 소용돌이를 만들어내는 또 하나의 소용돌이이기도 하다. 그녀는 얼음산이었다가 금방 불바다가 되고, 참도 거짓도 아니고, 달콤하지도 맵지도 않은 존재이다. 한마디로 불가사의한 음모가인 것이다.

얼핏 보면 그녀는 변덕스럽고 철없는 여자 같다. 하지만 잘 들여다보면 그녀가 그에 대해 음모하고 있는 것은 그의 이성에 대한 그녀의 감정 도전이다. 그 때문에 그녀는 숲의 요정과 마법사로서 상식과 과학의 세계에 갇혀 있는 그를 일깨우는 것이다. 또한 때로는 얼음산 같은 차가움으로, 또 때로는 불바다 같은 뜨거움으로 언제나 뜨뜻미지근하기만 한 그를 자극한다. 뿐만 아니라 그녀는 가사 없는 노래를 부름으로써 언제나 정해진 가사로 노래하는 그를 어리둥절하게 하는 것이다. 하지만 어디까지나 그녀는 그의 어린 음모가라고 강조함으로써, 그녀가 그에 속해 있음을 드러내고 있다.

수팅의 이 시를 겉으로 보면 그에 대한 그녀의 반항적인 애정을 노래한 것이다. 그렇지만 속을 들여다보면 수팅 자신의 중국사회에 대한 저항심리를 묘사했다고 볼 수 있다. 1949년 중공 수립 이후 사회주의 혁명이라는 정해진 길을 걸어온 중국은 작가들에게 언제나 사회주의 혁명의 성공이라는 한 가지 가사만을 노래하게 했기 때문이다. 늘 객관적이고 이성적인 사회 앞에서 주관적이고 감정이 있는 개인은 움츠러들 수밖에 없었기에 시인은 이를 이 같은 방식으로 저항했을 것이다.

이처럼 국가를 님으로 보고, 개인은 그 님을 그리는 여인으로 보는 기법은 한용운의 「님의 침묵」에서 볼 수 있다. 또한 조선시대 송강 정철의 「사미인곡」도 임금에 대한 마음을 님 그리는 여인의 마음에 기탁한 것이다. 물론 수팅의 「자화상」은 「님의 침묵」이나 「사미인곡」에서처럼 님에 대한 일편단심을 간절히 표현하기보다 돌출적인 언행으로 오히려 님을 혼란시킨다. 하지만 이 또한 님에 대한 사랑을 반어적으로 표현했다고 할 수 있다. 그렇지 않다면 후렴구처럼 들어가는 "그녀는 그의 어린 음모가"가 없었을 것이다. 이 구절은 개인이 국가에 대해 음모를 꿈꾼다 하더라도 개인은 어디까지나 국가에 속한 존재임을 자인하고 있기 때문이다.

베이따오와 수팅의 몽롱시는 이처럼 의미의 이중성 또는 다중성을 그 특징으로 삼는다. 또한 사회가 아니라 개인의 감정을 중시한다. 이 두 가지 점에서 1970·80년대의 몽롱시는 1920·30년대의 상징시와 일맥상통한다. 하지만 1920·30년대 발표된 리진파나 따이왕수 등의 상징시가 불가사의한 인간 존재의 근원적 슬픔을 노래했다면, 베이따오와 수팅의 몽롱시는 의도적으로 애매한 시어를 사용하고 있다는 점이 다르다. 이는 몽롱시가 문화혁명으로 극대화된 사회적 이성에 저항하는 개인적 감정을 에둘러서 표현하고 있다는 뜻이다.

요컨대, 따이왕수 등 1920·30년대 상징파 시인들이 어찌할 수 없는 존재의 허무와 절망을 표현했다면 수팅 등 1970·80년대 몽롱파 시인들은 작품 안에 하고 싶은 말을 교묘히 숨겨놓고, 숨은 그림을 찾아줄 독자를 기다리고 있다고 하겠다.

스무 번째 이야기

왕수어王朔와 위화余華, 그리고 웨이후이衛慧와 지우단九丹의 소설

1980년대까지 중국 사회는 개혁개방과 현대화라는 비교적 자유로운 흐름과 함께 사회주의와 공산당 수호라는 통제가 번갈아 나타났다고 볼 수 있다. 그 때문에 베이따오와 수팅의 시 같이 의미가 몽롱한 몽롱시들이 나왔던 것이다. 이 같은 상황은 1989년 6월 4일 벌어진 천안문사태 이후 90년대 초기까지도 이어졌다. 프랑스로 망명한 극작가 까오싱지엔高行健의 극본 「도망」의 공연이 금지된 것은 1991년의 일이기 때문이다. 천안문 사태 이후 해외로 도피한 많은 민주인사들이 아직도 귀국하지 못하고 있음을 보면 2011년인 지금도 중국은 엄연한 통제 국가이다. 토지는 아직도 국가 소유이고, 국가가 인정하지 않는 종교나 집회의 자유도 누릴 수 없다. 출판물에 대한 검열과 압수 등의 행정 조처도 여전하다. 또한 2010년 노벨평화상을 받은 리우샤오보劉曉波는 아직도 옥중에 있다.

하지만 1990년대부터 중국에서는 더 이상 문예좌담회나 토론의 형식을 빌어 대대적으로 작가들을 비판하거나 자아비판하게 하지는 않는 듯하다. 이렇게 된 것은 1992년 덩샤오핑이 개혁개방 및 현대화 정책을 더욱 발전시켜 시장경제 정책을 정식으로 공표하게 했기 때문이다. 경제대국을 꿈꾸었던 덩샤오핑은 오직 공산당에 반기를 들지 않는다면 어떤 문학도 허용하는 쪽으로 방향을 잡은 것이다. 1992년은 또 중국이 약 50년의 장벽을 넘어 한국과 정식으로 외교 관계를 수립한 해이기도 하다. 검은 고양이든 흰 고양이든 쥐만 잘 잡으면 된다는 식의 경제부양정책을 내세운 덩샤오핑은 아편전쟁 이후 영국에게 빼앗겼던 홍콩이 중국에게 반환된 해인 1997년에 세상을 떴다. 하지만 그의 정책은 지앙쩌민江澤民에 의해 서부대개발로 더욱 강화되어 2001년, 중국은 마침내 세계무역기구(WTO)에 가입했다.

2008년, 북경올림픽을 성공적으로 개최한 후진타오의 중국은 이제 명실공히 경제대국이 되었다.

이처럼 1990년대 이래 지금까지 중국은 사회주의의 계획경제에서 사회주의 시장경제 체제로 전환했다. 어찌 보면 자본주의 경제와도 비슷한 시장경제 정책은 중국 사회에 황금만능의 배금주의와 상업주의를 몰고 왔다. 1950년대와 60년대, 및 70년대 전반까지 중국인들이 공산혁명과 이를 위한 계급투쟁을 추구했다면 이제는 돈과 사랑 등 개인의 행복에 더 많은 관심을 갖게 된 것이다.

이 같은 바람은 문예계에도 불었다. 과거 계획경제 체제하에서는 출판사가 출판을 하려면 반드시 사전에 공산당과 정부의 허락을 받아야 했고, 출판이 허가된 이후에는 모든 비용을 국가가 댔다. 작가들도 당과 정부가 정해주는 직장에서 작품 활동을 하면서 국가로부터 봉급을 받으면 그만이었다. 하지만 1993년부터는 시장경제의 원칙에 따라 출판사는 국가의 도움 없이 스스로 수지타산을 맞춰야 했고, 작가들도 스스로 알아서 출판사와 계약을 맺어야 했다.

이제 중국도 자본주의 나라들처럼 책이 판매되는 상황이 되었기 때문에, 작가들도 더 이상 가만히 앉아서 작품을 쓰고 봉급을 받을 수 없게 되었다. 이는 작가가 구매자인 독자를 만족시켜야 하는 생산자로서, 시장성이 높은 상품을 생산해내야 함을 뜻한다. 이제 중국에서도 소설은 소설가가 쓴 후 출판사에서 잘 꾸며 출판하면, 광고회사가 홍보하고 유통회사가 서점에 깔아놓는 복잡한 과정을 거쳐서 독자의 손에 들어온다. 한마디로 잘 팔리는 베스트셀러 작가나 작품이 각광을 받게 된 것이다. 문학평론가들의 평가 또한 예전처럼 작품의 문학성뿐 아니라 판매부수 같은 작품 외적 요소도 평가 기준으로 삼기 시작했다. 이는 문학비평가들까지도 상업주의에서 자유롭지 않다는 뜻이다.

물론 많은 중국의 문인·작가·평론가들은 이 같은 문예계와 출판계의 상업주의 경향을 우려하고 있다. 그래서 90년대 중반, 이들은 황금만능의 상업주의 소비문화에서 실종된 인문정신의 불꽃을 다시 불러 일으켜야 한다는 공감대를 형성하고, 인문정신 토론회를 개최했다. 이들은 문학이 상업주의로부터 자유로워져야 한다는 전제 아래 일확천금의 배금주의가 만연하고 있는 중국 사회를 비판했다. 예를 들어 왕안이王安憶·스티에성史鐵生·츠즈지엔遲子建 등 작가들은 물질적 가치 대신 인간 존재의 의미 같은 정신적 가치를 주제로 하는 소설을 많이 썼다. 이들은 대부분 고향의 전설이나 민속 등 전통적인 소재를 가지고 이 같은 주제를 펼쳐서 독자들에게 잔잔한 감동을 주고 있다.

이 가운데 츠즈지엔의 「서천」이라는 단편에 나오는 우는 물고기에 관한 전설은 참으로 아름답다. 즉 서천이라는 이름의 강에는 해마다 빙하가 녹은 물이 내려오는데, 이때 누어淚魚라고 불리는 우는 물고기들이 울면서 이 강물을 따라 내려온다고 한다. 물가의 마을 사람들은 강물을 넉넉히 담은 큰 항아리를 곁에 두고 기다리고 있다가 내려오는 누어들을 건져서 항아리에 넣고 밤새 달래준다. "울지 마, 이제 괜찮아."를 연발하면서 말이다. 그런 다음 이튿날 누어들을 다시 강물에 놓아주면 누어들은 더 이상 울지 않고 편안히 자기 갈 길을 가고, 마을에는 풍년이 든다는 것이다. 「서천」은 이처럼 진실한 마음과 생명의 통합을 이야기하는 소설이다. 요컨대, 츠즈지엔은 이 소설을 통해 간절한 한마음은 사람과 물고기도 소통할 수 있음을 말하고 있다.

하지만 1990년대 이래 중국에서는 이 같이 진솔하고 순박한 단편 소설보다는 상업적인 장편소설이 더 잘 나가고 있다. 그 이유는 대략 세 가지를 들 수 있다. 첫째, 독자들이 힘들이지 않고 재미있게 읽을 수 있다는 점과 둘째, 책을 읽지 않는 대중을 위해 영화나 드라마로 각색하기 좋다는 점이다. 마지막 셋째 이유는 작가의 입장에서도 장편소설이 단편보다 원고료를 더 많이 받을 수 있기 때문이다. 이처럼 장편소설은 생산자인 작가의 수입을 원천적으로 늘릴 수 있고, 출판사나 서점은 소비자인 독자를 끌어들여 더 많은 돈을 벌 수 있는 좋은 장르로 인식되고 있다.

잘 팔리는 장편소설의 주제는 대부분 돈과 애정에 대한 추구이다. 1990년대에는 특히 작가 자신의 자전적인 장편소설로 인기를 얻은 작가들이 많았는데, 왕수어와 위화, 그리고 웨이후이와 지우단이 바로 그런 작가들이다. 먼저 건달소설 · 유희소설 · 깡패소설의 작가라고 하는, 그리 명예롭지 못한 호칭으로 불리는 왕수어王朔를 소개한다. 왕수어는 1956년에 태어난 만주족 작가로, 경찰의 아들인 그는 원래부터 개구쟁이 소년이었다. 문화혁명이 일어난 1966년 초등학교 2학년이었던 왕수어는 어느 날 갑자기 뒤집어진 세상에 엄청난 충격을 받는다. 붉은 완장을 두른 홍위병들이 학교의 교장선생님에게 고깔을 씌우고 질질 끌고 다니며 심지어 때리는 광경을 본 것이다. 또한 자신의 아버지가 홍위병에게 괴뢰경찰로 낙인찍혀 수난을 당하는 것을 보고 더 큰 충격을 받은 그는 중 고등학교 다닐 무렵부터 패싸움을 벌여 유치장을 들락거렸다.

다행히 나이가 어렸기 때문에 자아비판과 정치학습을 받은 후 출

자신의 작품집 겉장을 장식하고 있는 왕수어

옥한 왕수어는 군대에 갔다. 하지만 사병인 자신은 빵과 장아찌를 씹고 있을 때, 연대장이 밤중에 식탁 가득 술과 안주를 놓고 포식하는 광경을 본 뒤 군대생활에 회의를 느낀다. 그때부터 성실한 군인노릇에 염증을 느낀 그는 무단 외출을 하여 여자들과 해변을 배회하거나 수영을 하는 등 일탈을 시작한다. 이 무렵부터 왕수어는 소설을 쓰기 시작한 듯하다. 결국 그가 쓴 「기다림」이라는 소설이 『해방군문예』실려 문단의 주목을 받았고, 그는 북경으로 전출되어 해방군문예에서 편집 일을 하게 된다.

하지만 일정한 시간에 출근하여 남의 원고를 검토하는 일이 지루했던 그는 일은 건성이고 북경의 밤거리를 쏘다니기에 더 바빴다. 그러다가 전자제품 암거래에 뛰어들었다. 그는 현역 군인이라는 신분을 교묘히 이용하여 남방에서 컬러텔레비전이나 휴대용 녹음기 따위를 싸게 사다가 북경에서 비싸게 팔았다. 요행히 법망에 걸리지 않은 그는 1980년에 군에서 제대하고 제약회사 판매원 발령을 받는다. 하지만 제약회사에 다니던 약 2년 동안도 왕수어는 회사를 위하여 한 일이 없었다고 고백한다. 출근부에 도장을 찍고 나면 밖으로 나와 영화를 보거나 수다를 떨면서 어슬렁거렸다는 것이다. 국영기업체인 회사는 아무도 그의 태업을 문제 삼지 않았다. 하지만 꼬리가 길면 잡힌다고 1982년 공산당은 경제사범 일제 단속에서 왕수어가 군인 시절에 저질렀던 암거래 전력이 들통 났다.

1천위엔의 벌금형을 받고 회사에서 쫓겨난 그는 작은 음식점을 차렸으나 돈이 잘 벌리지 않자, 또 다시 암거래에 손을 댄다. 이번에는 대담하게도 암거래 물건과 돈을 주고받는 위험한 일을 도맡아서 상당한 액수의 돈을 거머쥔다. 그렇지만 근검절약과는 거리가 먼 그는 또 다시 경제적 어려움을 겪게 되는데, 이때 그는 한 여객기 승무원을 만나 동거에 들어간다. 왕수어는 그녀와의 만남과 사랑을 주제로 「스튜어디스」라는 단편소설을 썼다. 이어서 스튜어디스와 동거하면서 몰래 사귄 무용가와의 사랑을 주제로 「해면에 떠오르기」라는 단편을 썼다. 이 소설은 훗날 영화 『윤회』로 상영되어 큰 성공을 거둔다. 결국 무용가와 결혼하여 딸을 둔 왕수어는 본격적으로 소설가의 길을 걷는다. 주로 자신이 살아온 이야기를 소재로 「고무인간」「건달」 등 사기 · 암거래 · 매매춘으로 얼룩진 자신의 건달생활을 숨김없이 드러내기 시작한 것이다. 그 때문에 그의 소설은 건달소설 · 깡패소설 · 범죄소설 등으로 불린다. 이처럼 80년대의 왕수어 소설에는 건달 생활과 함께 사랑을 추구하는 최소한의 성실성이 있었다.

반면에 90년대 초에 한국에 소개된 『노는 것은 곧 가슴 뛰는 것』에는 전위파 소설 같은 황당함이 있다. 어디서부터 어디까지 진실인지 모르는 이 소설에는 주인공 팡옌과 그 패거리들, 그리고 세 여자가 등장한다. 하지만 소설이 전개되면서 주인공 한 사람이 두 사람이 되고, 세 여자가 한 여자가 되는가 하면 피해자가 가해자가 되는 등 인물을 종잡을 수 없다. 한 살인사건을 추적하는 추리소설 형태로 진행되는 이 소설은 결국 살인사건 자체도 거짓이고, 이야기를 이끌어가는 화자도 거짓말쟁이이며, 소설 자체 또한 날조된 허구임을 드러낸다.

한마디로 이 소설에서 보여주는 인생은 유희이다. 다시 말해서 인생은 엄청난 농담이다. 밀란 쿤데라Kundera의 『농담』과 『참을 수 없는 존재의 가벼움』 같기도 한 이 소설은 심지어 사망조차도 농담이다. 이처럼 왕수어는 이 소설을 통해 자기 자신과 타인, 및 인생에 대해 끊임없는 조롱과 유희를 하고 있다. 그 때문에 평론가들은 그가 느물느물한 표현으로 건달생활을 미화하고 있다고 비난하였다. 많은 독자들도 그가 시종일관 거짓말로 독자를 우롱하고 있다고 분개하였다.

그럼에도 불구하고 왕수어의 소설은 한두 가지 메시지를 담고 있다. 인생에 대한 끝없는 농담과 유희를 통하여 그가 독자에게 주고 싶은 한 가지 메시지는 많은 사람들이 믿고 있는 도덕과 권위가 사실은 모래 위의 집처럼 무너지기 쉬운 허구라는 점이다. 이는 미셸 푸코Foucault 같은 해체주의자들이 주장하는 바와 일치한다. 즉 가정이나 침목단체 같은 소규모 집단에서부터 학교·군대·국가 같은 대규모 권력기관에 이르기까지 진정한 도덕과 권위가 없다고 가정하고, 이 같은 부당한 권력기관을 해체해야 한다는 것이다.

다른 하나는 작가 자신의 치부를 드러내는 솔직한 서술로 사람들에게 거짓의 옷을 벗어버릴 것을 촉구한다는 점이다. 왕수어는 자기가 탐욕스럽고 음험하며 교활한 사람이라고 고백한다. 젊은 시절 사기를 치고 감옥도 들락거렸고, 먹고 살기 위해 출판사의 뜻대로 소설을 해피엔딩으로 고쳐주기도 했다는 것이다. 하지만 온갖 부정을 저지르면서도 교묘히 법망을 피해가는 권력가와 재력가들보다 자기가 더 악하다고는 생각하지 않는다. 그에 따르면 권세와 부를 누리는 사람들뿐 아니라 많은 보통사람들도 자신의 잘못을 보지 못하고 다른 사람의 잘못만 지적하고 있다는 것이다. 하지만 왕수어처럼 자신을 비롯한 모든 사람들을 다 그렇고 그런 인간들로 보고 양파 까듯이 아무런 대안 없이 기존의 가치를 다 벗겨버려도 좋은 것인지는 생각해 볼 문제이다.

왕수어보다 6년 늦은 1960년에 태어난 작가 위화는 한국인에게 잘 알려진 소설가이다. 그의 많은 소설들이 한국어로 출판되었기 때문이다. 상해에서 의사의 아들로 태어난 그는 왕수어와 달리 자기 자신을 그리 잘 드러내지 않는다. 그래서 그의 소설은 자기 자신에 관한 이야기보다 자기 주위에서 보는 사람들에 대한 이야기가 많다. 하지만 위화 또한 왕수어처럼 어릴 적부터 문화혁명의 소용돌이를 경험했다. 그 때문에 장이머우 감독에 의해 『인생』으로 영화화된 소설 『살아간다는 것』을 비롯하여 「왜 음악이 없는 걸까?」 『허삼관 매혈기』 등 그의 초기와 중기 소설들은 대부분 문혁을 배경으로 하고 있다.

위화余華

위화의 초기 소설들을 보면 대부분 그 자신이 문혁 시절 병원에서 직접 본 중국인들을 묘사하고 있다. 「깡충깡충」「충수염」 등의 단편을 보면 인물들이 대부분 죽고 죽이고 먹고 먹히는 동물적 삶을 산다. 오직 먹고 살기 위해 정글에서 살아가는 짐승 같은 존재가 사람인 것이다. 위화의 초기 소설 인물의 또 하나의 특징은 허무하고 어이없음이다. 아무리 꾀를 내고 머리를 굴려도 결과는 너무나 허무하고 무상하다는 것, 황당하고 진위를 가리기 어렵다는 것이다. 「북서풍이 불어오는 정오」「내가 왜 결혼을 해야 하죠?」 등 단편을 보면 그렇다.

그렇다면 이처럼 쫓고 쫓기고 죽고 죽이며, 아무리 머리를 굴려도 허무하고 어이없는 결말을 맞도록 운명지어진 중국인에게 진정 출구는 없는 것일까? 위화의 중기 소설들에는 희미하지만 출구가 있다. 예를 들어 「내게는 이름이 없다」의 주인공 래발이는 자기 이름을 잊어버린 채 살아갈 때는 아무 문제가 없었는데, 일단 자기 이름을 의식하는 순간부터 불행해진다. 『살아간다는 것』의 주인공 복귀노인은 젊은 시절 욕심을 냈을 때는 비참한 상황에 맞닥뜨리는데, 나이 들어 욕심을 버리자 자족하는 삶을 살게 된다. 『허삼관매혈기』의 주인공 허삼관도 자기의 피를 팔아 가족을 위하고 자신은 싸구려 음식에 만족한다. 위화는 이처럼 욕심 없고 이름 없는 중국 인민의 삶에서 희미한 출구를 찾았다.

하지만 이 출구는 2000년대에 들어서 마흔을 넘긴 위화의 후기 소설에서는 점차 희미해지다가, 아예 사라진 듯하다. 최근 나온 그의 장편소설 『형제』에서 성실한 주인공은 비참한 최후를 맞고 돈과 성을 추구한 주인공은 떵떵거리고 사는 것을 볼 때 그렇다. 독자의 이해를 돕기 위해 잠깐 『형제』의 줄거리를 소개하면 다음과 같다.

즉 유진이라는 소도시에 송범평이라는 홀아비가 있었다. 중학교 선생인 그는 이란이라는 과부를 사랑하여 결혼하게 된다. 그런데 송범평에게는 송강이라는 착실한 아들이 있고, 이란에게는 이광두라는 껄렁한 아들이 있어 이 둘은 부모의 결혼으로 형제가 된다. 그 무렵 문화혁명이라는 폭력의 바람이 불어 송범평이 얻어맞아 죽고, 이란 또한 병약한 몸으로 두 아들을 보살피다가 죽고 만다. 고아가 된 형제 가운데 형인 송강은 착실히 방직공장을 다닌 반면 동생인 이광두는 건성으로 공장을 다닌다. 이 무렵 형제는 둘 다 임홍이라는 여인을 사랑하는데, 임홍은 송강을 선택하여 우여곡절 끝에 둘은 결혼한다.

실망한 이광두는 건달 생활을 하다가 우연히 폐품에 손을 대 돈을 벌기 시작하고, 착실하게 공장을 다니던 송강은 공장이 문을 닫는 바람에 실업자가 된다. 자신의 실직 사실을 아내에게 숨긴 송강은 막노동으로 생계를 유지한다. 반면에 이광두는 폐품으로 번 돈을 기반으로 의류공장과 식당·백화점·부동산 등으로 떼돈을 벌어 그 지방의 유지가 된다. 한편 허리를 다쳐 막노동조차 못하게 된 송강은 아내를 위해 무슨 짓이든 할 양으로, 심지어 우스꽝스러운 분장을 하고 성인용품 장사까지 한다. 하지만 자신의 아내 임홍이 동생 이광두와 불륜을 저지르고 있다는 사실을 안 송강은 결국 자살하고 만다. 송강의 자살 이후 임홍은 매매춘사업에 손을 대고, 이광두는 여전히 동키호테 같은 삶을 살아가는 것으로 소설은 끝난다.

위화의 장편 『형제』를 보고나면 주인공들뿐 아니라 이들을 묘사하고 있는 위화 자신도 상업주의와 타협하고 있는 게 아닐까 하는 의심이 든다. 초기와 중기 소설에 드러나는 그의 문체적 특징인 속도

감이 사라졌기 때문이다. 원래 그의 소설은 유머와 위트가 넘치는, 순발력 있는 전개로 인하여 단숨에 읽혔다. 하지만 이 소설은 턱없이 길게 늘어져서 지루하기까지 하다. 이 같은 의심에 대해 위화는 다음과 같이 솔직히 인정하고 있다:

> 원래 십만 여자 분량의 소설을 구상했으나 쓰다보니 오십만 자가 넘게 되었다. 글쓰기란 이렇게 기묘한 것이다. 좁게 시작했다가 왕왕 넓게 써지기도 하고 넓게 시작했다가 좁게 써지기도 한다. 그것은 인생과 완전히 똑같다. 넓은 길에서 출발한 사람이 막다른 길에 다다르게 되기도 하고, 구불구불한 작은 길에서 출발했으나 요원한 하늘에 닿을 수 있다. 그래서 예수는 "좁은 길로 가라."고 했을 것이다.

10만 자이면 충분한 분량의 소설을 다섯 배인 50만자로 불려놓은 데 대한 변명치고는 조금 궁색하다. 이에 비해 한국어판 『형제』 서문에 쓴 다음 글에서는 위화의 보다 솔직한 마음을 읽을 수 있다:

> 노르웨이 작가 입센이 "모든 이는 자신이 속한 사회에 책임이 있고, 사회의 온갖 폐해에 대해 일말의 책임이 있다."라고 했습니다. 그의 말에 전적으로 동의하면서 내가 왜 『형제』를 쓰게 되었는지 답을 얻었습니다. 그것은 바로 제가 병자이기 때문입니다.

이는 위화 자신도 자신의 소설에 묘사한 주인공들과 마찬가지로 돈과 성을 추구하는 병든 중국인과 다를 바 없다고 고백한 것이다. 이는 또 위화뿐만 아니라 많은 다른 현대의 작가들도 상업성을 추구하는 대중문학의 범주에서 벗어나지 않고 있음을 짐작하게 한다. 다만 위화는 다른 중국인들과 마찬가지로 자신도 병자임을 인정함으로써 적어도 위선자라는 불명예에서는 벗어났다. 이는 왕수어가 스스로 음험한 사기꾼이라고 솔직히 고백한 것과 일맥상통하는 점이 있다.

위화와 왕수어보다 10여 년 뒤에 출생한 웨이후이와 지우단 또한 대중적인 인기를 얻고 있는 여성 작가들이다. 이들은 2000년대 초 이른바 몸으로 글쓰기 열풍을 불러일으켰다. '몸으로 글쓰기'라는 말은 상해의 문학평론가들이 만들어 낸 용어로, 이는 1970년대에 출생한 여성 작가들 가운데 주로 자전적인 성 체험을 소설화하는 과정을 의미한다. 즉 웨이후이의 『상하이베이비』, 지우단의 『까마귀』, 린바이의 『한 사람의 전쟁』, 미엔미엔의 『설탕』, 춘수의 『베이징인형』 등이 모두 몸으로 쓴 소설들이다.

웨이후이(위혜). 뉴욕타임즈 사진.

이 작품들에는 그동안 금기시되었던 여성의 성욕이 과감히 묘사되어 있다. 사실 이들의 소설은 남녀평등과 자유연애를 주제로 소설을 썼던 1930년대의 띵링과 비슷한 점이 있다. 다만 띵링이 「뭉크」나 「소피아여사의 일기」 같은 단편소설에서 묘사한 성 표현이 간접적이고 은근한 우회였다면 2000년대 여성 작가들의 성 표현은 매우 직접적이고 노골적이라는 점이 다를 뿐이다.

그럼 먼저 웨이후이의 『상하이베이비』를 간단히 소개한다. 웨이후이의 본명은 저우웨이후이로, 이 소설은 그녀의 자전적인 작품이다. 그런 의미에서 웨이후이 자신이기도 한 주인공 코코는 상해의 명문인 복단대학을 졸업하고, 가출하여 레스토랑의 직원으로 일을 한다. 그녀는 성 불능인 티엔티엔이라는 남자친구와 동거하면서 마크라는 한 독일 남자와 자유로운 성 관계를 가진다. 하지만 얼마 후 마크는 독일로 돌아가고, 티엔티엔은 우울증에 시달리다가 자살하고, 코코는 작가가 되는 것으로 소설은 끝난다.

이 소설은 동성연애, 성 무능과 성 갈망, 적나라한 성행위의 묘사, 및 마약 복용 따위의 내용 때문에 중국 당국으로부터 판매 금지되었고, 서점에 유포된 수 만 권이 압수되었다. 또한 중국의 국영 방송 등 매체에서는 웨이후이를 퇴폐적이고 음란한 서양문화의 노예라고 비난하였다. 하지만 『상하이베이비』는 현재까지 미국 · 영국 · 프랑스 · 독일 · 일본 · 한국 등 30여 개 국어로 번역되어 출판되었고, 일본의 아사히신문에 따르면 이 소설이 일본에서만 수백만 부가 팔렸다고 한다.

그만큼 많이 팔리지는 않았을지는 모르지만 지우단의 『까마귀』도 중국에서 만만치 않은 관심을 불러 일으켰다. 이 소설 또한 지우단의 자전적인 소설로, 주인공 하이룬은 싱가포르 유학생인데, 싱가포르 영주권을 획득하기 위하여 싱가포르인과의 결혼을 꿈꾼다. 하지만 뜻대로 되지 않자 경제적 도움을 줄 수 있는 애인을 찾다가 급기야 창녀가 된다. 실제로 지우단은 약 4년간 싱가포르에 유학하면서 영국인 피아니스트와 연애하였고, 50대 국회의원과 동거했고, 60대 남자들과도 사귄 적이 있다고 고백한 바 있다.

하지만 너무 노골적인 성 묘사라 하여 수 십 여 곳이 삭제된 채 중국에서 출판된 이 소설은 2001년 여름, 인터넷상에서 '기생문학' 논쟁을 불러 일으켰다. 그럼에도 불구하고 이 소설의 무대인 싱가포르에서 『까마귀』는 한때 베스트셀러가 되었으며, 홍콩에서는 삭제된 노골적 성 묘사를 되살린 영문판과 중문판이 날개 돋친 듯 팔렸다고 전한다.

'기생문학' 논쟁을 일으키게 한 지우단

지우단의 『까마귀』와 웨이후이의 『상하이베이비』는 둘 다 여성의 육체적 욕망을 솔직히 표현했다는 점과 한때 잘 팔렸던 소설이라는 점 등에서 공통점을 찾을 수 있다. 그렇지만 웨이후이와 지우단의 성 의식에는 차이가 있다. 먼저 웨이후이는 소설 속 주인공 코코를 통해서 당당한 여성의 성 의식을 드러낸다. 즉 코코는 비록 전 남자 친구로부터 당한 스토킹을 성공적으로 극복하고, 부모가 잡아준 안정적인 직장도 마다하고 레스토랑 여직원으로 일하는 등 당당한 면모를 보인다. 또한 성 불능인 남자친구와 동거하면서 유부남과 육체적 사랑을 나누는 등 거침없는 삶을 사는 것이다.

반면에 지우단은 소설 속 주인공 하이룬을 통하여 남성에 의지해 살아가는 여성의 전형을 보여준다. 즉 하이룬은 남자를 사로잡기 위하여 온갖 짓을 마다하지 않는다. 이름과 신분을 속이는 것은 기본이고, 남의 옷을 훔쳐 입고 거짓말하고, 심지어 사랑하는 남자 앞에서 자해까지 한다. 그녀는 여자가 남자의 돈을 갈취하며 살아가는 것이 마치 대지에 자라나는 들풀처럼 영원할 것이라고 믿는다. 이는 남성중심 사회가 앞으로도 계속될 것이기 때문에 여성들은 남성에 의지해서 살아갈 수밖에 없다고 보는 것이다.

이 같은 관점은 1930·40년대에 나온 띵링과 장아이링의 소설 속 주인공의 관점과 닮아 있다. 즉 띵링은 여성에게 있어서 구식결혼은 매음과 다름없다고 보았고, 장아이링은 구식결혼뿐 아니라 신식결혼도 장기간의 매음과 다를 바가 없다고 하였다. 한마디로 생계를 위한 결혼은 모두 매음이라는 것이다. 지우단도 여성이 남성에 의지해서 산다는 점에서 가정주부도 남자의 돈으로 살아가는 창녀와 다를 바가 없다고 본다. 이 같은 생각은 『까마귀』의 하이룬을 통해 다음과 같이 표현된다:

> 저는 창녀가 아니에요. 만약 세상에 창녀라 부르는 여인이 존재한다면, 그렇다면 저만 창녀가 아니라 당신도 그렇고, 당신 엄마도 그렇고, 당신 언니도, 당신 딸도 그렇지요.

이는 하이룬이 매춘행위로 인하여 싱가포르 이민국 직원에게 잡힌 후 자기가 다니던 학교의 여교장에게 불려가서 하는 말이다. 그녀에 따르면 미혼여성이 애인에게 의지하고 기혼여성이 남편에게 의지하는 것은 매춘여성이 고객에게 의지하는 것과 다를 바 없다는 것이다. 비록 하이룬은 이렇게 강변하다가 듣다 못한 여교장으로부터 빰을 얻어맞기는 하지만, 그녀의 말은 남성 중심 사회에서는 어떤 여성도 얼마간 남성의 비호를 받지 않으면 안 된다는 점을 각성시켜 준다.

하지만 웨이후이는 2001년 7월 13일자 홍콩의 일간지 『사과일보』에서 지우단에 대해 직격탄을 날린다. 그녀는 이 신문에서 '기생작가'란 칭호를 얻고 있는 지우단의 남성 의존성이 도를 넘었다고 비난한 것이다. 그러자 지우단은 주간지 『아주주간』에 격앙된 어조로 웨이후이가 어리석고 형편없는 작가라고 통박함으로써 한동안 문단을 시끄럽게 했다. 다행히 지우단의 이 같은 반격에 웨이후이가 대응을 하지 않아서 끝나기는 했지만 말이다.

지우단은 웨이후이의 『상하이베이비』에 나오는 코코 같이 당당한 여성 인물이 사실은 허위의식에 찬 거짓말쟁이라고 주장한다. 그녀에 따르면 대범하고 자유로운 여성상은 여성의 진짜 실상이 아니다. 즉 당당한 여성 인물을 소설 속에 그럴듯하게 그리고 있는 여 작가들도 알고 보면 남자에 의지해서 살아가면서, 마치 독자적으로 사는 것처럼 위선을 떤다는 것이다. 그녀는 웨이후이를 비롯한 당당한 여작가들이 문제를 다른 사람이나 시대에 돌리고 자신들은 당당함으로 위장된 허영의 옷을 입고 있다고 기염을 토한다. 지우단에 따르면 자기는 그 허영의 옷을 벗고, 자신의 상처를 적나라하게 보여주었을 뿐이라고 한다. 적어도 자기는 웨이후이처럼 화살을 다른 사람이나 세상을 향해 날리지 않고 자신에게 돌리고 참회한다는 것이다.

이 무렵 역시 솔직하게 자신의 교활함을 드러낸 소설을 쓴 작가 왕수어가 지우단의 손을 들어주었다. 이어서 문학평론가 바이예와 소설가 리투어 등 남성 작가들이 잇달아 지우단의 『까마귀』가 중국 사회의 각계각층에 시사하는 점이 많다고 호평하였다. 특히 리투어는 이 소설이 오늘날 남성중심 · 금전만능 사회에 대하여 내지르는 여성의 함성이라고 긍정적으로 평가했다.

하지만 웨이후이를 비롯하여 많은 중국 여성들은 모든 여성이 남성에게 의존하여 살아갈 수밖에 없다는 지우단의 주장에 대해 거세게 반발했다. 싱가포르의 한 여성 편집자는 『까마귀』가 부분적인 진실을 담고 있지만 터무니없이 과장되어 있다고 비난했다. 이들의 반발은 대략 두 가지 점으로 압축된다.

그 하나는 비록 중국 사회가 남성중심의 사회이지만 여성 스스로도 얼마든지 돈을 벌고 자유로운 연애도 하고 결혼도 할 수 있다는 것이다. 물론 모든 여성이 다 이렇게 성공적인 삶을 살지는 않는다. 이는 상당수의 여성들은 일과 사랑 가운데 한 가지를 버리거나 적당히 타협하기도 한다는 뜻이다. 『상하이베이비』의 코코가 결국 사랑을 잃고 소설을 완성한 것처럼 말이다. 하지만 웨이후이는 남성과 마찬가지로 여성도 스스로 자신의 중심을 잡고 독자적으로 살아갈 권리가 있다는 입장을 고수하고 있다.

다른 하나는 비록 중국 사회가 견고한 남성중심 사회이지만 여성 특유의 기질과 전략으로 남성을 공략할 수 있다는 입장이다. 즉 여성은 남성과 논리적으로 토론하거나 대화하기보다 끼어들기나 찬물 끼얹기 같은 수법으로 남성의 논리를 교란시켜 목적을 달성할 수 있다고 본다. 한마디로 정면전이 아닌 게릴라식 유격전을 벌여 승리할 수 있다는 것이다. 이를 위해 여성은 남성에게 이성적이 아닌 감정적이고 성적인 접근을 시도해야 함은 물론이다.

지우단이 취한 입장도 출발은 이와 같다. 『까마귀』의 하이룬이 사랑하는 남자인 리우에게 감정적이고 성적으로 접근하여, 그를 죽음에 이르게 하기 때문이다. 그런 의미에서 지우단의 소설은 여성의 천박한 감정을 다룸으로써 남성의 고상한 이성을 비웃었다는 장아이링의 1940년대 소설과 닮은 점이 있다. 하이룬의 행위에는 장아이링 소설의 여주인공의 행위처럼 상대뿐 아니라 자기 자신도 절망으로 몰아넣는 비극성이 있기 때문이다. 하지만 이들과 달리 많은 여성 페미니스트들은 감정적이고 성적인 여성성을 이용하여 성공적으로 목표를 달성할 수 있다는 희망을 가지고 있다. 이들의 주장에 따르면 권력의 중심부에 있는 남성에 대해 주변부 여성 특유의 변죽을 울리며 치고 빠지는 방식으로 멋지게 대응할 수 있다는 것이다.

요컨대, 지우단과 웨이후이는 둘 다 상업주의 대중문학의 빛나는 주제인 애정과 성에 대한 직접 체험을 바탕으로 소설을 썼다는 공통점이 있다. 다만 웨이후이가 여권주의적인 입장으로 당당한 여성을 묘사했다면, 지우단은 여성주의적 입장을 다소 지니긴 했으나 인습에 얽매여 방황하는 절망적인 여성을 대변했다고 할 수 있다.

나오는 말

지금까지 고대로부터 중세를 거쳐 현대까지 모두 스무 편의 중국 문학 이야기를 했다. 첫 번째 신들의 이야기에서는 천지와 인류를 창조한 반고·마고·여왜씨로부터 인류에게 문명의 씨앗을 뿌린 복희씨·신농씨 등과 자연신인 치우씨·공공씨·예·항아를 다뤘다. 두 번째 경전이야기에서는 『역경』『서경』『시경』『예기』『춘추』 등 오경을 간단히 소개했다. 이를 다시 한번 간추리자면 『역경』은 변화와 순환을 요체로 하는 철학의 원전이고, 『서경』은 피 한 방울 섞이지 않은 남에게 임금의 자리를 물려준 요임금과 순임금 등을 다룬 최초의 정치서이다. 또 『시경』은 민중과 지식인의 시문학을 담고 있고, 『예기』는 「대학」과 「중용」 등 대동大同의 예를 담은 경전이다. 마지막으로 『춘추』는 춘추 시대 역사를 담은 역사서이지만 실은 정통 역사서라기보다는 좌구명 등이 각색한 역사소설에 가깝다고 할 수 있다.

세 번째 이야기에서는 공자와 맹자, 및 그들의 이론과 실천을 이야기했다. 즉 인仁과 덕치德治를 실행하는 군자를 추구한 공자와, 그 인과 덕치를 인의仁義와 왕도정치王道政治로 발전시킨 맹자의 도를 차례로 소개했다. 다음 네 번째 이야기는 노자와 장자의 사상에 관한 것이다. 공맹사상과 함께 동양 사상의 양대 산맥이라고 하는 노장사상의 노자는 무위자연無爲自然의 도를 실천하는 덕을 말했다. 또한 장자는 마음을 여읨으로써 무위자연의 도를 실천하는 진인眞人을 말했다. 다섯 번째 이야기는 위진남북조와 당나라 때의 기이한 소설들에 관한 것이다. 도깨비와 귀신 이야기도 있고, 만화영화 『개미』 같은 개미왕국의 이야기도 있다. 뿐만 아니라 『앵앵전』 같은 평범한 남녀의 사랑을 다룬 소설도 있다.

여섯 번째 이야기는 이백과 두보의 시이다. 시선詩仙의 칭호를 얻은 이백이 신선 같은 삶을 시로 노래했다면, 시성詩聖의 칭호를 얻은 두보는 척박한 현실 속에서 살아가는 인간의 삶을 시로 그렸다. 다음 일곱 번째 이야기는 역시 당나라 시인인 두목에 관한 것이다. '작은 두보'라는 별칭을 얻은 두목은 당나라 말의 시인으로 명성을 날렸지만 통일신라의 장보고에 대한 최초의 기록을 남긴 문인으로도 유명하다. 『삼국사기』장보고전도 두목의 문집인 『번천문집』에 적어 놓은 장보고의 자료를 이용했다.

여덟 번째 이야기는 흔히 사대기서四大奇書라고 하는 네 편의 장편소설 『삼국지』『서유기』『수호전』『금병매』 이야기다. 이 가운데 『삼국지』는 위나라 · 촉나라 · 오나라 등 삼국의 역사를 소설화한 역사소설이고, 『서유기』는 삼장법사와 손오공 등이 불경을 얻어오는 과정을 그린 종교소설이다. 또한 『수호전』은 송강 등 108인의 영웅호걸의 이야기를 담은 무협소설이고, 『금병매』는 서문경과 반금련 등의 성애를 담은 염정소설이다.

다음 아홉 번째 이야기는 『홍루몽』이다. 남주인공 가보옥과 임대옥 · 설보채 등 열 두 명의 미녀가 등장하는 이 소설은 단순한 애정소설이 아니라 종교적이고 사회적인 소설이기도 하다. 또한 이 소설 안에는 청나라의 의식주와 문화 전반에 대한 풍부한 이야기가 있어서 많은 연구가들의 관심을 끌고 있다.

열 번째 이야기는 민중의 노래, 즉 지은이가 알려지지 않은 민요 이야기이다. 이 이야기에서는 한나라의 민요로부터 위진남북조 · 당나라 · 송나라 · 명나라의 민요를 다루었다. 대부분 애정을 주제로 하고 있지만, 개중에는 정치적인 풍자와 인생의 덧없음을 주제로 한 가요들도 있다.

열한 번째 이야기는 위진남북조부터 청나라까지의 소리문학과 극문학에 관한 것이다. 글자를 모르는 민중들을 위해 노래와 사설로 들려주는 소리문학은 판소리와 비슷한 장르이고, 민중이 재미있게 보고 즐길 수 있는 극문학은 산대놀이나 탈춤 또는 마당극에서 발전된 장르이다. 한국과 일본의 소리 및 극문학과 유사점이 많으며, 특히 원나라 때부터는 많은 소설이 각 지방의 곡조와 춤사위에 맞춰 소리와 극으로 연출되었다.

이상이 고대와 중 · 근대 중국의 문학 이야기라면 열두 번째 이야기부터는 중국 현대문학 이야기이다. 현대문학의 첫 번째 이야기이자 전체적으로 볼 때 열두 번째 이야기는 중국현대문학의 선구자 후스와 천뚜시우에 관한 것이다. 동향 출신의 두 사람은 1917년 『신청년』이라는 문학잡지를 함께 만들었지만, 훗날 정치적인 성향의 차이로 인하여 서로 다른 길을 간다. 천뚜시우는 공산당 창당에 앞장서고 후스는 국민당 정부를 위해 일하게 되는 것이다.

다음으로 열세 번째 이야기는 1920년대 문예단체인 문학연구회와 창조사, 그리고 신월사 문인들의 이야기이다. 이 장에서는 인생주의 문학의 길을 간 삥신과 낭만주의 시인 꾸어모루어, 및 아름답고 상징적인 시를 쓴 쉬즈모의 인생과 시를 다루었다.

이어서 열네 번째 이야기는 1930년대 중국현대문학의 아버지와 어머니인 루쉰과 띵링의 현실주의 문학 이야기이다. 이 장에서는 최초의 현대소설을 쓴 루쉰과 여성주의로 출발하여 사회주의 현실주의 문학의 길을 간 띵링을 소개했다.

열다섯 번째 이야기는 따이왕수와 아이칭의 시에 관한 것이다. 이 이야기는 현대주의 시인 따이왕수와 현대주의 화가로 출발하여 중일전쟁 시기에 항일시인으로 이름을 날린 아이칭의 시와 삶에 관한 것이다.

다음 열여섯 번째 이야기는 공산당과 국민당이 첨예하게 대립하는 1940년대 중국에서 그 어느 쪽에도 참여하지 않고 인생과 애정을 깊이 파고든 장아이링과 그녀의 소설 이야기이다. 이 같은 정치적 중립은 당시 그녀가 거주한 곳이 상해라는 외국 점령지구였기 때문에 가능한 일이었다.

열일곱 번째 이야기는 중화인민공화국 수립 이후 사회주의 현실주의 문학을 심화시켜온 마오쩌뚱이 1950년대 말에 시도한 사회주의 낭만주의 문학에 관한 것이다. 마오쩌뚱은 몸소 중국의 전설과 신화를 끌어들여 사회주의 혁명 의식을 고취한 신 민요 「접련화」를 써서 발표하는 등 문학을 정치와 긴밀히 연결시킨 장본인이다.

다음으로 문화혁명 시기(1966-1976)의 문학을 다룬 열여덟 번째 이야기가 이어진다. 마오쩌뚱의 부인 지앙칭이 주도한 문화혁명 문학은 기존의 문학을 깡그리 무시하고, 오직 사회주의 혁명의 성공이라는 주제로 개인문학이 아닌 집단문학을 시도했다.

열아홉 번째 이야기인 베이따오와 수팅의 시는 문화혁명 이후 사회주의 혁명 문학이라는 답답한 족쇄를 풀고, 억눌렀던 개인의 감정을 숨은 그림처럼 교묘하게 숨겨놓았다. 마오쩌뚱이 죽고 지앙칭 등 사인방이 체포되었지만, 언제 날아들지 모르는 비판의 화살을 피하기 위해 이들은 애매모호한 시어를 사용하여 시를 썼기 때문에 몽롱시인으로 불렸던 것이다.

마지막으로 스무 번째 이야기는 1990년대와 2000년대 초 중국의 상업주의 대중소설에 관한 이야기이다. 이 시기의 소설들은 왕수어와 위화 등 남성 작가가 이끌었고, 이들의 뒤를 이어 웨이후이와 지우단 등 여성 작가가 활약했다. 특히 웨이후이와 지우단은 일간지와 주간지를 통해 서로 다른 여성주의 관점을 드러내며 격렬히 토론했다.

지금까지 스무 고개를 넘어오듯이 스무 개의 중국문학 이야기를 다시 한번 간추렸다. 하지만 수 천 년 동안 굽이굽이 넘어온 이야기 고개들이 어찌 스무 개뿐이랴? 큰 고개 작은 고개까지 따지면 엄청난 수의 이야기들이 있을 것이다. 그 가운데 이 책에서 빠뜨린 가장 큰 이야기를 들자면 사마천의 『사기』와 굴원의 『초사』, 그리고 유협의 『문심조룡』이다. 중국문학사에서 매우 중요한 이들 이야기는 내용상 다소 난해한 점이 많아서 부득이 뺐지만, 이후 좀 더 쉽게 설명할 기회가 있으리라 생각한다.

또한 현대의 문학으로 넘어와서도 많은 작가들과 문학단체, 및 문학운동을 다루지 못하고, 극히 일부의 문인과 작가들만 다루었다. 1917년부터 지금까지 약 100년의 시기 동안 대표적으로 활약한 작가들의 삶과 문학을 다루려고 나름대로 애썼지만, 결과는 코끼리의 다리만 보여준 셈이 되지 않았나 싶다. 무엇보다 현대문학의 배경이 되는 중국의 근대화 과정과 좌익작가연맹의 활동, 및 중공 수립 이후 이른바 우파문학 비판에 대한 내용이 많이 빠져 있어 아쉽다. 아울러 최근 중국문단의 동향에 대한 언급을 하지 못한 점도 마음에 걸린다.

하지만 나날이 미국 등 서양의 문화에 기울어져가는 우리 젊은이들에게 중국의 문학을 이해시키기 위해서는 무조건 쉽게 풀어놓아야 한다는 당위가 있다. 그러다 보니 아무리 해도 이해시키기 어려운 내용이나 젊은이들이 너무 재미없고 지루해 할 내용은 자연히 배제하게 되었다. 그 때문에 문학평론 같이 이해하기가 쉽지 않은 장르나 문학운동 같은 정치색 짙은 이야기, 및 생소한 용어가 많이 나오는 신화나 전설 같은 부분은 좀 더 쉽고 재미있게 꾸며질 때까지 상당 부분 소개를 보류했다.

마지막으로 강조하고 싶은 것은 한국의 지식인이라면 중국문학을 알지 않으면 안 된다는 점이다. 중국문학을 알아야만 중국을 알 수 있고, 중국을 알아야 한국을 알 수 있고, 한국을 알아야 나를 알 수 있기 때문이다. 또 그래야만 세계의 중심 국가로 자리 잡고 있는 중국에서 내가 한 몫을 할 수 있기 때문이다. 이 책은 바로 이 같은 포부를 가진 젊은이들의 꿈을 실현하는 데 도움을 주기 위해서 씌어졌음을 밝혀둔다.

참고문헌

王寧 主編,『評析本白話論衡』, 北京廣播學院出版社, 北京, 1993
洪子誠 著,『中國當代文學史』, 北京大學出版社, 北京, 2000
郭志剛 等 主編,『中國當代文學史草稿』, 人民文學出版社, 北京, 1994
張鍾 等 著,『當代中國文學概觀』, 北京大學出版社, 北京, 1986
張鍾 等 著,『當代中國文學』, 北京大學出版社, 北京, 1988
陳伯海 袁進 主編,『上海近代文學史』, 上海人民出版社, 上海, 1993
王文英 主編,『上海現代文學史』, 上海人民出版社, 上海, 1999
唐弢 嚴家炎 主編,『中國現代文學史』, 人民文學出版社, 北京, 1984
凌宇 等 主編,『中國現代文學史』, 湖南師範大學出版社, 長沙, 1993
十四院校編寫組 編著,『中國現代文學史』, 雲南人民出版社, 昆明, 1980
黃修己 著,『中國現代文學發展史』, 中國青年出版社, 北京, 1993
劉心皇 著,『中國現代文學史話』, 正中書局, 台北, 1979
馮光廉 等 編著,『中國現代文學史題解』, 山東教育出版社, 濟南, 1984
傅子玖 主編,『中國新文學』, 華東師範大學出版社, 上海, 1994
陳敬之 著,『中國新文學的誕生』, 成文出版社, 台北, 1980
張志忠 主編,『中國當代文學藝術主潮』, 中國社會科學出版社, 北京, 1994
洪子誠 劉登翰 著,『中國當代新詩史』, 人民文學出版社, 北京, 1994
陳美蘭 著,『文學思潮與當代小說』, 武漢大學出版社, 武漢, 1996
王志健 著,『現代中國詩史』, 臺灣商務印書館, 台北, 1975
蕭蕭 著,『現代詩學』, 東大圖書公司, 台北, 1987
嚴家炎,『中國現代小說流派史』, 人民文學出版社, 北京, 1995
溫儒敏 著,『中國現代文學批評史教程』, 北京大學出版社, 北京, 1997
殷國明 陳志紅 著,『中國現當代小說中的知識女性』, 廣東高等教育出版社, 廣州, 1990
朱自淸,『新詩雜話』, 三聯書店, 北京, 1984
李黎陸 評著,『新詩的審美特徵』, 遼寧大學出版社, 沈陽, 1988
謝冕 楊國漢 主遍,『中國新詩萃』, 人民文學出版社, 北京, 1988
譚正璧 著,『中國女性文學史』, 百花文藝出版社, 天津, 2001
閻純德 著,『二十世紀中國女作家研究』, 北京言語文化大學出版社, 北京, 2000
黃元起 主編,『中國現代史』, 河南人民出版社, 開封, 1984
周良沛,『丁玲傳』, 北京十月文藝出版社, 北京, 1993
舒蘭 著,『抗戰時期的新詩作家與作品』, 成文出版社, 台北, 1980
蔣洛平 楊業瑞 主編,『中國現代文學作品選』, 四川大學出版社, 成都, 1986

黃子平 李陀 編,『中國小說一九八八』, 三聯書店, 香港, 1989
中華文學選刊編輯部 編選,『一九九三短篇小說選』, 人民文學出版社, 北京, 1994
金宏達 于青 編,『張愛玲文集』 第二卷, 安徽文藝出版社, 合肥, 1995
柯靈 主編,『張愛玲小說留情』, 上海古籍出版社, 上海, 2000
遲子建,『遲子建』, 中國當代作家選集叢書, 人民文學出版社, 北京, 2000
瓊瑤,『女朋友』, 瓊瑤全集 23, 皇冠叢書, 皇冠雜誌社, 1990
柯靈 主編,『陳衡哲小說西風』, 上海古籍出版社, 上海, 1997
林吶 等 主編,『陳衡哲散文選集』, 百花文藝出版社, 天津, 1992
諶容,『諶容小說選』, 北京出版社, 北京, 1981
張潔,『張潔』, 人民文學出版社, 北京, 1993
柯靈 主編,『鐵凝隨筆長歌短夢』, 知識産業社, 上海, 1995
艾靑,『艾靑全集』, 花山文藝出版社, 石家庄, 1991
舒婷,『心烟』, 上海文藝出版社, 上海, 1988
喻大翔 劉秋玲 編選,『朦朧詩精選』, 華中師範大學出版社, 武昌, 1987
肖鳳 編,『廬隱』, 三聯書店香港分店 人民文學出版社, 香港, 1983
高行健 著,『靈山』, 天地圖書, 香港, 2000
徐坤,『小靑是一條魚』, 中國文聯出版社, 天津, 2001
衛慧,『上海寶貝』, 春風文藝出版社, 沈陽, 2000
九丹 著,『烏鴉』, 長江文藝出版社, 武漢, 2001

曹雪芹,『紅樓夢』 언해본 권45, 文獻複寫서비스
金學主,『中國文學事』, 新雅社, 서울, 1990
鄭範鎭 河正玉 共著,『中國文學史』, 東亞學研社, 서울, 1982
李秀雄 金經一,『中國文學史』, 대한교과서(주), 서울, 1994
金學主,『中國文學概論』, 新雅社, 서울, 1981
胡雲翼 著, 張基根 譯,『中國文學史』, 대한교과서(주), 서울, 1961
許世旭,『中國古代文學史』, 法文社, 서울, 1986
金學主,『中國古代文學史』, 民音社, 서울, 1987
許世旭,『中國近代文學史』, 法文社, 서울, 1996
劉若愚 著, 李章佑 譯,『中國詩學』, 同和出版公社, 서울, 1984
朝鮮史學會 編,『支那史料抄』, 景仁文化社, 서울, 1982
錢穆 著, 李鍾燦 譯,『中國文化史』, 東文社, 서울, 1979
全海宗 著,『韓中關係史研究』, 一潮閣, 서울, 1982
申采浩 著,『朝鮮上古史』, 三星文化文庫, 서울, 1980
崔棟,『朝鮮上古民族史』, 東國文化社, 서울, 1969
梁啓超 著, 李民樹 譯,『中國文化思想史』, 正音社, 서울, 1976
文定昌 著,『百濟史』, 栢文堂, 서울, 1975

朴鍾淑 著,『百濟 百濟人 百濟文化』, 知文社, 서울, 1988
李能和 輯選, 李鍾殷 譯注,『朝鮮道敎史』, 普成文化社, 서울, 1983
鹿島氏 譯,『桓檀古記』, 圖書出版民族文化, 부산, 1982
강수원 옮김,『桓檀古記』, 온누리, 청주, 1985
北崖 著, 申學均 譯,『揆園史話』, 大同文化社, 서울, 1974
黃維翰 撰,『渤海國記』, 遼海書社, 서울, 1987
朴堤上 原著, 金殷洙 譯,『符都誌』, 가나출판사, 서울, 1986
김백현 지음,『도가철학연구』, 동녘출판기획, 강릉, 2002
金敬琢 譯著,『周易』, 明文堂, 서울, 1974
車相轅 譯著,『書經』, 明文堂, 서울, 1974
金學主 譯著,『詩經』, 明文堂, 서울, 1974
南晚星 譯註,『禮記』, 平凡社, 서울, 1981
李錫浩 譯註,『春秋左傳』, 平凡社, 서울, 1982
朱自淸 著, 全寅初 譯,『經典常談』, 乙酉文化社, 서울, 1977
金凡父 校閱, 表文台 譯解,『論語』, 玄岩社, 서울, 1966
具本明 校閱, 安炳周 譯解,『孟子』, 玄岩社, 서울, 1966
趙芝薰 校閱, 李東歡 譯解,『大學中庸』, 玄岩社, 서울, 1966
동양고전연구회,『논어』, 지식산업사, 서울, 2002
김용옥 지음,『도올논어』, 통나무, 서울, 2000
金敬琢 譯註,『老子』, 玄岩社, 서울, 1982
宋志英 譯解,『莊子』, 東西文化社, 서울, 1978
宋貞姬 譯,『楚辭』, 明知大學出版社. 서울, 1983
劉勰 著, 崔信浩 譯註,『文心雕龍』, 玄岩社, 서울, 1975
司馬遷 著, 南晩星 譯,『史記列傳』, 乙酉文化社, 서울, 1993
李漢祚 編譯,『杜甫詩選』, 中央日報社, 서울, 1981
金富軾 著, 李丙燾 譯註,『三國史記』, 乙酉文化社, 서울, 1982
一然 著, 李丙燾 譯註,『三國遺事』, 廣曺出版社, 서울, 1984
梁柱東 著,『古歌硏究』, 一潮閣, 서울, 1983
王力 저, 이종진 이홍진 공역,『중국언어학사』, 계명대학출판부, 대구, 1983
성동호 역해,『신역 千字文』, 홍신문화사, 서울, 1986
許世旭 著,『中國現代文學史』, 法文社, 서울, 1999
권철 김제봉 編著,『中國現代文學史』, 한겨레, 서울, 1989
黃修己 著, 高大中國語文硏究會 譯,『中國現代文學發展史』, 범우사, 서울, 1992
김시중,『中國當代文學思潮史硏究(1949-1993)』, 서울대학교출판부, 서울, 2001
치우란 지음, 중국어문연구회 옮김,『중국당대문학사(1949-1987)』, 고려원, 서울, 1994
김종수 최건 지음,『중국당대문학사(1949-1984)』, 청년사, 서울, 1991

金喆洙 譯註, 『中國新文學史話』, 同和出版公社, 서울, 1983
朱德發 등 엮음, 임춘성 옮김, 『중국현대문학운동사』, 도서출판 전인, 서울, 1989
임춘성 편역, 『중국근현대문학운동사』, 한길사, 서울, 1997
김양수 편역, 『중국신시기문학입문』, 토마토, 서울, 1995
陳思和 지음, 한국외대중국현대문학연구회 옮김, 『20세기중국문학의 이해』, 청년사, 서울, 1995
許世旭 著, 『中國現代詩硏究』, 明文堂, 서울, 1992
류성준 저, 『중국현대시의 이해』, 한국외국어대학교출판부, 서울, 1997
조총 지음, 박재연 옮김, 『중국현대작가론』, 온누리, 서울, 1988
馬南邨 지음, 박재연 옮김, 『천안문강좌』, 이땅, 서울, 1988
姬田光義 外 지음, 편집부 옮김, 『中國近現代史』, 일월서각, 서울, 1984
辛勝夏 著, 『中國現代史』, 大明出版社, 서울, 1992
조너선 스펜스 지음, 정영무 옮김, 『천안문』, 이산, 서울, 2001
전형준 엮음, 『루쉰』, 문학과 지성사, 서울, 1997
『Sources of Chinese Tradition』, compiled by Wm. Theodore de Bary and others, Columbia University Press, New york, 1964
張賢亮 지음, 박재연 옮김, 『黃河의 아들』, 들꽃세상, 서울, 1990
왕수어 지음, 박재연 옮김, 『노는 것만큼 신나는 것도 없다』, 빛샘, 서울, 1992
왕수어 지음, 박재연 옮김, 『물위의 연가』, 빛샘, 서울, 1992
린바이 장편소설, 박난영 옮김, 『한 여자의 전쟁』, 문학동네, 서울, 1998
루쉰 외, 류성준 옮김, 『중국현대단편선』, 혜원출판사, 서울, 1999
라오서 지음, 최영애 옮김, 김용옥 풀음, 『루어투어시앙쯔』, 통나무, 서울, 2001
다이호우잉 지음, 신영복 옮김, 『사람아 아 사람아』, 다섯수레, 서울, 1992
꾸청 시선집, 김태성 옮김, 『나는 제멋대로야』, 실천문학사, 서울, 1997
수팅 시선, 김태성 옮김, 『상수리나무에게』, 시평사, 서울, 2003
여화(余華) 장편소설, 백원담 옮김, 『살아간다는 것』, 푸른 숲, 서울, 1997
위화 장편소설, 최용만 옮김, 『허삼관매혈기』, 푸른 숲, 서울, 2003
저우웨이후이 지음, 김희옥 옮김, 『상하이베이비』, 집영출판사, 서울, 2001
하진 지음, 왕은철 옮김, 『남편고르기』, 현대문학, 2006
샨사 지음, 이상해 옮김, 『바둑 두는 여자』, 현대문학, 2006
쑤통 지음, 김택규 옮김, 『이혼지침서』, AGORA, 2006
옌롄커 지음, 김태성 옮김, 『인민을 위해 복무하라』, 웅진 지식하우스, 2008
류전윈 지음, 김태성 옮김, 『핸드폰』, 황매, 2007
모옌 지음, 박명애 옮김, 『탄샹싱』, 중앙 M&B, 2003
왕원화 지음, 신주리 옮김, 『단백질소녀』, 솔, 2006
중자오정 지음, 김은신 옮김, 『로빙화』, 양철북, 2004

량위에 지음, 김기협 옮김, 『장건』, 아이필드, 2007
진빙후 지음, 방창식 역, 『화엄』, 이인북스, 2008
한샤오공 지음, 심규호 유소영 옮김, 『마교사전』, 민음사, 2007
리얼 지음, 박명애 옮김, 『감언이설』, 문학과 지성사, 2009
비페이위 지음, 김은신 옮김, 『청의』, 문학동네, 2008
황휘 지음, 황선영 홍민경 이성희 옮김, 『마오쩌뚱』, 아리샘, 2007
차오원쉬엔 지음, 전수정 옮김, 『빨간 기와』, 새움, 2007
류헝 지음, 홍순도 옮김, 『수다쟁이 장따민의 행복한 생활』, 비채, 2007
주원 지음 김택규 옮김, 『나는 달러가 좋아』, 황매, 2008
뚱시 지음, 홍순도 옮김, 『미스터 후회남』, 은행나무, 2008
아라이 지음, 전수정 양춘희 옮김, 『소년은 자란다』, 아우라, 2009
양즈쥔 지음, 이성희 옮김, 『사자개』, 황금여우, 2005
하닝 지음, 김은신 옮김, 『멜라니의 바이올린』, 자유로운 상상, 2008
아이다 프루잇 지음, 설순봉 옮김, 『중국의 딸』, 루덴스, 2007
이윈리 지음, 송경아 옮김, 『천년의 기도』, 베리타스북스, 2006
마젠 지음, 이은선 옮김, 『국수 만드는 사람』, 문학동네, 2008
장융 지음, 황의방 이상근 오성환 옮김, 『대륙의 딸』, 까치, 2007
다이시지에 지음, 이원희 옮김, 『발자크와 바느질하는 중국 소녀』, 현대문학, 2004

『중어중문학』 제12집, 한국중어중문학회, 1990. 12
『중어중문학』 제25집, 한국중어중문학회, 1999. 12
『중어중문학』 제31집, 한국중어중문학회, 2002. 12
『중어중문학』 제33집, 한국중어중문학회, 2003. 12
『중어중문학』 제36집, 한국중어중문학회, 2005. 6
『중어중문학』 제39집, 한국중어중문학회, 2006. 12
『중국학연구』 제15집, 중국학연구회, 1998. 12
『중국학연구』 제23집, 중국학연구회, 2002. 12
『중국학연구』 제42집, 중국학연구회, 2007. 12
『중국학연구』 제51집, 중국학연구회, 2010. 3
『중국현대문학』 제26호, 중국현대문학학회, 2003.9
『중국학논총』 제5집, 중국문화학회, 1996.12

찾아보기

【ㄱ】
가軻 55
가나假名 137
가다까나 137
가무기歌舞伎 156
가무희 157
가무희歌舞戲 156
가보옥 124, 298
가보옥賈寶玉 123
가부끼 156
간지干支 역법 28
갑골甲骨문자 5
강유위 167
개혁개방 266, 277
건괘乾卦 32
건달소설 280
걸임금 35
격물치지성의정심格物致知誠意正心 43
견우 245
경극 159, 160, 162, 164
경극京劇 259
경파京派 224
계급투쟁 260
고구 140
고려 141
고력사高力士 88
고문 181
고사 155
고사鼓詞 154
고시古詩 87
고신씨 15
고신씨高辛氏 26
고악 123
고양씨 15
고양씨高陽氏 24
고자 57
고자사 154
고자사鼓子詞 151
곡 131
곡曲 141
곡자사曲子詞 131
곤鯀왕 38
곤곡 161
골계희 158
공公 46
공공씨 16, 297
공공씨共工氏 22
공맹사상 297
공맹지도 96
공맹지도孔孟之道 56
공부자 62
공산당 173, 176, 187, 201, 202, 219, 223, 299
공숙단 48
공자 51, 58, 62, 70, 297
과거제도 87
관료 144
관우 110
관우장군 111
관제關帝 111
관한경 141, 160
광동희 162
광복회 198
광서황제 168
괘사卦辭 32
교저 125
구丘 52
구결 137
구결口訣 7
구르몽 211
구어체 177, 181
구천 150
구형식의 문예 233
국고정리파 177
국민당 173, 176, 177, 187, 219, 223, 299

국부國父 168
국음國音 154
군벌 170, 176
군자 54, 297
군자 사상 61
군자君子 40, 53
궁희穹姬 18
귀 75
귀면鬼面 157
귀신 76
귀화 75
규수파 186
극 161
극문학 149, 155, 299
근본임무론 257
금천씨金天氏 26
긍정 인물 258
기독교 142
기생문학 291
기생작가 293
기악무 157
기악무伎樂舞 156
기자箕子 36
기자조선 36
김성탄 116
김장생 41
까오란高蘭 215
까오싱지엔 266
까오싱지엔高行健 277
까오잉 219
깡패소설 280
꾸어모루어 173, 181, 186, 187, 188, 189, 190, 233, 246, 299
꾸어샤오추안 262
끼어들기 295
『과부 두아의 원한』 160
『관세음경문』 152
『광인일기』 198, 199
『금 자물쇠 이야기』 224, 227, 228
『금릉십이채』 124
『금병매사화』 118
『금병매』 118, 119, 238, 298
『까마귀』 229, 289, 290, 291, 294, 295
「강남을 바라보며」 137, 138
「강마을」 96
「건달」 283
「고무인간」 283
「권위」 175
「그는 일어났다」 217
「기다림」 145, 282
「깡충깡충」 286

【ㄴ】

나관중羅貫中 109
나송창 155
나얀 143
남가일몽 80
남경조약 167
남북조시대 156
낭만주의 243, 299
노담선생 62
노래자 62
노신魯迅 114
노자 61, 62, 70, 297
노자 사상 67
노장 사상 237
노장사상 67, 126, 297
노지심 117
노魯나라 46, 52
누어淚魚 279
『낙타 시앙즈』 257
『노는 것은 곧 가슴 뛰는 것』 283
『노자』 62, 63, 69
『논어』 53
『농담』 283
「남가태수전」 80, 81
「내가 왜 결혼을 해야 하죠?」 286
「내게는 이름이 없다」 286
「님의 침묵」 273

【ㄷ】

다아윈Darwin 170
단 150
단군 21

단기서 170, 176, 186
단시短詩 184
달기 35
달의 신 27
당시唐詩 87
대공 22
대관원 127
대구체 175, 184
대도 141, 142
대동大同 41, 297
대만 169, 177
대약진운동 242, 243, 251
대중가요 131
대호 22
덕德 55, 62, 66
덕치德治 55, 297
덩샤오핑 241, 252, 253, 259, 265, 266, 270
덩샤오핑鄧小平 251
도 237
도道 62, 66
도가道家 사상 61
도깨비 76
도당씨陶唐氏 26
도덕 66
도인 61
도정회 154
도치법 218
돈황 가사 135
돈황 문물 135
동관 140
동방삭 75
동음이어 140
동음이어同音異語 134
동이족 24
동이족東夷族 3
동조東調 155
두공부 93
두려낭 161
두목 99, 102, 104, 298
두보 87, 88, 93, 95, 298
두안청저 236
듀우이Dewey 170
듀이 175
따예허 218, 219
따이왕수 211, 212, 213, 214, 274, 300
띵리 269
띵링 203, 205, 206, 208, 219, 242, 257, 289, 292, 299
『당서』 112
『대당삼장취경시화』 112, 152
『대송선화유사』 115, 152
『대학』 44
『도덕경』 66
『도시를 무너뜨리는 연애』 224
『독성잡지』 138
『동방견문록』 141, 142
『들백합화』 207
『들풀』 201
『등대』 226
「대답」 266, 269
「대학」 297
「도망」 277
「도시를 무너뜨리는 연애」 228
「뚱보와 말라깽이 이야기」 156

【ㄹ】

라오서 257
라오서老舍 252
란링 238, 239
량스청梁思成 193
량치차오梁啓超 193
뢰봉탑 154
루샤오만 211
루샤오만陸小曼 193
루쉰 197, 198, 199, 201, 233, 240, 299
루인 181
루인廬隱 183
루핑 207
류몽매 161
르뽀르따지 202
리수이 244
리시판 238, 239
리우빈옌 266

리우샤오치 252, 257, 259
리우샤오치劉少奇 251
리우스페이 181
리우즈쑨 244
리진파 274
리진파李金髮 214
리추리李初梨 186
리핑 262
린바이 289
린빠오林彪 252
린쉬 181
린쉬林紓 181
린후이인 193, 211
린후이인林徽因 192
『리그베다』 149

【ㅁ】

마고 15, 297
마고麻姑 17
마고성 20
마고신화 17
마고씨 20
마고할미 21
마르코폴로 141, 143
마르크스레닌주의 256
마술 143
마오뚠 181, 233, 235
마오뚠茅盾 183, 202
마오쩌뚱 127, 151, 202, 203, 207, 223, 233, 234, 235, 238, 240, 243, 244, 265, 300
마오쩌뚱毛澤東 188
마오쩌뚱사상 256
마조媽祖 신앙 20
마치원 141, 160
막고굴 135, 136, 137, 149
만주국 170, 176
만주글자 8
말 163
말뚝이탈 157
말희 35
맥족貊族 41
맹모삼천지교 56
맹자 70, 297
맹자孟子 55
맹호연 88
먹중탈 157
명나라 144, 161, 227
모범극 259
모종강毛宗崗 109
목왕穆王 26
'몸으로 글쓰기' 289
몽고문자 7, 141
몽고족 141, 143
몽골어 144
몽롱시 269, 271, 273, 274, 277
몽롱시인 270, 301
몽롱파 274
무武임금 35
무공 48
무단 262
무대 118
무리쥐엔 211
무무武舞 155
무산계급 260
무송 115, 118
무스잉穆時英 211
무위無爲 62
무위사상 62
무위의 행 71
무위자연 64, 66
무위자연無爲自然 297
무제武帝 15, 26
무측천 137
무측천武則天 8
무칠 235
무후사 111
무훈 236
묵자 57
문선파 181
문어체 177, 181
문예대중화운동 202
문학연구회 181, 183, 186, 198, 299
문혁 251, 268, 270

문협文協 215
문화혁명 185, 188, 220, 251, 265
문화혁명문학 259, 269,
미마지 156
미셸 푸코Foucault 284
미엔미엔 289
미자美刺 105
미제괘未濟卦 32
민가民歌 131
민속 279
민애왕 102
민요 131, 298
민족형식 문학 202
민족형식의 문예 233
민족형식의 문학 241
민주공화제도 168
민주화운동 265
밀란 쿤데라Kundera 283
『마요네즈』 229
『맹강녀변문』 153
『맹강선녀보권』 153
『맹자』 58
『무훈전』 236
『무훈전』비판 235
『문선文選』 181
『문예보』 238, 243, 265
『문예』 208
『뭇별』 184
『민국일보』 205
『민주주의와 교육』 170
「망가진 손으로」 214
「맹장염」 286
「문예강화」 223, 233, 240, 258
「문학 개혁에 관한 소견」 174
「문학혁명론」 172
「뭉크」 205

【ㅂ】
바이화 265
반고 297
반고盤古 16
반고신화 17
반고씨 21
반금련 118, 298
반동문예 256
반복법 217, 218
반우파운동 220
반우파운동反右派運動 208
배금주의 278
백가쟁명 242
백거이 95
백박 141, 160
백소씨白巢氏 18
백안시白眼視 79
백의민족 143
백제 156
백화제방 242
버지니아 울프 226
번천 99
범신론자 190
법화사 101
베를렌느 211
베이따오 262, 266, 268, 270, 274, 277, 300
변문變文 149
보고문학 202
보수문학파 181
복건희 162
복희씨 15, 297
복희씨伏羲氏 22
봉산탈춤 157
봉족 24
부르주아 201
부의 170
부정 인물 258
부차 150
북경올림픽 278
북벌전쟁 187
북양정부 176
불가 사상 61
불교 142
불사약不死藥 27
비극 226
비극성 226

비림비공批林批孔운동 253
빠오티엔샤오 181
삥신 181, 184, 185, 186, 190, 208, 299
삥신冰心 183
『백사보권』 153, 154
『번천문집』 99, 100, 298
『법화경창문』 149
『베이징인형』 289
『변검』 164
『북두』 205
『비전고적연기』 157
「발두」 158
「병원에서」 206
「부녀절 유감」 207, 219
「부추 위의 이슬」 132
「북서풍이 불어오는 정오」 286
「비 내리는 골목」 211, 212

【ㅅ】
사 131
사詞 138
사대 성인 58
사대기서四大奇書 109, 298
사마천 15, 26
사방신 20
사상 33
사상운 125
사서四書 44
사신도 20
사오정 113
사인방 252, 262, 265
사천희 162, 164
사태군 124, 125
사회주의 낭만주의 문학 300
사회주의 시장경제 278
사회주의 현실주의 239, 269, 270, 299, 300
사회주의리얼리즘 234
사회주의현실주의 127, 234, 245, 256
산가山歌 131
삼고초려三顧草廬 111
삼덕三德 37
삼돌출원칙 257
삼신三神 21
삼신할미 21
삼장법사 113, 298
상아 245
상업주의 278
상업주의 대중소설 301
상징시 274
색즉시공 237
색즉시공色卽是空 126
생 163
샤오쥔蕭軍 201
샤오훙蕭紅 201, 223
서문경 118, 298
서부대개발 277
서생 137
서시 151
서왕모西王母 15, 26
서조西調 155
서태후 168
서하西夏 137
석가 58
석춘 125
선도仙桃 27
선불교 69
선인 61
설보채 124, 125, 238
설창인說唱人 152
설화說話 151
설화인說話人 152
성선설 57
성악설 57
성인聖人 58
소두小杜 99
소리문학 149, 299
소소생笑笑生 118
소식 96, 138
소양少陽 33
소음少陰 33
소인 54
소인小人 53
소크라테스 58

소호씨少昊氏 26
소희巢姬 18
손권 110, 111
손문 168
손오공 113, 298
송宋나라 44, 67
송강 115, 298
수신修身 43
수신제가치국평천하修身齊家治國平天下 44
수우 241
수인씨燧人氏 22
수정주의자 257
수팅 262, 266, 270, 273, 274, 277, 300
숙녀淑女 40
숙종 140
순 26
순舜임금 15, 35
순위 236
순임금 297
순자 57
쉬광핑 203
쉬광핑許廣平 203
쉬즈모 181, 190, 191, 193, 211, 299
쉬즈모열 194
슈타인 136
스저춘施蟄存 211
스지앙니엔 211
스탈린 173
스티에성史鐵生 279
승려 137
시내암施耐庵 115
시선詩仙 87, 95, 298
시성詩聖 87, 95, 298
시에미엔 269
시장경제 277
시정화의詩情畵意 105, 228
시황 6
식인문화 199
신 75
신 민요 243, 245
신 민요 운동 246
신농씨 15, 297
신농씨神農氏 22
신무왕 102
신선 61
신선神仙 사상 61
신선가神仙家 사상 61
신월사 181, 191, 198, 299
신월사新月社 190
신월파 177, 211
신인 61
신종 138
신파조新派調 259
신해혁명 168, 186
신화 75
실달성實達城 18
심기제 79
심리 분석 226
심재좌망心齋坐忘 68
십간十干 28
십의十義 41
십이율려律呂 18
십이지十二支 28
쌍백운동 242
『사과일보』 293
『사기』 15, 26
『산해경』 16
『살아간다는 것』 285, 286
『삼국연의』 109
『삼국지』 109, 110, 154, 156, 163, 298
『상하이베이비』 289, 290, 294
『서경』 15, 31, 35, 36, 53, 297
『서상기제궁조』 152
『서상기』 82, 127, 152, 238
『서상에서의 사랑 이야기』 160
『서유기』 112, 113, 114, 152, 298
『석두기石頭記』 123
『석두기』 124
『설탕』 289
『소설월보』 198
『속제해기』 77
『손오공』 112
『송사』 115

『수궁가』 151
『수호전』 115, 117, 118, 152, 298
『시경』 31, 38, 39, 53, 131, 297
『신 견우직녀 이야기』 245
『신월집』 190
『신이경』 75
『신청년』 172, 174, 299
「사미인곡」 273
「산행」 102
「상운악」 156, 158
「색, 계」 224
「서천」 279
「소피아여사의 일기」 205
「속 강남을 바라보며」 138
「스튜어디스」 283
「심경」 227
「싸움구경」 200

【ㅇ】
아이칭 218, 223, 257, 300
아이칭艾青 214
아전 144
아편전쟁 167
악부민가 132, 134
악부민가樂府民歌 131
악부시 131
안록산의 난 93
안회 53
안휘희 162
앙가秧歌 260
앙가극秧歌劇 260
앙가무 261
앙가무秧歌舞 260
야오원위엔 254, 265
야오원위엔姚文元 252
양계초 167, 170
양귀비 88
양나라 56
양사오쉬엔 245
양산박 115, 116
양자 57
양자楊子 67
양정견 116
양주산대놀이 157
양지 117
양카이후 244
어록가語錄歌 260
엄복 170
엄산 26
여성주의 299
여와씨 21
여왜씨 15, 126, 297
여왜씨女媧氏 123
여희씨 21
역사 변문 150
역성혁명易姓革命 57
염제炎帝 22
엽헌조 227
영상미 218
영웅 인물 234, 258
영춘 125
예 15, 297
예羿 27
예맥족濊貊族 41
예서체 6
예수 58
예학파 41
예禮 41
옌푸嚴復 181
오가吳歌 134
오강 245
오국 136
오균 77
오기五紀 36
오나라 150
오복五福 37
오사五事 36
오승은吳承恩 112
오월랑 119
오음吳音 154
오자서 150
오행五行 36
옥산玉山 26
와황 21

완적阮籍 79
왕王 46
왕도사 135, 136
왕도정치王道政治 56, 297
왕수어 282, 294, 301
왕수어王朔 280
왕스웨이 208
왕스웨이王實味 207
왕실보 82, 127, 152, 160
왕안석 96
왕안이王安憶 279
왕홍원 265
왕홍원王洪文 252
왕희봉 124, 125
왜국 156
외세 176
외유내강外柔內剛 178
요 26
요堯임금 15, 35
요술 143
요임금 297
요지 26
용庸 44
용족 24
우禹 38
우禹임금 35
우공이산愚公移山 176
우한 254
우한吳含 254
운남희 162
원나라 141, 152, 160
원세개 170, 176
원앙호접파 181
원이뚜어 191
원이뚜어聞一多 190
원춘 125
월극 162, 164
월나라 150
웨이잉 219
웨이징성 265
웨이후이 289, 293, 294, 301
위나라 233
위다푸郁達夫 186
위량보 161
위핑보 127, 237, 238
위화 285, 287, 301
유儒 61
유가儒家 사상 61
유가사상 51
유교 51
유대교 142
유령劉伶 79
유물론 269
유물론적 세계 270
유비 110
유우씨有虞氏 26
유위의 행 71
유일한 71
유행가 131
유희소설 280
육극六極 37
육십사괘 32, 33
윤희 62
율시 96
율시律詩 87
율체律體 96
은殷나라 35
은고 156
은나라 155
음 150
음양 33
음주의 미학 91
의義 41
의식의 흐름 225
이공좌 80
이규 116
이라크 141
이미지 228
이백 87, 91, 158, 298
이병아 118
이슬람교 142
이청조 138
이홍장 167
이환 125

인 54
인仁 40, 41, 53, 297
인문정신 279
인문정신 토론회 279
인민공사 246
인생주의 299
인의仁義 56, 297
인의예지仁義禮智 58
인현왕후 140
인황 15
「1930년 봄 상해」 205
임대옥 124, 125, 238
임상옥 71
임서 170
임충 117
임칙서 167
입센Ibsen 170
입헌군주제도 167
『아미타경창문』 149
『아주주간』 293
『아큐정전』 199
『앵앵전』 298
『약사본원경』 152
『양산박보권』 153
『양춘백설』 141
『여신』 187
『역경』 31, 33, 53, 297
『열이전』 75
『예기』 31, 41, 44, 53, 297
『오늘』 266
『오동나무에 내리는 비』 160
『오자서변문』 150, 151
『왕소군변문』 150
『왕오천축국전』 136
『우뢰비』 257
『유마창문』 149
『유월에 내리는 눈』 160
『윤회』 283
『인생』 285
『인형의 집』 170
『임꺽정』 117
「아방궁의 부」 99
「앵앵전」 81, 82, 160
「옛날을 그리며」 198
「옥중에서 벽에 쓴 시」 214
「왕소군변문」 160
「왜 음악이 없는 걸까?」 285
「요동의 요부」 156
「요사스런 꿈」 181
「우리의 강철주먹을 조심해라」 246
「우연」 191
「이소」 238
「인민공사에 들어가니 마치 하늘에 오른 듯」 246
「인상」 213

【ㅈ】

자로 53
자사 56
자산계급 260
자아비판 236
자오수리 257
자오수리趙樹理 252
자오즈양 266
잡 163
잡극 158, 160
잡기 143
잡문 201
잡문雜文 200
장개석 169
장공 48
장보고 99
장보고 선단 101
장비 110, 111
장아이링 126, 223, 224, 226, 228, 229, 230, 292, 295, 300
장양 262
장자 61, 67, 70, 297
장춘챠오 265
장춘챠오張春橋 252
장화 75
장희빈 140
저우서우지엔 181
저우수런周樹人 197

저우양 202, 233, 246, 257
저우양周揚 202
저우언라이 234, 262
저우언라이周恩來 233, 242
저우웨이후이 290
저우주어런 181, 198
저우주어런周作人 183, 197
저팔계 113
저항정신 201
적벽대전 163
적산대명신 101
전기傳奇 227
전서체 6
전설 279
전욱 15
전욱顓頊 24
전위파 소설 283
절강희 162
점층법 217, 218
정 163
정淨 159
정경융합情景融合 105, 227
정공丁公문자 5
정나라 48
정년 99, 101
정단 163
정단正旦 159
정말正末 159
정철 273
정취엔싱 246
제帝 46
제齊나라 46
제갈공명 110
제갈량 111
제곡 15
제궁조諸宮調 152
제준 16
조비 233
조설근 128, 237, 239
조설근曹雪芹 123
조조 110, 111, 163
좌구명 47
좌련 201, 202
좌익미술가연맹 219
좌익작가연맹 205, 233
좌익작가연맹左翼作家聯盟 201
주周 67
주周나라 35
주간지 293
주공周公 53
주나라 155
주아안 203
주원장 144
주유 163
주음부호注音符號 8
주임금 35
주자朱子 58
주자파 259
주자파와의 투쟁 257
주제선행론 257, 258
주희朱熹 44
죽림칠현竹林七賢 79
중 163
중中 44
중국 공산당 173
중국작가협회 186
중니仲尼선생 52
중니선생 62
중심 영웅인물 258
중일전쟁 187, 218
중화민국 169
증국번 167
지괴志怪소설 83
지방극 162, 164
지앙광츠蔣光慈 201
지앙지에스 177, 187
지앙쩌민江澤民 277
지앙칭 253, 255, 256, 265, 300
지앙칭江青 207, 252
지앙허 266
지우단 289, 290, 291, 294, 295, 301
지하문학 262
지황 15
직녀 245

진가경 125
진나라 6
진인眞人 67, 297
집단문학 257, 300
징기스칸 141
『장자』 69, 81
『적벽가』 151
『전상삼국지평화』 109
『종의 기원』 170
『좌전』 48
『중용』 44
『짝사랑』 265
「자야가」 134
「자화상」 270
「작가를 이해하라, 작가를 존중하라」 220
「장한가전」 81
「장한가」 160
「적벽가」 110
「적벽부」 110
「접련화」 151, 243, 245
「주관론」 223, 235, 240
「중용」 297

【ㅊ】
차오위 257
차이위엔패이蔡元培 198
찬물 끼얹기 295
창가 131
창문唱文 149
창작조 259
창조사 181, 198, 299
창조사創造社 186
창힐 5
채경 140
천극川劇 164
천뚜시우 167, 170, 172, 173, 175, 177, 299
천리마운동 242
천안문사태 277
천축국 136
천황 15
청궁씨青穹氏 18
청나라 154, 167
청팡우成倣吾 201
청해진 100
초나라 150
추鄒나라 55
추고推古 156
축 163
축丑 159
축융씨祝融氏 22
춘매 118
춘수 289
춘추전국시대 155
충효 사상 51
취치우바이瞿秋白 202
츠즈지엔遲子建 279
측 150
측은지심 58
측천무후 137
치우씨 15, 297
치우씨蚩尤氏 24
칠종칠금七縱七擒 112
『참을 수 없는 존재의 가벼움』 283
『첫 번째 향로』 228
『청년잡지』 172
『초사』 16
『춘추곡량전』 47
『춘추공양전』 47
『춘추좌전』 47
『춘추』 31, 46, 47, 53, 297
『춘향전』 151, 162
『충의수호전』 154
「참군희」 158
「첫 번째 향로」 227
「침중기」 79

【ㅋ】
카타르시스 226
캉성 251
커중핑柯仲平 215
쿠빌라이칸 141, 142, 143

【ㅌ】
타고르 185, 190, 191, 193
타오싱즈 235
탐춘 125
탕湯임금 35
탕왕 35
탕현조 161
태강즉절太剛則折 178
태극 33
태백太白 88
태양太陽 33
태양신 27
태음太陰 33
태종 112
태평천국의 난 167
태학太學 87
태호씨 22
토번족 137
토음土音 154
통일전선 202, 240
트로츠키 173
티베트문자 137
티베트족 137
티에닝鐵凝 186
「태양」 215, 218

【ㅍ】
파죽지세破竹之勢 112
판소리 149
팔괘 33
팔괘八卦 22
팔려八呂 18
팔정八政 36
팡리즈 266
펑나이차오馮乃超 186
펑더화이彭德懷 255
펑쉬에펑 238, 242
페미니스트 295
페미니즘 229
펠리오 136
평 150
평왕 150
포스트모더니즘 229
포희씨 22
폴란드 141
표음문자表音文字 7
표의문자表意文字 7
풍風 131
풍유諷諭 95
『패왕별희』 162
『포위된 도시』 257
「패왕별희」 224

【ㅎ】
하夏나라 15, 35
하이꾸 184
하집중 140
한나라 156
한소창 155
한어병음자모漢語拼音字母 202
한용운 273
한유 95
한자 5, 136
한족 25, 144
한족漢族 3
함곡관 62
항아 297
항아姮娥 27
항일시인 215, 300
해상왕 101
해서 254
해신海神 101
해체주의자 284
해파海派 223
허균 117
허달성虛達城 18
허즈전賀子珍 207
허징즈 246
헌원씨 15
헌원씨軒轅氏 24
혁명 낭만주의 246
혁명 모범극 261
혁명극 259
현대주의 214, 300

현대파 211
현대화 266, 277
현실주의 243
현장 112, 113
현종 88
혜왕 56
혜초 136
호남희 162
호북희 162
호족胡族 3
홍명희 117
홍범구주洪範九疇 36
홍위병 251, 252, 280
홍학 127
홍학가 127
화본話本 152
화서씨 22
화하족 24, 25
환웅 21
환인 21
황皇 46
황개 163
황궁씨黃穹氏 18
황극皇極 37
황제黃帝 5, 15, 61
황준헌 170
황칸 181
효가 119
후侯 46
후스 127, 167, 170, 174, 175, 177, 190, 191, 237, 299
후야오방 266
후예핀 205, 206
후진타오 278
후펑 비판 235
후펑胡風 223, 240
후펑문예사상토론회 241
후평 223
휘종 138
흑소씨黑巢氏 18
흥덕왕 100
희극 226
히라가나 137
『하늘비꽃』 154
『한 사람의 전쟁』 289
『한나라 궁궐의 가을』 160
『해방군문예』 257, 282
『해서가 관직에서 파면되다』 253, 254
『허삼관매혈기』 285, 286
『현대』 211
『형제』 286, 287
『홍길동전』 117
『홍남작전사』 259
『홍루몽연구』 236, 237, 238, 239
『홍루몽연구』비판 235
『홍루몽』 123, 124, 126, 127, 177, 226, 229, 239, 298
『화간집』 138
『환혼기』 161, 162
『홍보전』 151
「하늘개」 188
「하늘이시여」 132
「해면에 떠오르기」 283
「헤어지리라」 144

지은이 **박종숙**

전북 전주 출생
한국외국어대학교 중국어과 졸업
경향신문 기자
미국 피츠버그대(Uni. of Pittsburgh) 동아시아연구(East Asian Studies) 석사
고려대학교 민족문화연구소 중한사전편찬실 연구원
한국외국어대학교 중국어과 박사
중국사회과학원 문학연구소 방문학자
현 호서대학교 중어중국학과 교수

저 서 :

『百濟, 百濟人, 百濟文化』(1988, 지문사)
『중국문학사의 한국적 고찰』(2003, 지문사)
『한국인이 읽는 中國現代文學史』(2004, 도서출판 한성문화)
『한국여성의 눈으로 본 중국현대문학』(2007, 신아사)
『한권으로 흐르는 중국문학 수천년』(2010, 신아사)

역 서 :

샤오홍『후란강이야기』(2007, 신성출판사)
大行禪師 法語『生活就是參禪修行』, (2010, 도서출판 瓦署)

공 저 :

『中國現實主義文學論』(1996, 법문사)
『중국현대문학의 세계』(1997, 현암사)
『중국이 보인다』(1998, 일빛)
『중국시의 전통과 모색』(2003, 신아사)
『중국문학의 전통과 모색』(2008, 신아사)
『짜오! 차이나』(2000, 해냄)

공 역 :

이사벨라 버드 비숍,『양자강을 가로질러 중국을 보다』(2005, 효형출판)

중국문학 이야기

1판 1쇄 찍음 • 2011년 1월 20일
1판 1쇄 펴냄 • 2011년 1월 30일

지은이 • 박 종 숙
발행인 • 정 현 걸
발 행 • 신 아 사
인 쇄 • 예지인쇄

출판등록 • 1956년 1월 5일 (제9-52호)
서울특별시 은평구 녹번동 28-36 (2F)
전화 (02)382-6411 • 팩스 (02)382-6401
홈페이지 • www.shinasa.co.kr
E-mail • shinasa@chol.com

ISBN 978-89-8396-724-4(93820)

정가 ***13,500***원